사회복지 프로그램 개발과 평가

사회복지실천과 상담 현장 적용을 중심으로

박재연 배은경 공저

신정

머리말

21세기는 글로벌한 시대이다. 빠르게 변화하는 시대에 맞게 학생들은 자신의 진로를 위해 지속적으로 노력하고 변화해야 한다. 학생들은 자신이 무엇을 하고 싶은지, 무엇을 잘할 수 있는지, 자신의 진로를 위해 무엇을 준비해야 하는지, 인생의 목표가 무엇이며, 미래의 나의 모습은 어떠한지 진지하게 고민하지 못하고 너무 바쁘게만 달려가고 있다.

이 책에서는 대학에서 사회복지 · 상담학을 공부하는 학생들에게 현장에서 무엇을 하게 되는지 알게 하고, 그 능력을 키우는 데 초점을 두었다. 사회복지사와 상담사는 전문성과 현장 능력이 특별히 요구되는 직업이다. 이에 이 책에서는 사회복지 · 상담 현장에서 프로그램을 개발하는 데 필요한 이론과 실제적인 내용을 담았다. 프로그램을 개발한 이후에는 개발된 프로그램을 사회복지 · 상담 현장에서 수행하고, 이를 평가 · 분석하도록 하는 내용을 다루었고, 현장의 프로그램 운영사례를 다양하게 수록하였다.

저자들은 자신의 전공 분야와 전문성, 관심 영역 등을 고려하여 집필을 분담하였다. 전체적인 책의 기획은 박재연 교수와 배은경 교수가 공동으로 담당하였다. 박재연 교수는 문제분석과 대상자 선정(Ch.4), 목적 및 목표 설정(Ch.5), 프로그램 구성과 개입전략(Ch.6), 예산수립(Ch.7), 프로그램 실행(Ch.8), 사회복지 · 상담 프로그램 제안서 작성(Ch.9)를 집필하였고, 배은경 교수는 프로그램 개발과 평가의 이해(Ch.1), 프로그램의 기획(Ch.2), 사회복지 · 상담 프로그램 개발 모형(Ch.3), 프로그램 평가의 기초(Ch.10), 양적평가와 질적 평가(Ch.11), 프로그램 평가의 실제 사례(Ch.12)를 집필하였다.

실천적인 측면에 초점을 맞춘 이 책이 학생들이 졸업 후 사회복지 · 상담 현장에서 프로그램을 개발하고 평가하며, 프로포절을 작성할 때 실제적인 도움이 되길 기대한다.

끝으로 이 책이 보다 실천적으로 유용한 책이 될 수 있도록 집필 과정에서 도움을 주신 사회복지 · 상담 현장의 관계자 분들께 감사의 인사를 드린다. 또한 오랜 집필 기간을 기다려 주시고 배려해 주신 신정 출판사 관계자분들께 진심 어린 감사의 인사를 전한다.

2021년 1월

박재연, 배은경

차례

PART 1 사회복지 · 상담 프로그램의 기획

변화된 사회구조 안에서 나날이 복잡해지는 현대사회를 살아가는 사람들은 다양한 욕구를 지니게 된다. 개개인의 가치와 지향에 차이가 있더라도 복지국가로 나아가는 방향성에는 대개 동의할 정도로 현대인의 복합적인 욕구와 문제해결을 위한 사회적 관심은 커지고 있으며, 이러한 측면에서 사회복지실천과 상담 프로그램의 중요성이 대두되고 있다.

특히, 책무성의 시대를 맞이하여 사회복지실천과 상담 프로그램이 프로그램 목적에 부합하는 성과를 내었는지에 대한 평가는 더욱 강조되고 있다. 이를 위해서는 프로그램 개발의 첫걸음에 해당되는 기획단계에서부터 사회복지실천과 상담 프로그램을 실행하여 얻고자 하는 목표와 목적을 고려한 접근이 이루어져야 한다. 1부에서는 프로그램 개발과 평가가 무엇인지 이해하고, 프로그램 기획의 개념과 과정을 살펴본 다음, 프로그램 기획을 위하여 기본적으로 알아두어야 할 프로그램 개발 이론과 절차를 다루고자 한다.

01

CHAPTER

프로그램 개발과 평가의 이해

01_ 프로그램의 개념

02_ 프로그램의 유형

03_ 시대 변화에 따른 프로그램 개발과 평가의 중요성

CHAPTER 01

프로그램 개발과 평가의 이해

01 | 프로그램의 개념

변화하는 사회에서 드러나는 다양한 욕구들에 의하여 사회복지 및 상담 영역에 대한 요구가 늘어가고, 이에 따라 프로그램 개발과 평가의 중요성도 커지고 있다. 그러나 프로그램의 개념을 어떻게 정리하느냐에 따라 범주와 접근이 달라지므로 프로그램의 개념을 명확히 하고 유사용어와의 관계도 정리하여야 한다.

사회복지를 실천하거나 상담하는 현장에서는 일상적으로 프로그램이라는 용어를 사용하는데, 표준국어대사전에서는 프로그램(program)의 사전적 의미를 '진행 계획이나 순서', '(연극 등의) 진행 차례나 진행 목록', '(컴퓨터에서) 어떤 문제를 해결하기 위하여 그 처리방법과 순서를 기술'하는 것이라고 설명하고 있다. 프로그램의 어원은 그리스어 prographein이라는 단어에서 유래를 찾을 수 있는데, '앞서', '미리' 하는 것을 의미하는 pro(before)와 '기록하다'를 뜻하는 graphein(to write)의 합성어로(이봉주 · 김기덕, 2014), 사회복지사전에서는 프로그램을 '해야 할 일에 대한 계획과 지침'(Barker, 1995)이라고 정의하고 있다. 사전적 의미와 어원을 고려할 때 프로그램은 '휴먼서비스의 특징을 나타내는 사회복지와 상담에서 일련의 목적을 달성하기 위하여 계획된 활동들의 구조화된 집합체'로 정의할 수 있다.

변화하는 사회에서 드러나는 다양한 욕구들로 인해 사회복지와 상담 현장에서 프로그램은 상담, 서비스, 프로젝트에서 정책에 이르기까지 다양한 용어와 혼재되어 지칭되고 있다. 용어에 따라 강조하는 지향점에 차이가 있고, 프로그램 유사용어에 대한 개념 정리가 되지 않으면 프로그램의 설계 및 개발, 평가 과정에서 혼란이 야기될 수 있어 유사용어에 대한 개념 정리는 중요하다. 이에 여러 학자와 연구자들은 프로그램과 유사한 용어 및 혼용되는 용어에 대하여 그 지향점을 명확히 한다는 측면에서 다음과 같이 구분, 개념화하였다.

황성철(2005)은 프로그램과 유사한 용어로 정책, 실천, 서비스에 주목하여 프로그램과의 차이점을 다음과 같이 정리하였다. 공공성을 내포하고 있는 정책은 정부와 공공기관의 목적 달성을 위한 주요 행동 계획과 원칙을 의미한다는 점에서 서비스를 제공하는 현장 기관들의 프로그램과는 차이가 있다. 우리나라 사회복지서비스가 주로 종합사회복지관 등 민간기관에 의한 프로그램을 통해서 전달된다는 측면에서 정책은 프로그램보다는 상위의 개념, 포괄적인 개념이라고 할 수 있다. 공공기관이나 정부가 사회문제해결을 위하여 법률과 규정으로 광범위한 지역과 모든 클라이언트 집단을 대상으로 개입하는 경우를 정책으로 볼 수 있고, 일선 개별 기관을 중심으로 지역사회의 한정적이고 구체적인 문제해결을 위하여 계획적으로 접근하는 경우를 프로그램으로 볼 수 있다.

김영종(2013)은 사회복지 프로그램에 대하여 정책과 모형, 휴먼서비스 측면에서 개념 정리를 시도하며, 정책의 도구, 의도적인 개입으로 진행되는 변화 모형, 휴먼서비스의 설계도 차원으로 설명하였다. 프로그램은 사회복지 정책이 서비스로 구체화되어 전달되는 과정을 나타내는 도구가 되며, 사회문제의 어떤 상황이나 조건을 바람직한 상태로 변화시키는 데 사용되는 의도적인 개입으로서 변화 모형을 따르게 된다고 보았다. 특히, 인간을 대상으로 하는 직접서비스의 특성을 가진 휴먼서비스 프로그램이라는 점에서 프로그램은 현금급여서비스 등과는 다른 독특한 활동과 전환 과정을 묘사하는 설계도로 작용하게 된다고 설명하였다.

이봉주와 김기덕(2014)은 정책과 프로그램, 서비스의 관계를 개념들의 위계질서와 규모를 고려하여 설명하였다. 정부나 공공기관의 정책결정은 관련 사업을 만들어내고, 해당 사업은 구체적인 프로그램으로 구성된다고 보았다. 하나의 프로그램은 프로그램의 목적을 달성하기 위한 수단이자 구성요소인 다양한 서비스의 조직적 결합으로 이루어지므로, 이러한 개념들의 위계질서와 규모를 고려하여 정책, 사업, 프로그램, 서비스의 순서로 정리하였다.

마지막으로 김상곤 외(2012)는 프로그램과 관련하여 유사하게 사용되는 정책과 서비스, 프로젝트, 사업이라는 용어를 상대적으로 대비하여 차이를 〈표 1-1〉과 같이 정리하여 설명하였다. 서비스를 포괄하는 개념으로 프로그램을 보았을 때, 서비스는 프로그램 활동의 주요 내용을 구성하는 요소이다. 프로젝트는 프로그램이 지속적이고 일정한 구조를 갖추고 진행되는 것에 비하여 한시적이거나 실험적인 형태로 단기간에 수행되는 특정한 과업이나 활동을 의미한다. 사업제안서에서 많이 혼용되어 사용되는 사업의 경우, 프로그램은 세부 프로그램 또는 활동으로 구성된다고 볼 수 있으며, 이때 사업이라는 용어는 프로그램의 합으로 주로 상위개념으로 사용된다.

02 | 프로그램의 유형

사회복지와 상담 영역에서 프로그램을 기획하고 개발하기 위해서는 주로 현장에서 사용되는 프로그램의 유형이 어떻게 존재하고 있는지 이해하여야 한다. 프로그램이 유사개념까지 포괄하였을 때 다양하게 정리되는 것처럼 프로그램 유형

표 1-1 프로그램 관련 유사용어 정리

구분		내용
프로그램–정책	프로그램	• 일선 기관에서 제공하는 구체적인 활동 • 하위개념 또는 부분적 성격 • 정책을 기반으로 실시
	정책	• 정부나 공공기관의 목적 달성을 위한 주요 행동 계획과 원칙 • 상위 개념 또는 포괄적 성격 • 프로그램의 선행 요건
프로그램–서비스	프로그램	• 서비스를 포괄하는 개념 • 행정적 활동이나 지역사회 활동 포함
	서비스	• 프로그램 활동의 주요 내용 • 권리적 의미 포함
프로그램–프로젝트	프로그램	• 지속적 • 일정한 안정적 구조
	프로젝트	• 한시적, 단기적 • 실험적인 형태
프로그램–사업	프로그램	• 사업을 이루는 하위 요소
	사업	• 프로그램의 합으로 상위 개념

출처: 김상곤 외 (2012).

역시 휴먼서비스 영역에 해당되는 사회복지와 상담 현장에서 다양하게 존재하고 있다. 사회복지 또는 상담을 이제 막 전공하기 시작한 학생이라면 자신의 전공을 배울수록 인접학문인 상담 또는 사회복지와의 경계와 차이가 무엇인지를 한 번쯤은 고민하게 되며, 프로그램 유형의 범주가 매우 폭넓게 정리되고 있음에 혼란을 느낄 수 있다. 사회복지를 배우는 학생의 경우, 전공이 심화될수록 [그림 1-1]과 같이 사회복지실천의 범주가 미시적 실천부터 거시적 접근까지 매우 넓고 접근하는 방법 또한 다양함에 놀라게 된다.

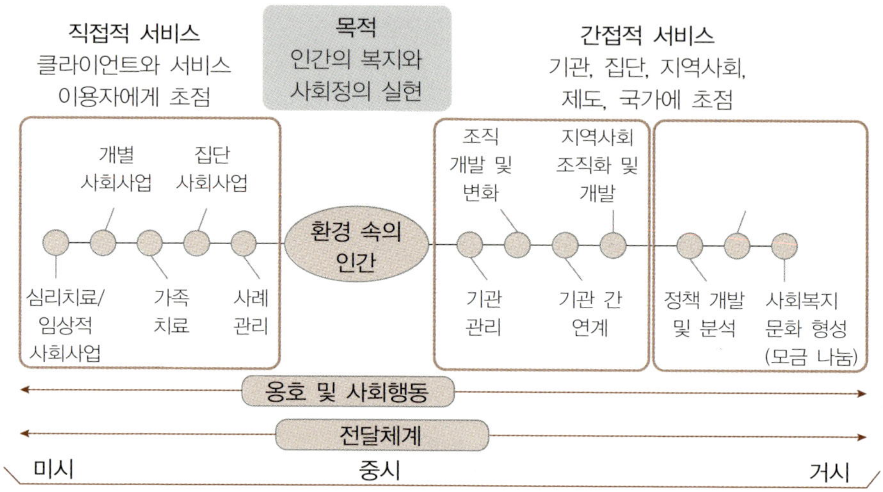

그림 1-1 사회복지실천의 방법론적 분류

출처: 한인영 외 (2012).

예를 들어, 종합복지관의 일반사례관리 업무나 정신건강복지센터의 정신건강 증진 업무를 맡아 프로그램을 운영할 때는 일반주의(generalist) 접근이 이루어지지만, 집중사례관리로 들어가거나 조기조현병 클라이언트 대상 인지행동프로그램을 진행하게 된다면 전문가주의(specialist) 접근을 하게 되면서 심리치료 영역과 경계가 모호해짐을 느끼게 된다. 심리학을 전공하는 학생 역시 개인과 가족, 집단에 초점화된 상담과 프로그램을 구성할 때 직접적인 서비스 대상의 변화 외에도 성과와 확산, 비용효과성 등 임상 범주를 넘어 요구되는 프로그램의 기획 요소들이 생소하게 느껴질 수 있다.

프로그램의 개념이 전달체계인 미시 · 중시 · 거시체계 전반에 걸쳐 혼용되어 사용되고 있는 것처럼, 프로그램 유형 또한 직접적으로 클라이언트에게 서비스를 제공하는 전통적인 임상서비스 프로그램 유형부터 국가제도적 프로그램 유형까지 다양하게 존재한다. 본인이 개발하고자 하는 프로그램 유형이 존재하지 않는 경우 새롭게 기획하여도 무방하나, 프로그램 세부 유형을 이해할 때 본인이 기획하고자 하는 프로그램 개발이 더욱 용이할 것이다. 이러한 측면에서 우수명(2007)은 활동 내용, 연속성, 활동 영역, 프로그램 제공 형태, 재원조달 형태에 따라 프로그램의 세부 유형을 구분하여 〈표 1-2〉와 같이 제시하였다.

표 1-2 사회복지 프로그램의 유형

분류기준	유형	예시
1. 활동 내용별 유형	1) 전문임상프로그램	① 심리 · 정서 ② 임상치료 ③ 소집단 ④ 재활 ⑤ 개별보호 등
	2) 문화생활프로그램	① 축제행사 ② 역사 · 문화 ③ 취미 · 교양 ④ 건강체육 ⑤ 사회교육
	3) 사회연계프로그램	① 홍보 · 마케팅 ② 사회보호 ③ 교육훈련 ④ 자조모임 ⑤ 자원봉사
	4) 사회운동프로그램	① 권익보호 ② 자치조직화 ③ 의식화
	5) 사회보장프로그램	① 공교육 ② 사회보장 ③ 의료보장 ④ 자활지원사업 ⑤ 고용보장 등
2. 연속형 유형	1) 일회성 프로그램	① 행사 ② 캠페인 ③ 축제
	2) 연속성 프로그램	① 지속적으로 이루어지는 프로그램
3. 활동 영역별 유형	1) 개별 프로그램	① 개별 전문상담
	2) 팀프로그램	② 팀이 협력하는 프로그램
	3) 지역사회연계프로그램	① 네트워크프로그램 ② 통합사례관리
	4) 국가제도적 프로그램	① 사회보장 ② 의제21 · 지방의제21 운동
	5) 사상프로그램	① 전통예절교실 ② 의식화교육
4. 프로그램 제공 유형	1) 직접제공프로그램	① 대면접촉을 통해 제공하는 프로그램
	2) 간접제공프로그램	① 비대면접촉을 통해서 제공하는 프로그램
5. 재원조달 유형	1) 공공재원형	① 정부재원으로 이루어지는 프로그램
	2) 민관혼합형	① 정부와 민간의 대응투자로 이루어지는 프로그램
	3) 민간재원형	① 민간재원으로 운영되는 프로그램

출처: 우수명 (2007).

03 | 시대 변화에 따른 프로그램 개발과 평가의 중요성

산업혁명과 도시화를 거치면서 각종 사회문제가 대두되었고, 시민들이 투표권을 가지기 시작하면서 사회복지의 필요성이 보다 직접적으로 드러나기 시작하였다. 1900년대 두 차례의 세계대전을 거치면서 실제 서구사회의 사회복지 관련 지출은 늘어났으나, 1980년대 정부의 복지지출 감소로 인하여 제한된 재원을 효율적 · 효과적으로 활용하기 위한 방안 마련이 시급해졌다. 사회복지 및 상담 영역에서 실행되는 프로그램의 목적과 목표에 대한 효과성, 효율성 측면에서 책무성이 요구되기 시작하였다. 이는 소규모로 개인 및 가족, 집단에 제공되는 임상프로그램뿐 아니라 조직, 정책 등 보다 넓은 범주를 대상으로 하는 프로그램에도 적용되었다. 이에, 근거기반실천(Evidence Based Practice)[1]이 프로그램 개발과 평가 측면에서 강조되었으며, 비용효과성을 분석하는 것 역시 책무성의 시대에는 중요하게 다루어졌다.

일례로, 근로자지원 프로그램(Employee Assistance Programs: EAP)이 확산된 과정을 살펴보면, 프로그램이 개발된 이후 책무성의 시대와 맞물려 반복되는 평가가 이루어졌으며, 경험적 근거를 축적해감에 따라 근거기반실천이 프로그램의 제도화까지 이끌어냈음을 알 수 있다. EAP는 생산성 문제가 제기되는 직무조직을 돕고, 건강문제, 부부 · 가족생활문제, 법 · 재정문제, 알코올 · 약물문제, 정서문제, 스트레스 등 업무성과 전반에 영향을 미칠 수 있는 근로자 문제를 해결하기 위해 개발된 사업장 기반의 프로그램으로, 20세기 초 직장알코올중독 프로그램으로 시작되었다. EAP는 제2차 세계대전을 거치며 군수물자 생산에 투입된 근로자

1) 근거기반실천은 '입수 가능한 모든 과학적 조사연구를 평가하고 응용하여 사회복지실천의 결과를 가장 좋게 할 수 있는 가능성이 높은 방법을 선택하여 적용하는 것'(공계순 · 서인해, 2006)을 말하며, 사회복지실천모형으로 구조화된 근거기반실천모형은 3장 사회복지 프로그램 개발 모형에서 상세히 다루고자 함.

를 대상으로 한 스트레스 완화 프로그램으로 확산되었으며, 1970년 법적 기반을 근거로 모든 연방기관 및 군에서 직장알코올중독 프로그램을 의무시행하기에 이르렀다. 1978년 미국립알코올남용중독연구소(The National Institute on Alcohol Abuse and Alcoholism: NIAAA)에서는 직장인 종합지원 프로그램의 효과성에 주목한 EAP를 제시하였으며, 1980년 이후 알코올중독문제뿐만 아니라 부부관계, 스트레스 상담, 재무상담, 이혼이나 각종 계약에 관한 법률상담, 자녀양육이나 노부모 부양과 관련된 서비스 등 직장 및 일상생활과 관련된 다양한 서비스 지원으로 EAP는 확대되었다. 2008년 기준 500인 이상 기업의 89%가 EAP를 운영하고 있는 것으로 나타날 정도로(SHRM, 2009) 프로그램이 안착될 수 있었던 이면에는 EAP의 만족도가 높을 뿐 아니라(Philips, 2005) 자아존중감, 결근율 등에서 유의미한 성과를 보였으며(Goss & Mearns, 1997; Macdonald et al., 2000), 비용편익분석 결과, 1달러 투자 시 4~6.47달러를 회수할 수 있는 것(Hargrave et al., 2008; Philips, 2004)으로 나타난 덕분이라고 할 수 있다.

우리나라의 경우, 사회복지 현장은 1990년대 중반까지 정부의 지원금에 대부분 의존하여 운영되어 왔으며, 프로그램의 효과성에 대한 평가 요구를 받는 경우는 많지 않았다. 1997년 IMF 이후 사회복지공동모금회 등이 생겨나면서 평가에 대한 요구가 본격적으로 등장하기 시작하였다. 책무성을 담보하는 프로그램 개발과 평가는 기획단계에서부터 적절한 문제인식 및 분석이 요구되며, 사회적 합의를 바탕으로 이루어지게 된다. 효율성과 효과성을 증명하여야 하며, 프로그램의 우선순위도 중요하게 다뤄지게 된다. 다양한 재원 확보를 위하여 삼성복지재단, CJ도너스캠프, 푸르덴셜사회공헌재단 등 민간 프로포절에도 집중하게 되는 경향이 있다. 반면, 시대적 요구에 따라 프로그램 개발과 평가가 강조되기 시작하면서 책무성 구현에 초점이 맞춰져 프로그램이 운영되면서 상대적으로 프로그램 개선 및 향상이라는 목적에 초점을 둔 평가는 상대적으로 소홀해지는 경향을 볼 수 있다. 이러한 제한점을 보완하기 위하여 사회복지공동모금회는 2017년부터 자유주제 공모형태로 복지사업을 신청받아 배분하는 신청사업[2] 중 하나인 프로그램사업을 운영할 때 성과중심형, 성과확산형, 산출중심형으로 나누어 사업계획서를 접수받아 배분하고 있으며, 성과평가에서도 양적 성과평가와 질적 성과평가를 함께 강조하고 있다.

표 1-3 책무성의 영역화

영역	정의	관련 질문
영향 책무성	프로그램 관리자가 내부적으로 프로그램을 운영하기 위하여, 또는 외부적으로 프로그램 실천의 정당성을 확보하기 위하여 프로그램의 영향에 대해 입증해야 할 책임	• 프로그램은 의도한 목적과 목표를 달성하고 있는가? • 프로그램은 지역사회에 대해 영향을 미치고 있는가?
대상자 책무성	프로그램 관리자가 표적집단의 수와 특성, 잠재적인 표적집단 중 서비스를 받은 비율, 중도탈락률 등에 관해 지는 책임	• 표적집단으로 계획된 사람들을 돕고 있는가? • 서비스를 받지 말아야 하는 사람들이 서비스를 받고 있는가?
서비스전달 책무성	계획된 프로그램이 숙련된 전문가에 의해 적절하게 제공되고 있는가에 대한 책임	• 프로그램에서 제공하기로 계획된 내용이 제공되고 있는가? • 적절한 양의 산출물이 제공되고 있는가?
효율성 책무성	다른 프로그램 구성요소 경쟁하는 자원의 비용에 비해 객관적으로 이익이나 효과성이 있는가를 입증해야 할 책임	• 다른 프로그램 구성요소에 비해 효율적인가? • 다른 경쟁하는 자원에 비해 효율적인가?
재정 책무성	재정보고서를 통해서 재정의 사용을 설명해야 하는 책임	• 예산집행 기준에 따라 적정하게 예산을 집행하고 있는가? • 예산집행을 투명하게 하고 있는가?
법적 책무성	공공이나 민간의 모든 프로그램이 법률이나 기준을 준수해야 할 책임	• 법에서 제공하는 기준을 준수하고 있는가? • 고지된 동의를 실시하고 있는가? • 비밀보장을 준수하고 있는가?

출처: Rossi & Freeman (1982). pp.79-80.; 김상곤 외 (2012)에서 재구성.

2) 사회복지공동모금회의 배분사업은 신청사업, 기획사업, 긴급지원사업, 지정기탁사업 총 4종류로 분류되며 (사회복지공동모금회, 2020), 본 저서에서 주로 다루게 되는 프로그램사업은 기능보강사업과 함께 신청사업의 하나로 구분됨

CHAPTER 02

프로그램의 기획

01_ 프로그램 기획의 개념과 필요성
02_ 프로그램 기획의 유형
03_ 프로그램 기획의 과정

CHAPTER 02

프로그램의 기획

01 | 프로그램 기획의 개념과 필요성

프로그램을 개발하는 과정은 프로그램 기획에서부터 시작된다. [그림 2-1]은 프로그램 기획에서 출발하여 프로그램 설계, 실행 및 모니터링 과정을 통한 환류가 반복적으로 반영되고, 체계적인 평가를 통하여 궁극적으로 개선된 프로그램을 도출해 내는 프로그램 개발의 절차를 잘 나타내고 있다. 이때 프로그램 기획(planing)은 계획(plan)과 다소 혼용되어 사용될 수 있는데 두 개념에는 어떠한 차이가 있을까?

계획과 기획이라는 용어는 유사하게 사용되는 경우도 많으나, 〈표 2-1〉과 같이 그 개념에는 차이가 있다. 계획이란 '어떤 일을 하기에 앞서 방법, 순서, 규모를 미리 생각하여 세운 내용을 의미'하며, 기획은 '계획을 수립해가는 과정'이라 할 수 있다(정무성, 2017). 다시 말하면, 기획은 역동적이고 지속적인 의사결정의 과정이며, 계획은 기획의 결과물로써 정태적인 설계, 지도, 청사진을 의미한다고 할 수 있다(김상곤 외, 2012). 사회복지와 상담 프로그램의 개발은 역동적인 의사결정이 지속적으로 이루어지는 과정이기에, 이 책에서는 기획이라는 용어를 주로 사용한다.

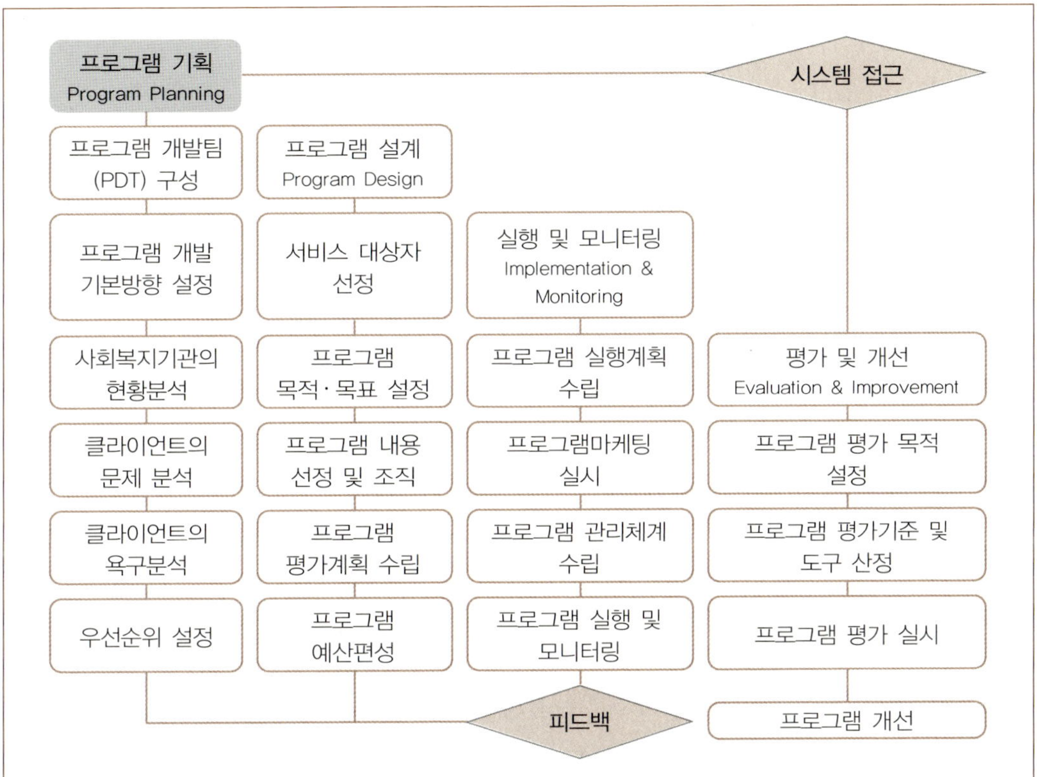

그림 2-1 프로그램 개발의 절차

출처: 양정하 외 (2011). p.29.

표 2-1 기획과 계획의 개념 차이

기획	• 계획을 세워가는 활동과 과정을 말하며 초점을 두는 계속적인 행동으로서의 의미가 강함 • 기획의 특성: 미래지향적, 계속적인 과정, 의사결정과 연결, 목표지향적, 목표를 위한 수단
계획	• 어떤 구체적인 사업에 대한 연속적인 의사결정이라는 의미가 있으나 기획에서 도출된 결론, 이미 결정된 행동 노선을 가리키는 경우가 많음

출처: 정무성 (2017). p.93.

Midgley와 Piachaud(1984)가 정리한 일반적인 기획의 특징은 다음과 같다.

- 지속적인 과정: 기획은 수많은 절차가 따르는 일련의 과정이다.
- 의사결정: 기획은 조직이 언제, 어디서, 무엇을, 어떻게 해야 하는지를 결정하도록 돕는다.
- 목적지향적: 기획은 분명하고 공식적으로 규정된 목표를 성취하기 위한 과정이다.
- 미래지향적: 기획은 조직적인 행동이 미래를 향하도록 돕는다.
- 규정적: 기획은 규정된 목적을 성취하기 위하여 조치를 취하도록 지휘한다.

사회복지현장에서 최근 프로그램 기획의 중요성이 더욱 강조되고 있는데, 기획의 필요성은 크게 네 가지로 정리할 수 있다(정무성, 2005).

첫째, 합리성을 증진시키기 위하여 필요하다. 기획은 특정문제해결을 위하여 기대되는 적절한 대안을 지속적으로 찾아가는 과정으로, 이때 선택되는 대안은 특정문제해결을 기대할 수 있는 합당한 이유와 근거를 요구받게 된다. 이 경우 목적과 수단 사이에 존재하는 타당한 인과관계가 바로 합리성이 되며, 기획은 이러한 합리성을 제고하는 대표적인 활동이다.

둘째, 효과성과 효율성을 증진시키기 위하여 필요하다. 기획 과정에서 타당한 인과관계를 고려하여 수단을 선택하게 되면 프로그램 실행 결과의 효과성은 높아질 것이며, 대안 모색에 요구되는 비용과 인력을 사전에 고려함으로써 자원낭비를 줄일 수 있어 효율성도 증진시킬 수 있다.

셋째, 기획은 사회복지조직의 책무성을 증진시킨다. 사회복지기관이나 조직은 국가나 사회로부터 재원을 조달받아 클라이언트나 지역사회의 복지를 위하여 운영되는 경우가 많다. 사회복지기관이나 조직은 이러한 재원을 효과적 · 효율적으로 사용하여야 할 책무성을 가지며, 기획을 통하여 클라이언트에 대한 활동의 효과성과 효율성이 증진되면 장기적으로 사회복지조직의 유지나 확대에 필요한 사회적 승인을 더욱 강화시킬 수 있다.

마지막으로, 기획은 클라이언트의 동기부여와 사회복지조직 구성원의 사기진작에도 기여한다. 사회복지실천과 상담의 당사자인 클라이언트가 프로그램의 기획 과정에 직접 참여할 때 스스로의 변화의지가 강화되어 강력한 동기부여를 얻을 수 있다. 이러한 동기부여는 사회복지 · 상담 프로그램의 효과성과 효율성을 제고하게 한다.

아울러, 사회복지와 상담 프로그램 기획 시 실행 가능성을 위하여 고려해야 할 중요 요소는 다음과 같으며(김상곤 외, 2012), 프로그램 기획의 첫 단계에서 점검되어야만 프로그램의 현실적인 실행이 용이하다.

- 가치: 사회적으로 받아들일 수 있는 가치인가?
- 실현 가능성: 정치적 · 경제적인 능력, 클라이언트의 확보 가능성
- 준비성: 기관 내부적으로 인력, 시설, 장비 등이 가능한가?
- 합리성: 프로그램을 실시해야 하는 객관적인 근거가 있는가?(문제의 심각성, 문제의 포괄성)

02 | 프로그램 기획의 유형

사회복지 · 상담 프로그램이 다양해지고 있는 만큼 관련 프로그램 기획 역시 다양한 유형으로 구분이 가능하다. 사전에 프로그램 기획의 다양한 유형을 파악하고, 각 유형별로 장단점과 유의할 점이 무엇인지 파악하고 있다면, 프로그램 대상과 목적, 상황에 맞는 프로그램 기획이 가능할 것이다.

일반적으로 프로그램 기획은 사용처별 유형, 개발동기별 유형, 의사소통별 유형, 사업목적별 유형으로 나눠진다(우수명, 2007). 우선, 그 특징을 살펴보면 사용처별 유형은 내부 기관장의 결재를 받아 기관사업 수행을 위하여 만들어진 기획인지 외부기관 프로포절 등을 위하여 기획된 것인지에 따라 내부용 기획과 외부용 기획으로 나눠진다. 둘째, 개발동기별 유형은 기존 프로그램을 업그레이드를 하거나(개선형), 기존에 없던 프로그램을 새롭게 수행하기 위하여 기획하거나(개발형), 홍보 또는 외부자원 개발 등을 위하여 수립되거나(홍보마케팅형), 이론을 기반으로 기획서 작성 훈련이나 견습을 위하여 수행되는(학습형) 기획으로 나눠진다. 의사소통별 유형은 실무자의 문제의식 등에서 출발되었느냐, 기관장으로부터 요구되었느냐에 따라 하의상달형 기획과 상의하달형 기획으로 나눠진다. 사업목적별 유형은 목적에 따라 문제해결형, 역량강화형, 삶의질 개선형, 보호원조형 기획으로 나눠진다.

표 2-2 기획의 유형 분류

구분	유형	의미
사용처별 유형	내부용 기획	사회복지기관 내부에서 기관장으로부터 결재를 받아 기관의 사업으로 수행하고자 하는 의도에서 만들어지는 기획
	외부용 기획	사회복지공동모금회나 삼성복지재단 등 외부기관용으로 기획한 프로그램 계획서
개발동기별 유형	개선형 기획	기존의 프로그램을 그대로 유지, 기존 프로그램을 업그레이드하기 위한 기획
	개발형 기획	기존에 없거나 수행하지 않았던 새로운 프로그램을 수행하기 위하여 실시하는 기획
	홍보마케팅형 기획	프로그램 기획이 홍보 또는 외부자원의 개발이나 자금 마련을 위하여 수립된 기획
	학습형 기획	이론을 기반으로 기획서를 작성하는 훈련이나 과제 또는 견습을 위하여 수행되는 기획

의사소통별 유형	하의상달형 기획	실무자의 문제의식이나 전문성으로부터 나온 기획
	상의하달형 기획	기관장으로부터 실무자에게 문제나 과제가 제시되어 요구되는 기획
사업목적별 유형	문제해결형 기획	클라이언트가 당면한 욕구나 문제를 해결하기 위한 기획
	역량강화형 기획	클라이언트의 사회적 권리나 자조 능력의 향상을 지향하는 기획
	삶의질 개선형 기획	클라이언트의 여가, 문화, 생활 속에서 더 나은 삶을 행복하게 누리도록 도움을 제공하는 기획
	보호원조형 기획	사회적으로 자립할 수 없거나 물질적 · 정신적 도움이 필요한 대상에 대한 기획

출처: 우수명 (2007).

최근에는 사회복지공동모금회(2020)에서도 배분사업을 진행할 때 성과중심형, 성과확산형, 산출중심형으로 프로그램 사업 유형을 구분하고 있다. 성과중심형은 성과목표 달성을 통해 사업 참여자의 의미 있는 변화를 꾀하고, 나아가 지역사회 변화의 기초를 다지는 사업으로 단년도 사업 형태를 띠며, 사업 참여자의 역량강화 또는 소규모의 지역사회 네트워크 구축 등의 사업을 포함하는 기획이다. 성과확산형은 2년 이상 계획하는 다년도 사업으로 사업 참여자의 의미 있는 변화뿐만 아니라 지역사회, 나아가 우리 사회에 파급력을 미치는 것을 지향하는 사업 프로그램의 기획을 말한다. 산출중심형은 현재 당면한 지역사회 이슈 및 개인(또는 가족)의 문제해결을 위한 지원 사업으로, 성과목표 달성보다는 사업수행 과정에 중점을 두는 사업 프로그램 기획을 의미한다.

표 2-3 사회복지공동모금회의 프로그램 사업 유형

프로그램 사업 유형	내용
성과중심형	• 성과목표 달성을 통해 사업 참여자의 의미 있는 변화를 꾀하고, 나아가 지역사회 변화의 기초를 다지는 사업 • 주로 단년도 형태를 띠며, 사업 참여자의 역량강화 또는 소규모의 지역사회 네트워크 구축 등의 사업을 포함
성과확산형	• 2년 이상 계획하는 다년도 사업으로 사업 참여자의 의미 있는 변화뿐만 아니라 지역사회, 나아가 우리 사회에 파급력(Impact)을 미치는 것을 지향하는 사업
산출중심형	• 현재 당면한 지역사회 이슈 및 개인(또는 가족)의 문제해결을 위한 지원사업으로 성과목표 달성보다는 사업수행 과정에 중점을 두는 사업

출처: 사회복지공동모금회(2020)의 p.15 표를 재정리.

03 | 프로그램 기획의 과정

역동적인 일련의 계획이 지속적으로 이루어지는 기획의 과정에 대한 학자들의 견해는 매우 다양하다. 프로그램 기획의 단계를 평가까지 포함하는 학자(York, 1982)와 프로그램 설계에 초점을 둔 학자(김상곤 외, 2012; 이봉주 · 김기덕, 2014)까지 다양하다는 측면에서 프로그램 기획 과정의 범주는 매우 폭넓다고 할 수 있다. 그 중 국내 · 외 주요 학자들의 견해를 정리하면 다음과 같다.

York(1982)는 프로그램 기획 과정을 10단계로 나누어 살펴보았다. ① 행동 범위의 설정, ② 문제의 분석, ③ 욕구의 사정, ④ 목적 및 효과 목표, ⑤ 우선순위 수립, ⑥ 대안의 확인, ⑦ 대안의 선택, ⑧ 자원 요구의 확인 및 결과 목표의 정의, ⑨ 집행, ⑩ 평가이다.

Skidmore(1995)는 프로그램 기획 과정을 6단계로 단순화하여 ① 구체적 목표의 설정, ② 관련 정보 수집 및 가용자원 검토, ③ 목표 달성을 위한 대안적 방법 모색, ④ 대안의 실시조건 및 기대효과 평가, ⑤ 최종안의 선택, ⑥ 구체적인 실행계획 수립으로 정리하였다.

Kettner 외(2008)는 프로그램 기획 과정을 7단계로 예산 수립 및 효과성 평가까지 포함하여 ① 문제 분석과 욕구 사정, ② 적절한 개입 전략 선별, ③ 목적과 목표 선정, ④ 프로그램의 설계, ⑤ 경영정보체계 구축, ⑥ 예산 수립, ⑦ 프로그램 효과성 평가로 정리하였다.

이봉주와 김기덕(2014)은 기획의 과정을 4단계로 단순화시켜 ① 문제의 이해, ② 개입 논리의 개발, ③ 프로그램 내용 구체화, ④ 프로그램의 평가로 나누었으며, 프로그램 기획의 과정을 평가단계까지 정리하였다.

김상곤 외(2012)는 프로그램 기획을 계획을 수립하는 과정으로 규정한다는 점에서 기획의 범주를 프로그램을 설계하는 것까지로 보는 것이 타당하다고 보았다. [그림 2-2]와 같이 ① 문제와 욕구 확인 및 분석, ② 목적과 목표 수립, ③ 프로그램 개발을 위한 자원의 확보와 규모 확인, ④ 최적의 개입 전략과 실행방법 결정, ⑤ 프로그램 평가계획 수립, ⑥ 프로그램 환류계획 수립까지 6단계로 나누었다.

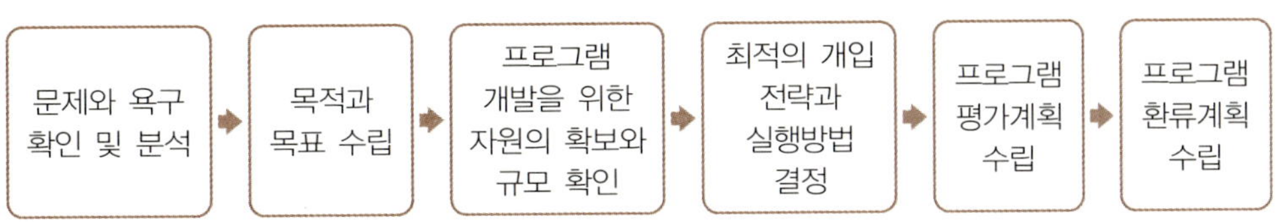

그림 2-2 프로그램 기획의 과정

출처: 김상곤 외 (2012). p.35 재구성.

위와 같이 여러 단계를 거쳐 진행되는 기획 과정은 현실적인 문제를 고려하여 이루어질 때 프로그램 실행으로 나아갈 수 있다. 구체적인 프로그램 기획에 들어가기 전에 기획자는 자신의 기획하고자 하는 프로그램에 대하여 다음과 같은 현실적인 문제를 먼저 검토해 볼 필요가 있다(김영종, 2013).

- 기관 적합성: 이 서비스는 기관의 사명이나 전략, 목적 우선순위에 들어맞는가?
- 모형 적합성: 이 서비스 모델의 성공에 대한 증거가 제시되어 있는가?
- 자원 가용성: 서비스 공급을 위해 적절한 가용 혹은 잠재적 자원들이 있는가?
- 서비스 수용성: 서비스는 지역사회 구성원이나 소비자들에게 받아들여질 수 있는가?
- 제공자 가용성: 서비스가 서비스 제공자들이 전달할 수 있는 것인가?
- 정책 순응성: 서비스가 기관이나 프로그램의 정책적 제한 틀을 충족하는가?
- 비용 효과성: 서비스의 잠재적 급부가 추정된 비용을 초과하는가?
- 효과성 측정의 가능성: 서비스 효과성이 측정될 수 있는가?
- 실행 가능성: 실행계획이 개발될 수 있는가?
- 위험 가능성: 서비스 실행에서 심각한 위험이 나타날 수 있는가?

아울러, 사회복지 프로그램 기획자 개인의 역량 역시 프로그램 기획에 영향을 끼치는 요소가 된다. 〈표 2-4〉의 체크리스트를 살펴봄으로써 자신이 프로그램 기획자로서 갖추고 있는 역량이 무엇이고, 어떠한 점을 개선할 수 있을지 준비할 수 있을 것이다.

표 2-4 사회복지 프로그램 기획자의 역량 체크리스트

	문항	전혀 그렇지 않다	다소 그렇지 않다	다소 그렇다	매우 그렇다	개선 계획
1	나는 프로그램 기획의 의미와 필요성을 말할 수 있다.					
2	나는 프로그램 기획의 전반적인 단계를 알고 있다.					
3	나는 기획에 필요한 선행연구를 탐색할 수 있다.					
4	나는 선행연구결과를 읽고 정리할 수 있다.					
5	나는 논리모형을 이해하고 적용할 수 있다.					
6	나는 문제·상황분석을 할 수 있다.					
7	나는 욕구를 파악·조사할 수 있다.					
8	나는 프로그램의 목표를 적절히 수립할 수 있다.					
9	나는 프로그램 목표를 평가할 수 있는 평가방법을 제시할 수 있다.					
10	나는 프로그램 목표를 성취할 수 있는 전략적 활동들을 구성할 수 있다.					
11	나는 참여자에게 프로그램을 홍보할 수 있는 방법을 제시할 수 있다.					
12	나는 프로그램 수행에 적절한 예산안을 작성할 수 있다.					
13	나는 집단의 효과성 평가를 위한 실험설계를 할 수 있다.					
14	나는 프로그램 만족도 평가를 할 수 있다.					
15	나는 개별 클라이언트의 변화를 평가할 수 있다.					
16	나는 질적방법을 활용하여 평가할 수 있다.					
17	나는 과정평가를 할 수 있다.					
18	나는 평가를 위한 평가척도를 선정하고 활용할 수 있다.					
19	나는 각 프로그램의 실행과 결과를 구체적으로 기록할 수 있다.					
20	나는 제안서를 타인들이 잘 이해할 수 있게 작성할 수 있다.					

21	나는 프로그램 논리와 전략 등을 간략한 도식화(표, 그림)를 통해 잘 표현할 수 있다.					
22	나는 프로그램 평가지표와 목표치, 평가도구, 평가방법 등을 선정·제시할 수 있다.					
23	나는 질 높은 프로그램 개발과 평가를 위해 프로그램 관련 이론을 적용할 수 있다.					
24	나는 담당사업의 프로그램 기반 및 근거 이론과 전략을 명확히 제시할 수 있다.					
25	나는 제안서를 효과적으로 발표할 수 있다.					

자신의 획득점수		동료의 획득점수		더 개발해야 하는 영역은?	

출처: 김상곤 외 (2012).

03

CHAPTER

사회복지 · 상담 프로그램 개발 모형

CHAPTER 03

사회복지 · 상담 프로그램 개발 모형

프로그램 기획 과정을 바라보는 여러 학자들의 시각은 매우 다양하지만, 공통적으로 프로그램 기획에서 프로그램을 뒷받침하는 개입논리를 개발하여 안정적으로 프로그램을 기획하려는 공통점을 확인할 수 있었다. 이 장에서는 프로그램의 개발이 기관의 프로포절 준비부터 임상 프로그램의 구성에 이르기까지 다양한 형태로 이루어진다는 점을 고려하여 대표적인 프로그램 개발 모형인 논리모형, 개입연구모형, 근거기반실천모형을 살펴보고자 한다.

01 | 논리모형

1) 논리모형의 개념

논리는 사전적으로 '말이나 글에서 사고나 추리 따위를 이치에 맞게 이끌어가는 과정이나 원리'(표준국어대사전)를 말한다. 사회복지 프로그램 개발에서 논리모형(logic model)은 한 프로그램에 내재된 변화이론을 시각적으로 설명하는 방식으로, 하나의 프로그램 안에 있는 중요한 요소들을 설명하고 평가의 어느 부분이 가장 중요한지 확인하기 위한 도구이자 접근방법이다(Frechtling, 2012). 논리모형은 프로그램이 어디서 시작해서 어디로 가는지를 보여주는 안내지도 역할을 하며, 실천가들이 프로그램에 대해 가지는 가정을 발견하게 도와주는 효과적인 도구이다(김상곤 외, 2012).

시각적으로 명료한 틀을 제공하게 되는 논리모형은 체계이론과 성과관리를 기반으로 만들어져 왔다. 논리모형에 체계이론을 적용시키는 것은 큰 그림 또는 전체에 강조점을 두고 각 부분들의 기능을 상호관계와 체계의 확장된 상황 속에서 고려하는 것을 의미하며, 이는 직선적이라기보다 다방면의 피드백 고리와 순환적 상호작용의 인과관계라 할 수 있다(Frechtling, 2012). 이러한 특성은 프로그램이 상황에 따라 역동적인 변화를 일으킬 때 시각적인 인과관계 반영에 유용하다.

프로그램의 과정과 성과를 간결하게 표현하여 평가를 용이하게 하고, 프로그램 관계자들 간의 소통을 촉진한다는 점 역시 논리모형의 장점으로 손꼽힌다. 특히 프로그램 개발단계에서부터 고려된 논리모형은 프로그램의 진화단계를 거쳐 평가를 수행하는 데 도움을 주는 도구가 될 수 있다. 평가도구로서도 유용하여 성과관리 측면에서 미연방교육부, 국립과학재단, 켈로그재단, 사회복지공동모금회, 지역사회복지협의체 등 국내 · 외 공공 및 민간 영역에서 활발히 적용되고 있다.

2) 논리모형의 구성요소

논리모형은 한 프로그램에 내재된 변화이론을 시각적으로 설명할 때 유용하며, 기본적으로 [그림 3-1]과 같이 투입, 활동, 산출, 성과라는 네 가지 구성요소로 이루어진다.

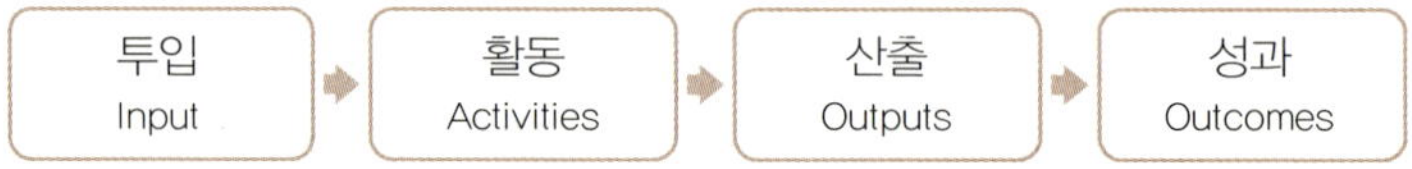

그림 3-1 논리모형의 기본 구성요소

- 투입: 프로그램에 들어가는 인적·물적자원으로 전형적으로 자원은 자금의 근거 혹은 현물로 주는 기여의 영역에서 정의된다. 예산과 직원, 장비와 비품뿐 아니라 조직이나 사람들 간의 네트워크, 지역사회자원, 연구조사자원 등도 포함된다.
- 활동: 바람직한 목적을 가져오기 위해 프로그램에서 선택한 활동이다. 프로그램의 목적 달성을 위하여 이루어지는 모든 활동단계들을 포함한다. 활동에는 서비스나 교육의 제공, 지역사회협의체 운영, 통합사례위원회 구성, 전문적 개발 제시, 새로운 정보 캠페인 시작 등이 모두 포함될 수 있다.
- 산출: 활동의 결과로 나타나는 산출물로, 보통 숫자로 표현된다. 예를 들어, 서비스의 횟수, 프로그램 참석률, 제공된 서비스 시간 등이 해당된다.
- 성과: 궁극적 목표와 목적을 달성해 나가며 따르는 변화를 말한다. 성과는 바람직한 성취 혹은 변화로, 프로그램 참여자의 행동, 지식, 기능 수준 등에 있어 나타나는 구체적인 변화를 의미한다. 성과는 단기성과, 장기성과로 나누어지는데, 프로그램의 결과로 직접적으로 연계되는 변화 이익은 단기성과, 단기성과에 따라 얻어지는 변화 이익은 장기성과로 설명하기도 한다.

3) 논리모형의 적용

논리모형을 직접 프로그램 개발에 적용시켜 보도록 하자. 예를 들어, 중도입국청소년의 부적응문제에 대한 프로그램을 개발해 본다면, 기획단계에서부터 다문화가족이 증가함에 따라 중도입국청소년의 수 역시 증가하고 있으며, 후기청소년이 될수록 이들의 진학률이 매우 낮아짐을 확인할 수 있다. 당사자의 욕구와 선행연구들을 검토한 결과, 상위학급으로 올라갈수록 중도입국청소년들이 학교적응에 어려움을 겪고 진학률이 낮아지는 반면, 실제 가진 욕구 역시 취업에 대한 욕구가 가장 강함에도 불구하고 취업과 관련한 도움을 받는 경우가 적음이 확인되었다. 취업을 하고 싶으나 자신의 적성에 맞는 일자리를 찾기가 어렵고, 취업을 하더라도 의사소통이나 업무 능력 습득에 시간이 걸려 취업의 유지가 쉽지 않은 어려움을 겪고 있는 중도입국청소년을 지원하기 위하여 학습이론에 근거하여 중도입국청소년의 취업 능력 향상 프로그램을 기획하면 다음과 같이 진행된다.

논리모형에 근거한 프로그램의 투입은 직원과 자원봉사자, 사업예산, 협력기관이 되고, 활동은 실제 이루어진 협력기관 견학, 적성검사, 사회기술프로그램, 멘토링, 인턴십으로 구성된다. 이로 인한 산출은 중도입국청소년 참여자 10명을 대상으로 적성검사 1회 × 10회, 사회기술프로그램 주 1회 × 6개월 × 10명, 멘토링 주 1회 × 2개월 × 10명, 인턴십 주 1회 × 2개월 × 10명, 만족도 0점과 같이 구체적 숫자로 기록된다. 성과는 목적을 달성해 나가며 따르는 변화, 성취로 단기성과로는 직업정보 획득, 적성 확인, 인턴십을 통한 업무경험 습득이 가능하며, 장기성과는 사회기술 향상, 취업 능력 향상으로 이어질 수 있다.

	계획된 과업		의도했던 결과	
(현상) 중도입국 청소년의 부적응	투입 Input	활동 Activities	산출 Outputs	성과 Outcomes
(욕구 확인) 취업하고 싶으나, 현실적인 어려움	• 담당직원 • 자원봉사자 • 예산 • 협력기관	• 협력기관 견학 • 적성검사 • 사회기술 프로그램 • 멘토링 • 인턴십	• 중도입국청소년 대상 적성검사 1회 ×10명 • 사회기술프로그램 주 1회×6개월 ×10명 • 멘토링 주 1회 ×2개월×10명 • 인턴십 주 1회 ×2개월×10명 • 만족도 ㅇ점	단기성과 • 직업정보 획득 적성 확인 • 인턴십을 통한 업무경험 습득 장기성과 • 사회기술 향상 • 취업 능력 향상

그림 3-2 논리모형의 구성요소와 예시

이제 자신이 인식하는 문제에 기초하여 논리모형으로 프로그램 개발을 적용시켜 보도록 하자. 첫째, 자신이 중요하게 생각하는 문제를 우선 정리한 다음, 그 문제에 관련된 현황 및 정보, 관련 문헌자료를 살펴본다. 대상자의 욕구와 그를 뒷받침해줄 이론적 배경이 취합되었다면 자신이 구성하고자 하는 프로그램을 논리모형의 투입, 활동, 산출, 성과 요소에 맞춰 작성해 본다.

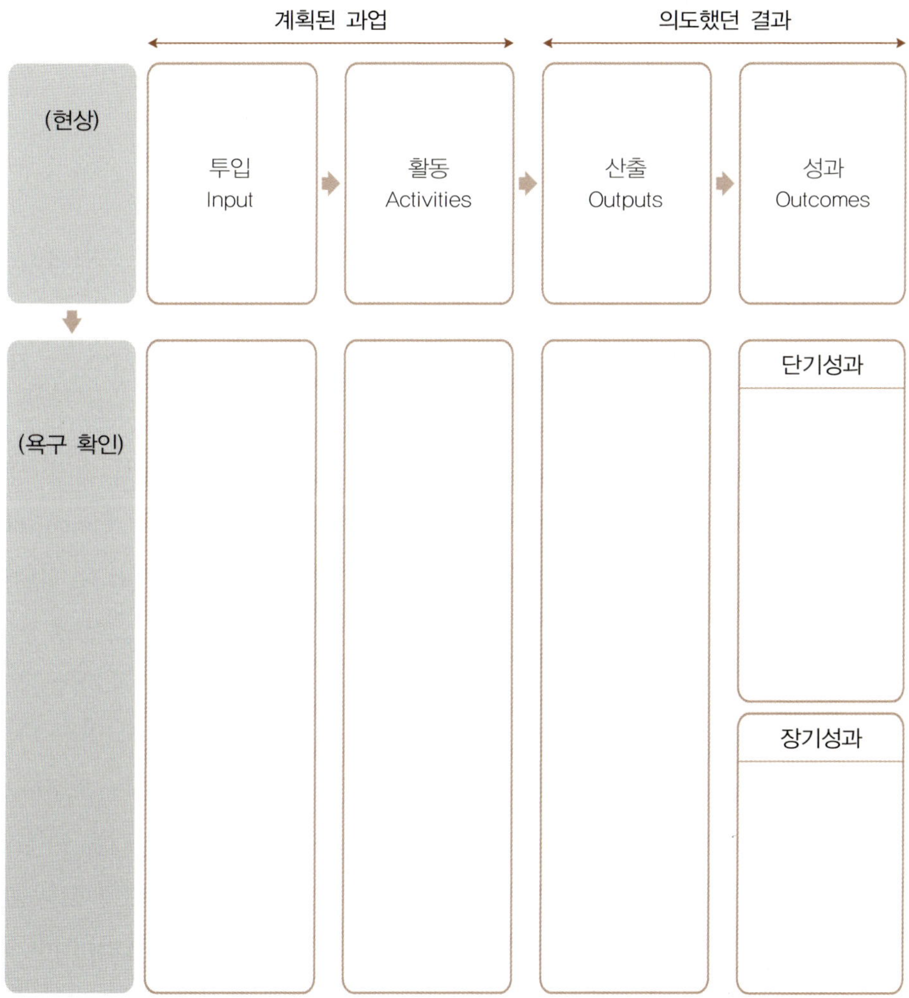

그림 3-3 **논리모형의 적용틀**

02 | 개입연구모형

1) 개입연구모형의 개념

개입연구(intervention research)는 공학적인 개념과 조사기법을 휴먼서비스 분야에 적용하고자 한 프로그램 개발방법이다. 기존의 이론과 선행연구를 기반으로 단계별 근거에 따라 프로그램을 개발, 구성할 수 있다는 점에서 특히 사회복지 및 상담 프로그램에 유용하게 활용되고 있다. 개입연구모형(intervention research model)은 '실천연구자가 개입모형을 세우고 검증하고자 할 때의 가장 상식적인 접근'(Kirk & Reid, 2002)으로 평가받고 있으며, Fraser와 Galinsky(2010)는 개입연구모형에 대해 '목적성 있는 변화 계획에 대한 체계적 연구모형'으로 정의하였다.

개입연구모형은 공학적인 사고를 도입하여 사회복지실천에 있어 종전의 문제해결 과정의 한계점을 극복하면서 해결 과정에서 분석적인 면과 혁신적인 면을 보충할 수 있는 새로운 지식의 접근방법으로써 "공학은 과학적 원리, 기술적 정보를 사용하여 최대한의 경험과 효율성을 가진 기능을 수행하는 도구나 절차를 만드는 과정"(Rothman, 1980)이라는 특성이 결합하여 프로그램 개발 과정에 도움을 주는 것으로 평가받고 있다(서인해, 2004). 개입연구모형은 다양한 학문영역에서 나타난 지식을 흡수하면서 발전해 오고 있는 것으로 알려져 있으며, 특히 사회·행동과학연구의 측면에서 개입문제에 대해 보다 도움이 되고 실천적인 측면에 초점을 맞추어 지식을 생산하는 '지식개발'(Intervention Knowledge Development: KD), 사회행동과학의 이론과 경험 연구를 적용 가능한 지식으로 전환하는 데 주안점을 둔 '지식활용'(Knowledge Utilization for Intervention: KU), 이전 단계에서 만들어진 관련 기술, 정책, 실천 혁신, 전문가 경험과 같은 많은 정보를 취합하여 개입을 디자인하고 개발하는 '디자인과 개발'(Intervention Design and Development: D&D)이라는 세 측면으로 분류된다(Thomas & Rothman, 1994). 역사적으로 'Social R&D', 'Developmental Research', 'Model Development Research' 등의 여러 다른 접근으로 다양한 이름으로 연구가 진행된 개입연구는 1994년 Rothman의 Social Research & Development Model과 Thomas의 Developmental Research에서 선택된 요소를 결합하여 Design & Development로 완성되어(Rothman & Thomas, 1994) 개입연구모형의 가장 핵심적인 영역으로 평가받고 있다.

국외에서 개입연구모형에 관한 연구들(Abell & Wolf, 2003; Comer et al., 2004; Fraser et al., 2009; Gilgun & Sands, 2010)과 천식환자, 성학대 생존아동과 가족, AIDS에 걸린 고아 등 다양한 클라이언트군을 대상으로 개입연구모형을 적용한 프로그램 평가 연구(Block, 2012; Hill, 2012; Thomson et al., 2011)가 활발하게 진행되고 있다. 국내에서도 개입연구모형은 노인(심창교, 2009; 최경애, 2010), 여성(권종희, 2007), ADHD 성향 아동(박현숙, 2012; 배은경, 2013), 음주(이선혜, 2003), 직업준비(조현순, 2005)와 같은 다양한 클라이언트 이슈를 위한 프로그램 개발과 함께 실습(이시연, 2000; 서진환, 2004), 문화적 역량 증진(김은영, 2012), 종사자 실천역량 증진(배은경, 2016)과 같은 사회복지실천과 관련된 내용에 적용되었다.

2) 개입연구모형의 구성요소

Rothman과 Thomas(1994)가 제시한 개입연구모형은 [그림 3-4]와 같이 총 6단계로 구성된다. 제 1단계 문제 분석과 프로젝트 기획(problem analysis and project planning)단계는 문헌고찰과 욕구조사를 통하여 문제를 확인하고 분석하여 프로젝트의 목적을 설정하는 단계이다. 기관이나 집단과 접촉하기 전, 프로그램 기획자는 문헌조사를 통하여 클라이언트, 목적, 정책, 실무자, 프로그램 등에 관해 알아야만 한다. 욕구조사 같은 대상자와의 접촉은 프로그램 기획자가 제공해야만

하는 것으로, 집단이나 조직의 잠재적 클라이언트와 구성원에게 어떻게 성과가 있을지 명료화하여 이해를 돕는다.

제 2단계 정보수집과 통합(information gathering & synthesis)단계는 프로그램 목적에 맞는 성공적인 모델의 요인에 관한 정보를 수집하고 통합하는 과정으로 이를 통해 프로그램에 반영할 프로그램 구성요소를 설계한다. 기존의 선행연구 등을 통하여 정보를 수집하고, 성공모형의 기능요소를 확인한다.

제 3단계 디자인(design)단계에서는 지금까지 수집된 자료 정보를 통합하여 원형 프로그램을 구성하는 단계로서 디자인의 타당성을 확보하여야 한다. 따라서 문헌분석과 욕구조사 결과를 통합하여 설계한 원형 프로그램과 개입 프로토콜에 대하여 전문가 포커스 집단 실시 등을 통해 자문과 지원을 받는다.

제 4단계 초기개발과 현장실험(early development and pilot testing)단계는 3단계에서 생성된 초기 프로그램을 실천현장에 적용 실시하여 가능성을 탐색하며 후기 프로그램 수정에 반영하는 단계이다. 이를 위하여 개발된 원형 프로그램 또는 시범적으로 초기개입을 실행하여 수정 디자인된 프로그램을 실시하며 현장실험을 실시하게 된다.

제 5단계 평가 및 수정개발(evaluation and advanced development)단계는 효과적인 실천을 개발하려는 실천을 위한 조사로서, 프로그램 결과에 대해 양적·질적 조사방법을 모두 활용하여 과정평가를 포함한 프로그램의 효과성을 평가하는 단계이다. 프로그램 평가를 위한 실험디자인을 선택하고, 데이터를 수집, 분석하여 그 결과를 토대로 수정된 디자인을 선택하고, 다시 개입을 반복하면서 최종적인 프로그램을 개발하게 된다.

제 6단계 보급(dissemination)단계는 5단계에서 개발된 프로그램을 수정, 반복적으로 개입함으로써 최종 개발된 프로그램을 보급을 위한 산출물로 준비하여 실행하는 단계이다. 개발된 프로그램의 개입을 위하여 잠재시장을 확인하고, 개입에 대한 필요를 창출해 내어 보급하게 된다. 보급된 프로그램의 적절한 적용을 촉진하고, 적용하는 실천가들에게 기술적 지지를 제공하게 되나, 프로그램 개발자의 의지에 따라 보급이 결정되거나 프로그램이 확산되는 것은 아니라는 점에서 개입연구모형에 기반하여 개발된 모든 프로그램이 6단계 보급단계를 거치지 않을 수도 있다.

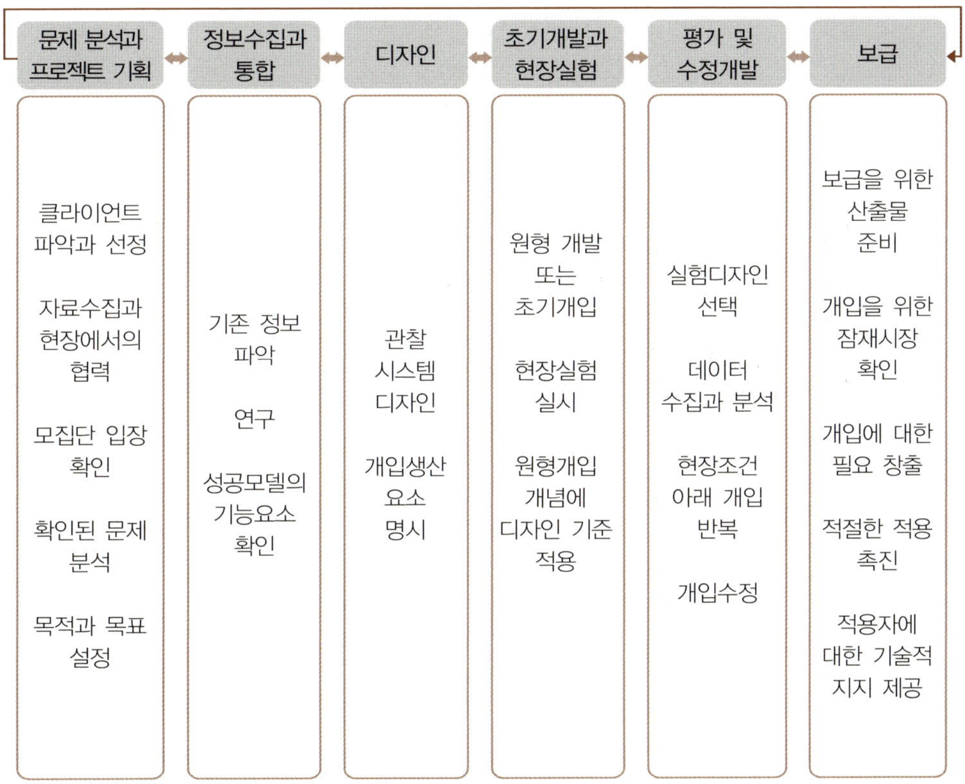

그림 3-4 **개입연구모형의 단계와 전략**

출처: Rothman & Tomas (1994). p.28.

3) 개입연구모형의 적용

이제 개입연구모형을 적용한 프로그램 개발과 평가 사례를 살펴보도록 하자. ADHD 성향 아동, 부모, 교사를 지원하기 위한 프로그램을 개발하기 위하여 Rothman과 Thomas(1994)가 제시한 개입연구의 6단계 중 5단계를 적용한 결과(6단계 보급 제외), [그림 3-5]와 같이 진행되었다.

순서	단계	대상 및 내용	산출물
1단계	문제 분석과 프로젝트 기획	ADHD 성향 아동과 관련한 문제를 포괄적으로 이해하고 부모·교사 대상의 욕구조사를 포함하여 프로젝트 개발 목적을 기획	전반적인 문제 파악을 위한 문헌고찰, 부모·교사대상 욕구조사
2단계	정보수집과 통합	연구 목적에 맞는 다양한 정보를 수집하고 통합하여 디자인을 위한 준비	ADHD 성향 아동을 위한 인지행동프로그램의 기존 프로그램 구성요소 정리
3단계	디자인	수집된 정보를 통합한 1차 프로그램 구성단계로서 전문가 포커스 그룹 인터뷰 진행	ADHD 성향 아동, 부모, 교사 체계 대상의 1차 프로그램
4단계	초기개발과 현장실험	생산된 초기 개발물을 ADHD 성향 아동과 부모, 교사 체계를 대상으로 현장에서 실험	초기 프로그램 프로토콜, 회기별 프로그램 실행
5단계	평가 및 수정 개발	프로그램 효과성 평가 후 초기 프로그램 개발을 완성, 진보된 수정 프로그램 제시	평가결과분석과 수정 프로그램

그림 3-5 개입연구모형을 적용한 프로그램 개발 사례

출처: 배은경 (2013).

[그림 3-5]의 프로그램은 개입연구모형의 프로그램 개발단계에 맞춰 1단계에서 전반적인 문제 분석과 확인을 위하여 문헌고찰과 함께 ADHD 성향 아동 부모와 교사를 대상으로 욕구조사를 실시하였다. 2단계 정보수집과 통합단계에서는 학술지와 학위논문 등을 통하여 ADHD 성향 아동을 위한 프로그램의 다양한 정보와 자료를 수집하여 기본 프로그램 구성요소들을 정리하였다. ADHD 성향 아동을 위하여 아동뿐 아니라 부모, 교사를 포함하는 통합적인 접근이 요구되며, 인지행동 프로그램의 효과성이 뛰어났음을 확인할 수 있었다. 3단계 디자인단계는 지금까지 수집한 정보에 근거함과 동시에 프로그램 기획자의 경험 및 아이디어를 반영하여 체계적인 통합의 과정을 거쳐 개입을 디자인하게 된다. 이렇게 체계적으로 통합한 내용들은 1차 프로그램 개발에 반영되고 1차 프로그램은 전문가 자문을 반영하는 과정을 거치게 된다. 4단계 초기개발과 현장실험단계는 프로그램 원형으로 완성된 프로토콜을 직접 실행하는 단계로, 유사실험설계인 비동일집단 사전사후평가 설계가 적용되어 실험집단 프로그램이 진행되었다. 5단계에서는 양적 · 질적평가를 통하여 ADHD 성향 아동, 부모, 교사를 위하여 통합적으로 접근하여 실시된 인지행동 프로그램의 효과성을 검증하고, 이를 토대로 한국 실정에 맞는 발전된 수정 프로그램을 개발하게 된다. 이러한 수정 프로그램이 반복적으로 실행됨에 따라 경험적 근거를 축적하게 될 때 Rothman과 Thomas(1994)가 제시한 개입연구모형의 6단계 보급단계로 나아갈 수 있을 것이다.

마지막으로 자신이 인식하는 문제에 기초하여 개입연구모형으로 프로그램 개발을 적용시켜 보자. 임상사회복지실천과 상담 영역에서 과학적으로 프로그램을 개발, 적용하기에 유용한 모형으로, 자신이 중요하게 생각하는 문제를 우선 결정한 다음, 개입연구모형의 단계에 맞춰 진행하였을 때 예상되는 내용과 산출물을 정리해 보자.

순서	단계	대상 및 내용	산출물
1단계	문제 분석과 프로젝트 기획		
2단계	정보수집과 통합		
3단계	디자인		
4단계	초기개발과 현장실험		
5단계	평가 및 수정개발		

그림 3-6 개입연구모형의 적용틀(6단계 보급 제외)

03 | 근거기반실천모형

1) 근거기반실천모형의 개념

근거기반실천(evidence-based practice)은 '입수 가능한 모든 과학적 조사연구를 평가하고 응용하여 사회복지실천의 결과를 가장 좋게 할 수 있는 가능성이 높은 실천방법을 선택하여 적용하는 것'(공계순 · 서인해, 2006)을 말한다. 1972년 Archie Cochrane의 저서 "Effectiveness and Efficiency: Random Reflections on Health Service"를 통해서 근거기반의료(evidence-based medicine)의 기초 개념을 설명한 후 '근거기반'이라는 개념이 폭넓게 알려지기 시작하였고, 이후 1992년에 영국 정부가 옥스퍼드에 Cocharne 센터(현 Centre for Evidence Based Medicine; http://www.cebm.net)를 세움으로써 근거기반의료에 대한 국제적인 관심이 확대되고 제 학문분야에 영향을 미치게 되었다(홍성두 · 여승수, 2011).

사회복지를 비롯한 휴먼서비스 영역에서는 일찍이 클라이언트에게 제공한 서비스의 평가와 효과성 측면을 중시하여 왔으며, 국내에서도 사회복지실천의 효과성과 근거기반실천에 대한 관심은 끊임없이 이어져 왔다(공계순 · 서인해, 2006; 박승민, 2009; 양옥경, 2000; 정순둘, 2006; 정은희, 2008; 황성동, 2011). 그러나 치료적 개입에서는 그러한 전통이 상대적으로 제한적이었으나 최근에는 정부, 학계, 사회 전반적으로 근거(evidence)에 기반을 둔 성과 평가를 더욱 중요시하는 분위기가 되었다(황성철, 2005).

최근 우리나라에서도 일부 연구자들(공계순 · 서인해, 2006; 박승민, 2009; 양옥경, 2000; 정순둘, 2006; 정은희, 2008)에 의해 근거기반실천에 바탕을 둔 연구결과가 발표되면서 그 관심이 증가하고 있다. 근거기반실천은 당장은 직접적으로 개발된 프로그램을 경험하는 클라이언트에게 중요한 이슈가 되지만, 성과에 따라 정책의 방향과 그를 기반으로 개입에 영향을 끼칠 수 있다는 점에서 정부 및 관련부처, 기관 등 거시체계에서도 중요한 의미를 가진다. 일례로, 정신건강 프로그램 개발과 관련하여 WHO 정신보건국(2004)은 정확한 근거에 기초하여 구체적인 일정이 세워져야 하고 주요 활동, 목표와 지침이 정해지고 주의 깊게 모니터링되고 평가되어야 하며, 프로그램으로 실현할 때 문제의 우선순위와 예산, 이용 가능한 자원 등에 따라 프로그램 방향이 설정되는 것이 중요하다고 강조하였다. 근거기반실천모형(evidence-based practice model)은 근거기반실천의 개념을 바탕으로 프로그램의 효과성에 관한 근거를 체계적이고 종합적으로 분석하여 프로그램을 개발하는 모형으로, 프로그램 참여 당사자뿐 아니라 성과평가 결과에 따라 정책의 방향과 그를 기반으로 개입에 영향을 끼칠 수 있는 모형으로, 학계뿐 아니라 현장에서 그 중요성이 더욱 강조되고 있다.

2) 근거기반실천모형의 단계

근거기반실천모형은 다음과 같은 5단계로 정리할 수 있다(공계순 · 서인해, 2006).

① 1단계: 답변 가능한 질문 만들기

1단계는 개념화된 질문을 만들고 검색계획을 세우는 것이다. 질문은 특정한 개입기법이나 프로그램 효과성, 예방적 효과가 높은 접근법, 타당하고 신뢰할만한 사정도구 및 평가도구, 비용 효과성에 관한 것 등 다양하다.

② 2단계: 질문에 대한 답이 되는 근거 찾기

프로그램을 기획하기 위해서는 기획에 필요한 질문과 더불어 다양한 자료를 정확하게 찾아낼 수 있는 정보탐색 능력이 있어야 한다. 기본적으로 선행연구와 문헌, 자료들을 검색할 수 있도록 다양한 데이터베이스와 검색엔진을 활용할 수 있어야 한다. 프로그램 기획자가 소속된 기관에서 다양한 학술정보데이터베이스와 검색엔진을 자유롭게 이용하기 어렵다면, 대학교나 지역 도서관을 통하여 검색하는 것도 한 방법이다. 국가정책연구보고서는 온나라 정책연구 prism 사이트 등을 활용할 때 검색이 용이하다.

③ 3단계: 수집된 근거에 대해 평가하기

수집된 정보들을 평가하고 분석결과를 통합하는 단계이다. 프로그램 기획자는 수집된 정보 중 어떤 것을 선택, 취합할지를 결정하여야 한다. 근거기반실천모형에서 타당한 근거(evidence)를 선정하고자 할 때는 보다 체계적인 연구방법을 실행한 실험적 그리고 준실험적 그룹디자인, 단일대상연구방법을 사용한 연구들이 최상의 근거로 활용이 가능하며, 사례연구도 현장에서는 유의미하게 활용될 수 있을 것이다. 그러나 연구에 기반을 둔 근거가 미약하거나 약한 효과성을 갖는 경우 근거에 대한 신뢰는 떨어지게 되기에, 프로그램 기획자는 가급적 충분한 근거를 취합할 수 있도록 자료수집과 평가를 게을리해서는 안 된다. 특히 개발하여 실행한 프로그램의 효과성을 학술논문으로 투고할 것을 고려하는 경우라면, 수집된 정보의 취합 기준도 세밀하게 기록으로 남겨야 할 필요성이 크다.

④ 4단계: 실천에 적용하기

근거기반실천모형의 단계에 따라 분석한 내용을 통합하여 실제 개입에 적용하는 단계이다. 프로그램 기획자는 클라이언트의 욕구와 문제, 상황 등을 고려하여 앞 단계에서 수집한 근거들을 활용하는 것이 적합할지 판단할 필요가 있으며, 해당 클라이언트와 프로그램의 목적에 적합하다고 판단되면 적용해야 한다.

⑤ 5단계: 실행평가하기

근거기반실천모형은 근거에 기반을 두어 실천을 적용하는 것뿐 아니라 실천에 대한 평가를 중요하게 다루고 있다. 전체적인 효과성 평가와 함께 과정평가가 이루어져야 하며, 프로그램과 클라이언트의 특성에 적합한 사정도구가 사용되었는지 등에 대한 종합적인 실행평가가 요구된다.

PART 2 사회복지 · 상담 프로그램 설계 및 실행

프로그램 설계 과정을 살펴보면, 먼저 주제를 선정한 후 관련된 문헌을 조사한다. 다음으로 대상자의 욕구를 조사하고, 전문가 인터뷰 등을 통해 클라이언트 집단이 필요로 하는 프로그램 내용을 조사한다. 이후 프로그램의 초안이 설계되면 Pilot Study를 통해 프로그램의 적절성을 스크린한 후, 프로그램의 수정 · 보완단계를 거쳐 프로그램 설계를 완성한다.

04

CHAPTER

문제 분석과 대상자 선정

CHAPTER 04

문제 분석과 대상자 선정

01 | 사회문제 분석

프로그램 개발의 시작은 사회복지 · 상담 현장에서 우리가 만나게 되는 클라이언트들이 어떠한 문제를 가지고 있는지, 무엇을 변화시키고 싶어하는지, 어떠한 도움을 주면 되는지 등에 대한 질문에서부터 시작할 수 있다. 이러한 질문은 프로그램을 통해서 클라이언트의 문제를 해결할 수 있도록 돕거나 클라이언트들의 기능이 향상될 수 있도록 지원하는 내용이 담겨야 한다는 의미이다. 사회복지 · 상담 현장에서 표현하는 '문제'란 프로그램을 통해서 해결하기를 원하는 것 또는 프로그램에서 다루어지는 변화하고자 하는 가장 중요한 부분을 가리킨다. 그러므로 프로그램을 개발하기에 앞서 클라이언트들이 어떠한 문제를 가지고 있는지에 대한 사전조사와 분석이 필요하다. 사회복지 · 상담 분야에서 문제를 분석할 때에는 사회적인 차원에서 공통적으로 경험하고 있는 문제에 대한 관심으로부터 출발해야 한다. 프로그램에서 다루게 되는 주제가 개인에게 초점이 맞추어져 있다고 하더라도 그 저변에는 사회적인 문제가 함께 포진하고 있을 가능성이 높기 때문이다. 즉 개인이 가지고 있는 문제는 온전히 개인의 어려움이라기보다는 '환경 속의 인간'인 개인이 사회적, 환경적 영향 속에서 겪게 되는 어려움일 가능성이 크기 때문에 프로그램을 개발하기에 앞서 현재 우리가 살고 있는 사회에서

이 사회적인 문제, 둘째, 사회적 가치와 규범에서 벗어남, 셋째, 다수의 영향력 있는 사람들이 문제로 보는 현상, 넷째, 개선을 위해 사회적 · 집단적 개입이 필요한 것으로 규정했는데, 이 내용을 기본 틀로 하여 현대사회의 상황에 맞게 설명해 보면 다음과 같다.

① 원인이 사회적인 문제: 문제가 발생하게 된 원인이 사회적인 내용과 관련되어 있다. 학업 스트레스, 학교폭력, 청년실업, 독거노인의 자살문제 등은 사회적 차원에서 야기되는 구조적인 문제와 관련되어 있으므로 원인이 사회적인 문제라고 할 수 있다.

② 사회적 가치, 규범에서 벗어남: 사회문제를 규정할 때 현대사회에 소속되어 구성하고 있는 사람들이 가지고 있는 윤리와 가치를 기준으로 삼아야 한다. 따라서 사회에서 규정한 규범이나 규칙, 윤리적 원칙과 가치 등을 벗어나면 사회문제로 규정될 수 있다. 예로서 현대사회에서 문제가 되는 아동성폭력은 현재 살고 있는 사회구성원들의 윤리와 가치기준에서 벗어나기 때문에 사회문제라고 볼 수 있다. 하지만 문제에 따라 사회가 변화함에 따라 함께 변화되는 것들이 있다. 반려견의 예를 들어 보면 과거에는 동물을 때리는 등의 행동을 문제 삼지 않았던 시절이 있었지만 지금은 반려견에 대한 인식이 변하여 동물학대가 사회문제로 규정되는 분위기를 볼 수 있다. 다른 예로 다문화에 대한 부분도 최근 들어 다문화 인구가 늘어나면서 이에 따른 불평등이나 사회구성원으로서 지내기에 어려운 부분들이 사회문제로 발생하고 있다. 이들은 사회가 변화함에 따라 사회문제로 규정되는 부분에 변화가 있었던 대표적 예로 볼 수 있다.

③ 다수의 사회구성원이 문제로 보거나 영향력 있는 사람이 문제로 보는 현상: 다수의 사회구성원이 사회문제로 보는 현상을 말한다. 예를 들면 저출산 고령사회 문제, 청년실업 문제 등을 들 수 있다. 또는 사회지도자 등 사회에

영향력이 큰 사람이 문제로 보고 있고 이를 대다수의 구성원이 동의하는 경우도 해당될 수 있다.

④ 개선을 위해 사회적 · 집단적 개입이 필요한 것: 사회문제는 그 문제의 개선을 위해서는 개인과 가족의 노력뿐 아니라 사회와 집단적 차원의 개입이 필요한 경우에 해당된다. 예를 들면, 환경오염문제, 노령인구의 증가, 교육제도의 문제 등을 들 수 있다.

2) 사회문제의 분석방법

사회문제로 규정하고 체계적으로 분석하기 위해서는 분석틀이 필요하다. 다양한 학자들이 사회문제를 분석하는 틀을 제시하였다. 이 책에서는 국외 학자 중 York(1982)가 제시한 문제 분석방법, Heus & Pincus(1986), Taber & Finnegan (1980), Kettner, Moroney, Martin(2008)과 국내 학자 이봉주와 김기덕(2015)의 분석방법을 중심으로 설명한다.

(1) York의 사회문제 분석방법

York는 사회문제를 분석하는 데 다음의 열 가지 질문에 대한 대답을 구하는 방법을 제안하였다.

첫째, 클라이언트 입장에서 바람직하지 못한 상황이나 조건은 무엇인가?

프로그램 개발자는 클라이언트 입장에서 바람직하지 못한 상황이나 조건이 무엇인지에 대해 관심을 가져야 한다. 성차별이나 빈곤 등 사회구조적 문제로 인해 바람직하지 못한 상황을 경험하게 될 수 있다. 취업을 하려고 하는데 성차별로 어려움을 겪는 등의 상황을 예로 들 수 있다.

둘째, 그 문제로 고통받는 사람은 누구인가?

사회문제를 분석하는데 해당 문제로 고통받는 사람들은 누구인지 구체적으로 살펴볼 필요가 있다. 예를 들어 학교폭력 피해청소년, 아동학대 및 방임 피해아동, 저소득층 독거노인 등이 해당될 수 있을 것이다.

셋째, 그 문제로 인해 이득을 받는 사람이 있는가?

사회문제를 분석할 때 해당 문제로 고통받는 사람이 있는 반면 그 문제의 존재로 이득을 얻게 되는 집단이 있는지 살펴볼 필요가 있다. 그러한 집단은 해당 문제를 해결하고 소거해 나가는 데 방해요인으로 작용할 가능성도 높기 때문에 서로 간의 이해관계를 살피고 조정해야 할 상황이 생길 수도 있기 때문이다. 예를 들어 사회의 빈곤문제를 해결하고자 근로자들의 최저임금수준을 논할 때 근로자 입장에서는 임금수준을 높이길 원하겠지만 기업주의 입장에서는 이를 반대할 수도 있기 때문이다. 이때 기업의 상대적인 상황도 고려대상이 될 것이다. 대기업의 경우와 중소기업의 경우 임금인상으로 인한 영향이 다를 것이며, 특히 중소기업의 경우에 무리한 임금인상은 회사의 존폐 여부를 결정할 만큼 또 다른 사회문제를 야기할 가능성도 있기 때문이다.

넷째, 누가 그 문제를 사회문제로 규정하는가?

사회문제에 대한 견해는 사람마다 다를 수 있기 때문에 누가 사회문제로 규정하는 것인지에 대한 고려도 필요하다. 프로그램 개발자는 사회문제로 규정하고자 하는데 정작 당사자인 클라이언트나 그 가족은 문제로 인식하지 않는 경우도 있다. 예를 들어 아동방임의 경우 최근 들어 사회문제로 인식되고 있지만 정작 방임을 하는 주체인 부모나 아동들은 그것을 심각한 문제로 인식하지 않는 경우가 많으며, 어떤 상황이 방임인지에 대한 명확한 기준을 이해하고 있지 못한 경우도 많이 발생할 수 있다. 프로그램 개발자는 클라이언트의 요구나 인식이 못 미치는 경우에도 사회문제에 해당된다고 판단될 경우에는 인식개선이나 이해의 단계부터 접근해야 함을 염두에 두고 프로그램을 개발할 필요가 있다.

다섯째, 누가 그 문제를 사회문제로 규정하지 않는가?

위의 두 번째와 세 번째 항목에서 고통과 이득이 서로 간 상반되는 대상이 있다고 설명한 것과 마찬가지로 어떠한 문제를 사회문제로 규정하는 사람들이 있다면 반대로 이를 사회문제로 규정하지 않는 경우가 발생할 수 있다. 위 넷째 항목의 예시대로 방임의 경우 사회문제로 규정하는 경우도 있지만, 반대로 사회문제로 규정하지 않고 큰 문제가 되지 않는 상황으로 받아들일 가능성도 존재하기 때문이다. 다른 예로 학교폭력의 상황에서도 학교폭력의 피해자 입장에서는 고통받는 문제로 인식하지만 가해자의 입장에서는 피해자가 가지고 있는 특성과 부적절한 행위로 인해 피해를 받을만한 상황으로 인식하여 사회문제로 받아들이지 않고 있을 가능성이 있다.

여섯째, 문제의 원인이 무엇인가?

문제의 원인이 무엇인가에 대한 질문은 사회문제의 해결책으로서 프로그램의 내용을 개발할 때 단초가 될 수 있는 중요한 질문일 수 있다. 특히 문제의 원인을 무엇으로 보는지에 따라 개입의 방향도 달라질 수 있다. 예를 들어 학교폭력 문제에서 가해자의 문제를 주요하게 볼 경우 가해자에 대한 선도 프로그램이 주요 내용을 이룰 것이며, 피해자가 가지고 있는 문제를 주요 문제로 본다면 피해자 대상의 프로그램이 개발될 것이다. 피해자와 가해자 양측의 문제로 바라본다면 두 대상을 동시에 개입하는 프로그램이 개발될 가능성이 높다. 학교의 구조적인 문제가 영향을 주었다고 판단될 경우에는 프로그램 내용 안에 학교체계에의 개입까지 포함될 수 있을 것이다. 이처럼 문제의 원인을 어떻게 바라보는지에 따라 프로그램 내용이 달라질 가능성이 높기 때문에 문제원인 분석은 매우 중요한 작업이다.

일곱째, 현재 그 문제를 다루고 있는 프로그램은 어떤 것이 있는가?

사회문제는 지금, 이 순간부터 시작되었을 가능성보다는 과거로부터 이어온 문제였을 가능성이 높다. 따라서 과거에도 해당 문제에 대한 프로그램이 시행되었을 것을 염두에 두고 기존 프로그램을 검토해볼 필요가 있다. 선행 프로그램을 검토하는 것은 반성적 고찰 측면에서도 중요한다. 이전 프로그램이 존재했음에도 불구하고 해결되지 못한 이유는 무엇이었는지를 탐색할 필요가 있으며, 효과가 있었던 부분과 그렇지 못한 부분에 대한 평가는 앞으로 개발할 프로그램의 중요한 포인트가 될 수 있기 때문이다. 또한 변화된 사회환경을 고려한 프로그램으로 수정·보완할 필요가 있다.

여덟째, 프로그램이 중단될 경우 예상되는 결과는 무엇인가?

프로그램이 개발되어 시행되다가 중간에 중단될 확률이 높은 것은 아니기 때문에 이 질문은 프로그램 개발 시점보다는 평가의 시점에서 던지는 것이 더 적합할 수 있다. 하지만 사회문제를 분석하는 차원에서 해당 문제를 해결할 수 있는 프로그램을 예측해 보고 또 프로그램이 내·외부의 사정으로 인해 중단될 경우 예측되는 부작용 등에 대해 고려할 필요가 있다.

아홉째, 사회변화의 목표는 무엇인가?

클라이언트가 가지고 있는 문제는 사회구조적인 측면과 관련이 있다고 설명하였다. 따라서 사회구조적인 문제 중 변화해야 하는 부분은 어떤 것이며, 어느 정도까지 변화해야 하는지를 고려한다. 예를 들어 아동학대의 문제가 사회문제라고 했을 때 어느 정도까지 신고 건수가 줄어들었을 때 문제가 해결되었다고 볼 것인지 목표 수준을 잡아볼 수 있다.

열째, 요구와 자원 간의 격차를 줄이는 데 찬성하는 자와 반대하는 자는 누구인가?

이는 앞선 질문들과 관련하여 고통을 받는 사람은 누구이며, 반대로 이득을 얻는 사람은 누구이고, 또 문제라고 규정하는 사람은 누구이며 누가 문제가 해결되는 것에 부정적인 태도를 갖고 반대를 할 수 있는지 등에 대해 종합적으로 고민을 해보는 것을 의미한다.

(2) Heus와 Pincus의 사회문제 분석방법

Heus와 Pincus(1986)는 다음과 같이 네 가지의 내용을 토대로 한 분석방법을 제시하였다.

첫째, 클라이언트에 대한 진단과 집단의 분류는 가급적 피한다. 클라이언트의 문제를 진단하는 것은 문제가 분명하게 분류되는 장점이 있기 때문에 효율성이 높을 수는 있다. 그러나 개별화의 원칙에 따라 클라이언트가 가지고 있는 문제에 깊이 있게 제대로 접근하는 데는 한계가 있다. 또한 진단적 관점에서 클라이언트를 바라보게 되기 때문에 클라이언트의 강점이나 긍정적인 측면에 대해서는 관심 있게 살펴보지 못하는 단점이 있다. 따라서 프로그램을 개발하기 위한 클라이언트의 진단은 가급적 지양하도록 한다.

둘째, 문제를 정의할 때 폐쇄형보다는 개방형으로 정의하는 것을 선호한다. 귀납형으로 전개되는 폐쇄형 질문은 클라이언트에게 '예, 아니오'의 단답형 답변을 얻게 되기 때문에 프로그램 개발할 때 빠른 시간 안에 명확한 답을 얻을 수 있는 장점이 있는 반면, 클라이언트의 입장보다는 프로그램 개발자가 원하는 방향으로 질문의 내용이 전개될 가능성이 높다. 따라서 폐쇄형 질문을 사용하는 것보다는 개방형 질문을 던져 클라이언트가 원하는 것에 대해 개방적으로 귀 기울이고 다양한 요구를 경청하는 것이 필요하다.

셋째, 정보를 수집할 때 통합적인 사고를 해야 한다. 프로그램 개발을 위해 정보를 수집할 때에는 부분에 해당되는 내용들을 합치기보다는 전체를 보는 관점의 통합적인 사고를 하는 것이 필요하다. 부분적인 요구들을 모아 그것이 사회문제일 것이라고 규정할 때에는 자칫하면 숲을 보지 못하고 나무들만 모아놓은 상황이 될 수 있다. 따라서 문제를 바라볼 때 전체적인 맥락 속에서 살펴보고자 하는 통합적인 사고를 해야 한다.

넷째, 클라이언트의 자원과 강점을 인식한다. 사회문제를 분석한다고 해서 클라이언트가 경험하게 되는 문제에만 국한하여 생각하기보다는 클라이언트가 가지고 있는 자원과 강점도 함께 고려한다. 이는 후에 문제를 해결하는 과정에서 크게 도움이 될 수 있다. 클라이언트의 자원과 강점에 대한 정보를 수집하고, 클라이언트의 특성을 파악하여 강점을 최대한 활용하도록 한다.

(3) Taber와 Finnegan의 사회문제 분석방법

Taber와 Finnegan(1980)은 사회문제가 주로 개인에 대한 문제에 해당되는지 사회에 대한 문제에 해당되는지를 판단해 보고, 문제에 영향을 주는 요인이 무엇인지를 파악해 보는 방식으로 구성된 사회문제의 분석틀을 제시하였다. 생태체계학적 관점에 입각하여 인간과 환경의 상호작용에 초점을 둔 분석틀이라고도 할 수 있다.

첫째, 개인에 대한 문제는 개인의 건강이나 생활을 유지할 수 있는 최저 기준이 박탈된 경우, 학대나 착취 등의 위협, 사회에 참여하는 것에 장벽을 느끼는 등으로 인해 개인에게 일차적으로 영향을 주어 문제가 생긴 경우이다. 예를 들어, 개인의 생활 유지를 위한 최저수준이 보장이 되지 않아 발생한 빈곤문제라든지 아동학대와 같은 위협적인 상황은 개인에 대한 문제로 평가한다.

둘째, 사회구성원 전체의 건강과 안전에 대한 위협, 사회통합이나 사회적 자원 비용의 문제가 발생한 경우 사회문제로 평가한다. 예를 들어 범죄나 교통문제는 사회구성원 전체의 안전을 위협할 수 있기 때문에 사회문제가 될 수 있다.

셋째, 사회문제의 근본적인 원인이 되거나 사회문제를 더욱 심각하게 확산시키는 요인을 중심으로 살펴보는 방법이다. 예를 들어 청년실업문제의 경우 개인의 최저생계를 저해하는 개인의 문제이기도 하지만 그대로 방치될 경우 사회적으로 막대한 비용을 지출하게 되는 등 사회문제로서 더욱 심각해진다. 따라서 개인의 문제가 사회문제가 되기도 하고 사회문제가 개인의 문제가 되기도 하기 때문에 개인·사회문제로 나누는 절대적인 기준은 존재하기 어렵다. 앞서 전제했듯이 개인과 사회는 서로 간 상호작용하며 개인은 사회 속의 존재이기 때문이다. 그러나 이러한 방법은 프로그램을 개발하는 입장에서 사회문제로 영향을 받게 되는 개인과 사회를 나누어볼 수 있는 틀을 제시해 준다.

(4) Kettner 외의 사회문제 분석방법

Kettner, Moroney, Martin(2008)은 사회문제를 분석하는 방법을 다음의 아홉 가지 질문을 중심으로 제시하였다.

첫째, 상황 혹은 상태의 본질은 무엇인가? 사회문제가 생겼을 때 그 상황은 보여지는 그 자체뿐 아니라 그 너머에 다른 본질적인 요소가 존재할 수 있다. 예를 들어 청소년 자살문제의 경우 보여지는 현상은 청소년의 소중한 목숨을 앗아간 사건 그 자체일 수 있지만 그 문제를 발생시킨 본질은 입시 위주의 교육이나 학벌 위주의 사회 속에서 청소년들이 겪게 되는 극심한 학업 스트레스가 원인일 수 있다. 따라서 청소년 자살문제 자체뿐 아니라 사회구조적 문제이기도 한 교육환경이 이 문제의 본질일 수도 있음을 함께 고려한 프로그램이 개발되어야 한다. 본질이 무엇인지 알아보기 위해 프로그램 개발자는 해당 문제에 영향을 줄 수 있거나 잘 아는 사람들로부터 다양한 각도에서 정보와 자료를 수집하는 것이 도움이 될 수 있다.

두 번째, 사회문제에 대한 정의는 어떻게 내릴 수 있는가? 사회문제는 상당히 추상적일 수 있으며, 해석하는 사람에 따라 차이가 존재할 수 있다. 따라서 프로그램을 개발하는 사회복지사 · 상담사는 프로그램 개발에 앞서 문제에 대해 정확한 정의를 내리는 것이 필요하다. 예를 들어 학교폭력 피해청소년을 위한 프로그램을 개발한다고 했을 때, 학교폭력 피해상황에 대한 이해와 해석은 다양할 수 있으므로, 구체적으로 학교폭력 상황에 대해 정의하고(발생장소, 피해 정도, 피해자와 가해자 등) 관련법이나 규정 등도 참고하여 사회문제를 정확하게 개념화시킬 필요가 있다. 이러한 사전작업을 통해 프로그램이 개발될 경우 보다 직접적이고 구체적인 프로그램으로서 효과를 볼 수 있을 것이다.

셋째, 문제 상황을 겪고 있는 사람들의 특성은 무엇인가? 문제 상황을 겪고 있는 사람이 어떠한 특성을 가지고 있는지에 대한 이해가 프로그램 개발에 도움이 될 것이다. 예를 들어 학교폭력 피해청소년에 대한 개념과 정의에 대해 합의를 했다면, 그 다음 단계로 학교폭력 피해청소년이 겪고 있는 문제 상황과 특성이 무엇인지 살펴보아야 한다. 살펴보다 보면 학교폭력피해청소년 집단의 유형이 집단따돌림 피해자, 폭행 등의 피해자, 피해자이면서 가해자인 중복경험자 등 다양하다는 것을 알게 될 것이다. 또한 성별과 연령, 가정배경 등도 프로그램을 개발하는 데 특성으로서 고려할 요소일 수 있다. 이러한 특성을 명확하게 파악하고 있을수록 클라이언트에게 제대로 도움을 줄 수 있는 프로그램이 개발될 것이다.

넷째, 문제 상황의 정도나 범위는 어떠한가? 문제 상황이 정해졌다면 그 정도나 범위가 어떠한지 측정해야 할 것이다. 만약 학교폭력 피해상황이라면, 폭력피해의 정도가 어느 정도인지, 누구누구가 해당되는지, 문제의 범위는 어디까지인지, 해당 학교가 한 곳인지, 두세 곳인지 등을 조사할 필요가 있다. 문제 상황의 정도나 범위에 따라 프로그램에서 다룰 범위도 정해질 수 있다. 또한 후에 대상자 선정단계에서도 중요한 참고자료가 될 것이다.

다섯째, 발생한 사회문제와 관련하여 사회가 가지고 있는 가치는 무엇인가? 사회문제를 정의했다면 이와 관련하여 해당 지역사회나 국가가 이에 대해 가지고 있는 가치는 무엇인지 살펴볼 필요가 있다. 예를 들어 학교폭력 문제의 경우 학교폭력 피해청소년에 대해 지역사회 주민과 학교의 반응은 어떠한지, 어떻게 대처해야 한다고 생각하는지, 또 국가적 차원에서 이를 바라보는 시각은 어떠한지 어떠한 대처방안이 옳다고 생각하는지 등을 알아볼 필요가 있다.

여섯째, 상황이 주변에 광범위하게 인식되고 있는가? 프로그램을 통해 사회문제를 해결하기 위해 주변의 관심이 중요하다. 개발할 계획을 가지고 있는 프로그램에 대해 지역사회 차원 또는 국가적 차원에서 필요성에 대한 공감대를 가지고 있고 활용 자원이 다양하다면 프로그램의 성공 확률을 높일 수 있다. 만약 인식이 제대로 형성되지 않은 경우, 지역사회 주민을 대상으로 교육을 실시하는 것도 좋은 방법이 될 수 있다.

일곱째, 사회문제로 규정을 하고 있는 주체는 누구인가? 누가 프로그램 개발에서 다루려고 하는 사회문제를 문제로서 규정을 하고 있는가에 대한 질문이다. 대부분 사회복지·상담 현장에서 사회문제로 규정할 때에는 클라이언트가 문제라고 인식하는 것과 사회복지사·상담사 등 전문가, 가족 등 주변 사람들, 지역사회 등에서 문제라고 규정할 가능성이 높다. 또한 사회문제로 규정된 것에 대해서 반대를 하는 경우가 많이 발생하지는 않을 것이다. 하지만 누가 이 문제를 해결해야 한다는 것에 지지를 하고 반대를 하는지에 대해 고려하는 것도 필요하다.

여덟째, 무엇 때문에 발생한 문제인가? 즉, 문제의 원인은 무엇인가? 문제의 원인을 어떻게 보느냐에 따라 그 해결방안도 달라지기 때문에 문제의 원인이 무엇이라고 생각하는지는 프로그램 내용에 많은 영향을 미칠 수 있다. 예를 들어 학교폭력의 원인은 학생들이 받는 극심한 스트레스 때문이라고 원인을 규정한다면 스트레스 감소가 프로그램의 주된 내용이 될 것이고, 가해자의 공격성 때문이라고 규정한다면 공격성을 감소하는 프로그램을 개발하게 될 것이다. 또한 타인을 배려하는 마음이나 의사소통방식의 문제라고 분석한 경우에는 의사소통이나 대인관계방법에 대한 프로그램을 개발할 것이다. 문제의 원인분석은 문헌고찰이나 설문조사, 인터뷰 등을 통해 파악하는 것이 가장 많이 사용하는 방법이다.

아홉째, 인종과 성별에 대한 고려를 하였는가? 최근 들어 인종과 성별에 대한 고려가 중요하게 인식되고 있다. 다문화사회로 진입한 것이 원인이 될 수 있고 성차별을 해소하려는 사회의 분위기가 작용했을 수 있다. 프로그램을 개발할 때는 인종과 성별에 대한 차별은 없는지 등을 고려해야 할 것이다.

(5) 이봉주와 김기덕의 분석방법

이봉주와 김기덕(2015)은 프로그램 개발자가 문제의 분석과 이해단계에서 해야 할 일로 네 가지를 단계별로 제시하였다.

첫째, 현존하는 서비스나 자원의 공백이나 결함을 찾아낸다. 사회문제는 현재의 상황과 이상적인 상황 사이에 존재하게 되는 공백이나 결함으로 파악될 수 있다. 즉 현재 '이렇다'와 이상 '이래야 한다'의 사이에 존재하는 공백이나 결함 때문에 발생한다는 것이다. 따라서 프로그램 개발의 목적은 '이래야 하는' 상태로 상황을 변화시킬 수 있도록 하여 공백과 결함을 줄이는 데 있다. 예를 들어 지역아동센터에서 운영하는 방과 후 학습지도의 경우 사교육을 제대로 받지 못하는 빈곤가정 아이들의 학습공백을 줄이기 위해 운영하는 프로그램일 수 있다. 그러나 프로그램이 시행된다고 하여도 공백을 완벽하게 메울 수는 없을 것이다. 이에 계속적으로 다양한 프로그램이 개발되어 해당 문제의 공백을 메울 수 있도록 노력해야 한다.

둘째, 공백이나 결함의 크기와 특성에 대한 증거자료를 수집한다. 첫 번째 단계에서 발견한 문제에 대해 프로그램을 개발하기 위해서는 관련 이론적 증거나 통계수치 등을 제시해야 한다. 이를 위해 문제가 해결되지 않았을 때 발생할 피해의 심각성을 확인하고, 문제가 어디에서, 누구에게, 얼마나 발생하고 있는가를 확인할 필요가 있다. 또한 현재 서비스가 문제를 해결하는 데는 부족하다는 것을 입증하고 그 증거자료를 찾는 것도 필요하다.

셋째, 공백과 결함의 원인을 알아낸다. 프로그램을 통해 개입하려고 하는 사회문제가 현실과 이상 사이의 공백과 결함으로 구체화되었다면 이후에는 그 문제의 원인이 무엇인지를 밝혀본다. 흔히 문제에 직접 개입하는 것이 프로그램이라고 생각할 수 있지만, 우리가 개입하는 것은 문제 그 자체뿐 아니라 문제를 완화시키기 위해 문제의 원인을 제거하거나 미치는 영향을 최소화하도록 하는 경우도 많다. 예를 들어 빈곤이라는 사회문제를 해소하기 위해 프로그램을 개발한다면, 빈곤의 원인이 소득이 낮기 때문에 발생한 문제이므로 소득이 낮은 것을 해결하기 위한 프로그램으로서 취업지원 프로그램이나 생계비 지원 등의 프로그램 등이 개발될 수 있다. 문제의 원인을 어떻게 초점을 맞추느냐에 따라 프로그램의 유형이 결정될 수 있으므로 원인을 분석하는 것은 매우 중요하다. 그러나 이때 중요한 사항은 한 프로그램으로 사회문제의 원인을 모두 해결할 수는 없다는 것이다. 따라서 원인을 최대한 약화시키는 것이 목표가 될 수 있고, 다양한 프로그램을 통해 원인을 최대한 감소시키도록 하는 것이 사회복지·상담 현장에서 해야 할 일이다.

넷째, 공백과 결함을 메울 필요가 있다는 의식을 지역사회에 불어넣는다. 위 과정들을 통해 문제 분석과 원인을 파악하여 프로그램을 개발하였다고 해도 프로그램에 대한 지지기반이 없다면 프로그램은 탁상공론이 될 수 있다. 따라서 지역사회나 관련 기관에 해당 프로그램이 꼭 필요하다는 의식을 불어넣을 필요가 있다. 대표적인 관련 기관은 구청, 보건소, 사회복지관, 보건복지부, 사회복지공동모금회, 복지재단 등이 포함된다. 프로그램 개발 시 지역사회와 함께 호흡하여 문제해결에 대한 작업에 협력하도록 하는 작업도 고려하여야 한다.

이상의 분석방법·분석틀을 통해 사회문제의 맥락이나 조건, 범위, 원인과 특성들이 규명된 후에는 해당 문제와 관련해서 클라이언트들의 구체적인 욕구가 무엇인지를 파악하는 욕구조사를 진행한다.

02 | 욕구사정의 이론 및 실제

프로그램에 참여할 클라이언트의 욕구를 정확하게 파악하는 것은 프로그램 개발에서 가장 중요한 요소라 해도 과언이 아니다. 따라서 클라이언트의 욕구를 정확히 파악하기 위해 정확하게 조사할 필요가 있다. 참여할 클라이언트가 필요로 하는 욕구를 제대로 반영하지 않으면 추후 프로그램 실행단계에서 참여율이 저조할 것이며, 아무리 좋은 프로그램이라고 하여도 참여율 저조 자체만으로 실패한 프로그램이 될 수 있기 때문이다. 클라이언트의 욕구를 정확히 파악한다는 것은 매우 중요하지만 어려운 일이기도 하다. 지금부터는 클라이언트의 욕구를 파악하기 위한 절차를 이해하기 위해 욕구에 대한 개념과 필요성, 방법 등에 대해 자세히 살펴보기로 한다.

1) 욕구(need)란?

욕구(need)는 요구, 필요 등의 유사한 용어로 불리기도 한다. 욕구라는 것은 일반적으로 클라이언트(client)가 필요로 하는 것을 의미하며 개인이 현재 부족하기 때문에 서비스를 필요로 하거나 원하는 것을 의미한다. 유사한 용어로 요구(want)는 '원하는 것'을 의미하며, 대개 언어적으로 드러나게 된다. 예를 들어 중학교 때 왕따를 당하던 청소년이 고등학교에 입학하게 되었다. 청소년은 다른 학교로 전학가고 싶다는 요구를 얘기하여 부모는 고민에 빠지게 되었다. 이때 요구와 욕구의 차이를 살펴보면, 요구(want)는 "고등학교를 전학가고 싶다"로 드러나고 있지만, 실제 클라이언트 내면의 욕구(need)는 "늘 왕따만 당하다가 고등학교 와서 친구가 생겼는데, 친구관계에서 발생할 수 있는 갈등을 처음 경험해 보니 어떻게 해결해야 할지 방법을 모르겠다. 다시 상처 입을까봐 도망가고 싶다"일 수 있다. 이처럼 클라이언트가 표현하는 요구와 욕구에 차이가 있을 수 있는 부분을 임상 현장에서는 욕구사정 시 특히 유의할 필요가 있다. 따라서 사회복지사·상담사는 클라이언트의 요구(want) 이면에 있는 욕구(need)가 무엇인지 깊이 살펴볼 필요가 있다.

정무성과 정진모(2001)는 욕구를 '기대되는 상태(what ought to be)'와 '현재의 상태(what is)'의 차이라고 하였다. 욕구는 크게 개인의 내적인 욕구와 사회적 욕구로 나누어 살펴볼 수 있다. 개인의 내적인 욕구의 대표적인 이론으로는 Maslow(1971)의 욕구위계이론이 있다. Maslow(1971)는 인간의 욕구를 계층적 단계로 설명했는데, 생리적 욕구, 안전에 대한 욕구, 소속과 애정에 대한 욕구, 자기존중에 대한 욕구, 자아실현에 대한 욕구로 설명하였다. 가장 첫 번째 단계의 욕구인 생리적 욕구가 충족되어야 다음 단계의 욕구에 대한 동기가 부여될 수 있다고 하였다. 첫 번째, 생리적 욕구는 식사, 수면, 배설, 성과 같이 인간이 살아가는 데 필요한 가장 기본적인 욕구를 의미하며, 다른 욕구들에 비해 가장 강한 특징을 가진다. 두 번째, 안전에 대한 욕구는 자신이 살고 있는 사회 · 환경 내에서 안전하게 보호되고자 하는 욕구를 의미한다. 세 번째, 소속과 애정에 관한 욕구는 가족이나 사회에 소속되고 싶어 하고, 구성원들과 애정을 나누고 싶어 하는 욕구를 의미한다. 네 번째, 자기존중에 관한 욕구는 자기 스스로와 타인으로부터 존중받고 싶어 하는 욕구를 의미하며, 다섯 번째, 자아실현에 대한 욕구는 자기가 원하는 소망을 실현하고 성취하고자 하는 욕구를 의미한다.

다음 〈표 4-1〉에서 Maslow(1971)가 설명한 욕구위계이론에 맞춘 사회복지 · 상담 프로그램과 서비스의 예(황성철, 2005)를 제시해 보았다.

표 4-1 욕구단계에 따른 사회복지 · 상담 프로그램 및 서비스 종류

욕구의 단계	사회복지 · 상담 프로그램 및 서비스의 예
생리적 욕구	• 식사배달서비스 • 가사서비스 • 가정간호서비스 • 의료서비스 • 이동목욕서비스 • 주거환경개선서비스
안전에 대한 욕구	• 쉼터, 그룹 홈 • 안부전화서비스 • 아동보호/노인보호전문기관 서비스
소속과 애정에 대한 욕구	• 부모교육 및 부부상담 • 가정봉사원 파견사업
자기존중에 대한 욕구	• 정신건강 상담서비스 • 취업지원 프로그램
자아실현에 대한 욕구	• 직업상담, 청소년상담 • 평생교육 프로그램

Maslow의 욕구위계이론은 사회복지 · 상담 프로그램을 개발하면서 프로그램의 궁극적인 목적이 무엇인지 답을 찾는 데 도움이 된다. 프로그램을 개발하는 궁극적인 목적은 개인의 긍정적 변화와 성장에 있을 것이다. 그런데 개인의 변화는 현재 부족한 부분을 채워 주고 해결해 주는 측면에 초점을 맞출 수도 있고, 또는 성장하는 과정에서 필요한 욕구들을 충족시키면서 변화하는 상황에 초점을 맞출 수도 있을 것이다. 전자인 부족한 부분에 대한 해결은 문제해결적 · 치료적 접근이 주로 이루어져야 할 것이며, 후자인 성장 과정에서의 변화에 대한 부분은 주로 프로그램의 예방적 접근이 도움이 될 수 있다.

다음으로 Bradshaw(1977)는 욕구를 네 가지로 나누어 설명하였다.

첫째, 규범적 욕구(normative need)이다. 전문가들에 의해 규정된 욕구를 의미한다. 규범적이라는 것은 상황이나 환경이 관습이나 권위 등에 의해 어떠한 기준이나 규범을 가지고 있다는 것을 가정한다. 예로서 최저생계비, 최저임금 등을 들 수 있다. 개개인의 욕구를 계량하는 데에는 한계가 있으며, 문제 및 욕구분석 시 전문가들이 연구한 현황이나 서비스 필요성 등을 활용할 수 있다.

둘째, 인지적 욕구(perceived need)이다. 이는 프로그램 대상자인 클라이언트가 자신의 욕구로 인지하고 있는 욕구, 즉 클라이언트로부터 정보가 수집된 욕구를 의미한다. 이를 위해 설문조사나 인터뷰를 통해 클라이언트의 인지된 욕구를 조사하기도 한다. 상황에 따라 수시로 변동될 가능성이 있다.

셋째, 표현된 욕구(expressed need)는 서비스를 받고 싶은 욕구를 표현한 것을 의미한다. 예를 들면 서비스를 받고 싶다고 지원하여 대기자 명단에 있는 클라이언트로 파악될 수 있다.

넷째, 상대적 욕구(comparative need)는 집단들 간 상대적인 비교를 통해 욕구를 확인한다. 예로서 현재 소속된 지역사회에 존재하는 서비스의 수준과 다른 지역사회의 서비스 수준의 차이로 측정한다. 현황 자료 등을 통해 타 지역 서비스와 비교한 내용 등을 반영한다.

2) 욕구조사의 필요성

클라이언트 집단이 어떠한 서비스를 필요로 하는가를 정확히 파악하고, 클라이언트의 욕구를 충족시킬 수 있는 프로그램을 개발하기 위해 욕구조사가 필요하다. 사회복지·상담기관에서는 매년 또는 필요할 때마다 욕구조사를 하지만 때로는 기관의 서비스로 반영되지 않고 조사 자체로 끝나 버리기도 한다. 따라서 불필요한 인력과 예산을 낭비하지 않고 꼭 필요한 욕구조사가 되기 위해서는 욕구조사를 하는 목적이 명확해야 할 것이다. 김상곤 외(2015)는 욕구조사를 하는 목적으로 다음과 같은 내용을 제시하였다. 첫째, 지역사회에 필요한 서비스 및 프로그램이 무엇인지 알기 위해서이다. 둘째, 새로운 프로그램을 개발하기에 앞서 특정한 문제를 가진 클라이언트의 수가 어느 정도 되는지 파악하기 위해서이다. 셋째, 잠재적 클라이언트들이 현재 제공받을 수 있는 서비스가 어떤 것이 있는지 알고 있는지 또는 앞으로 이용할 의사가 있는지 알아보기 위함이다. 넷째, 현재 제공되고 있는 서비스를 이용하고 있지 않는 경우라면 그 이유가 무엇인지 파악해 본다. 다섯째, 지속되거나 심화되고 있는 사회적 문제가 무엇인지 파악한다. 여섯째, 특정한 목표 대상층에 맞는 프로그램 개발에 필요한 정보를 확보하기 위해서이다.

우수명(2007)은 욕구조사를 시행할 때 다음의 내용이 고려되어야 한다고 하였다. 첫째, 정확한 정보를 얻을 수 있어야 하며, 둘째, 객관적이고 과학적이며, 대표성이 있어야 한다고 하였다. 셋째, 클라이언트가 중심이 된 효과적이고 효율적인 프로그램 개발이 될 수 있는 기초자료가 되어야 하며, 넷째, 개발될 프로그램이 실무적, 이론적 발전의 기초가 될 수 있어야 한다고 하였다. 다섯째, 지역사회 사회복지기관 간의 정보공유와 네트워크로서의 기능도 되어야 한다. 단일기관에서 해결하기 어려운 욕구가 파악되었을 때에는 지역사회기관 간 서로 협력하고 의뢰할 수 있는 체제가 구축될 수 있는 기초자료가 되어야 한다. 여섯째, 욕구조사를 하는 과정이 지역사회 클라이언트에게 사회복지 프로그램의 홍보가 될 수 있도록 하며, 이를 통해 클라이언트의 사회복지 프로그램 참여도 증진시킬 수 있는 기회가 되어야 한다. 일곱째, 욕구조사는 사회복지관 운영규정에 명시되어 있으며(사회복지사업법 제19조, 제20조) 정부의 사회복지기관 평가에서도 주요한 평가지표 중 하나로 포함되어 있다. 또한 사회복지공동모금회 사업지원신청과 같은 외부기금 마련에도 욕구조사를 반영한 프로그램이 더 좋은 점수를 받을 수 있다.

3) 욕구조사의 방법

(1) 양적조사

① 설문조사(survey)

가장 일반적으로 많이 활용되는 욕구조사방법이다. 설문지를 활용하여 인구·사회학적 정보를 비롯하여 조사하고자 하는 다양한 욕구를 측정하도록 한다. 신뢰성 있는 측정도구(척도)를 사용하면 신뢰도와 타당도가 높아진다는 장점을 가질 수 있다. 그러나 심층적인 면담을 통해 진행되는 것이 아니기 때문에 깊이 있는 욕구를 알아내는 데에는 한계가 있을 수 있으며, 설문지 문항을 신뢰도와 타당도가 높게 제작하는 데 주의를 기울여야 한다. 설문조사의 과정에서도 표집과정, 자료수집 절차, 척도의 사용, 분석 등 조사방법론에 대한 이해가 분명히 선행되어야 한다.

다음 〈표 4-2〉에서 설문조사 시 사용될 수 있는 설문지의 예를 제시하였다.

표 4-2 자살예방교육 프로그램 개발 욕구조사용 설문지

※ 해당되는 번호에 V표를 해주시기 바랍니다.

성별: ① 남	② 여	
학교: ① 초등학교	② 중학교	③ 고등학교
학년: ① 1학년	② 2학년	③ 3학년

※ 다음은 청소년 자살예방교육 프로그램과 관련된 설문문항입니다. 아래 질문을 읽고 해당되는 번호에 V표 해주시기 바랍니다.

1. 가까운 주변인(가족, 친척, 친구 등) 중에 자살로 사망한 사람이 있다면, 그 일이 자신에게 얼마나 충격을 준다고 생각하나요?
   ① 전혀 충격을 주지 않는다.
   ② 거의 충격을 주지 않는다.
   ③ 다소 충격을 준다.
   ④ 많이 충격을 준다.
   ⑤ 매우 많이 충격을 준다.

2. 유명인(연예인 등)의 자살 소식이 청소년들의 자살 충동에 영향을 준다고 생각하나요?
   ① 전혀 영향을 주지 않는다.
   ② 거의 영향을 주지 않는다.
   ③ 그저 그렇다.
   ④ 많이 영향을 준다.
   ⑤ 매우 많이 영향을 준다.

3. 자살에 대해 진지하게 생각해 본 적이 있나요?
   ① 있다
   ② 없다

☞ 있다면 4번, 없다면 6번으로 가세요.

4. 죽고 싶었던 경험이 있다면, 어떤 때에 그런 마음이 생기나요?

학업문제	① 학업성적이 떨어졌을 때 ② 공부하기 지겨울 때 ③ 공부 때문에 열등감을 느낄 때
가족문제 · 가족폭력	④ 부모님에게 잔소리 들었을 때 ⑤ 부모님이 심하게 싸울 때 ⑥ 부모가 별거하거나 이혼하겠다고 할 때 ⑦ 가족으로부터 폭행을 당했을 때 ⑧ 부모님이나 형제(자매)가 나의 욕구를 전혀 들어주지 않을 때 ⑨ 가정형편이 어려워 내가 원하는 것을 할 수 없을 때
친구문제 · 폭력피해	⑩ 친한 친구와 심하게 다투었을 때 ⑪ 이성친구와 헤어졌을 때 ⑫ 친구들이 나를 따돌릴 때 ⑬ 남으로부터 지속적으로 폭행을 당했을 때(신체/언어적 폭력, 협박, 사이버 폭력 등) ⑭ 게임머니, 현금, 물건 등을 뺏겼을 때
개인문제	⑮ 외모가 남보다 열등하다고 느낄 때 ⑯ 장래에 희망이 없다는 생각이 들 때
기타 · 주변인과의 관계	⑰ 가족, 친구, 선생님이 내가 알리고 싶지 않은 일(폭력, 훔치기, 가출 등)을 알아버렸을 때 ⑱ 선생님에게 인격적으로 무시당할 때 ⑲ 주위 사람들을 벌주거나 혼내주고 싶을 때 ⑳ 주위 사람들이 나를 믿어주지 않을 때 ㉑ 기타 ______________________

(①~㉑ 중 세 가지만 선택해서 해당되는 번호에 V표 해주세요.)

5. 죽고 싶었던 마음을 실제 행동으로 옮기지 않았다면 무엇 때문인가요? (두 가지만 선택해서 V표 해주세요.)

① 너무 무서워서
② 부모님이 괴로워할까봐
③ 자살이 나쁘다고 생각되어서
④ 전문상담가의 도움을 받아서
⑤ 나 자신에 대한 믿음 때문에
⑥ 나를 이해해 주는 친구들이 있어서
⑦ 상황이 좋아지겠지 하는 희망 때문에
⑧ 죽고 싶은 마음이 들게 한 문제가 해결되어서
⑨ 기타 ______________________

6. 만약 자신이 죽고 싶을 만큼 힘든 일이 생긴다면, 누구와 가장 먼저 의논하고 싶은가요?

① 친구 ② 부모 ③ 형제 또는 자매

④ 친척 ⑤ 학교 선생님 ⑥ 상담 선생님

⑦ 누구와도 상의하지 않겠다

⑧ 기타 ______________________________

7. 의논하게 된다면, 어떤 도움을 받고 싶나요?

① 현재 겪고 있는 힘든 일에 대한 대안 제시

② 내 마음을 진심으로 알아주는 상담

③ 진정어린 관심

④ 안 좋은 생각이 들 때 대처하는 방법

⑤ 기타 ______________________________

8. 학교에서 자살예방교육을 받는다면, 어떤 교육내용이 도움이 될까요?
(①~㉒ 중 해당하는 번호에 모두 V표 해 주세요.)

학교생활관련 교육	① 학업이나 일상생활 스트레스 대처방법 ② 친구관계 등 대인관계를 잘 해나가는 방법 ③ 성적 향상 방법(효율적인 공부방법) ④ 미래에 대한 희망을 가질 수 있는 다양한 진로에 대한 교육 ⑤ 학교폭력(따돌림, 신체 및 언어폭력 등) 대처방법
가족문제 교육	⑥ 부모님과의 의사소통방법 ⑦ 가정폭력 대처방법
위기상황 대처교육	⑧ 위기상황 대처방법 ⑨ 자살위험징후 인식방법(자살경고나 위험요소 또는 자살위험신호를 알아차리기) ⑩ 자살생각이 날 때 도움을 요청하는 방법 ⑪ 자살위험 청소년에게 도움주기 행동교육 ⑫ 사회적 지지망(상담센터, 자살예방센터 등) 알려주기
삶의 의미 · 생명존중 교육	⑬ 삶의 의미를 찾을 수 있는 교육(긍정적 생활태도) ⑭ 어려움을 극복한 사람들 이야기(동영상) ⑮ 생명존중태도(생명존중교육) ⑯ 자살관련 가치관 및 편견
심리 · 정서 · 행동 교육	⑰ 우울, 불안 등 정신건강 교육 ⑱ 문제해결 능력 향상 ⑲ 자아존중감(자기 자신을 존중하는 마음) 향상 ⑳ 분노조절 등 정서조절기술 ㉑ 청소년기의 심리 · 정서 · 발달 특성 이해
기타	㉒ 기타(______________________)

9. 자살예방교육 프로그램 실시 시간으로 어느 정도가 가장 적절하다고 생각하나요?
(1회기-1교시, 45분 기준)
① 1회기(1교시) ② 2회기(2교시) ③ 3회기(3교시)
④ 4회기(4교시) ⑤ 5회기(5교시) 이상

10. 자살예방교육 프로그램의 형태 중에서 가장 효과적인 것은 무엇이라고 생각하십니까?
(두 가지만 선택해서 V표 해주세요.)
① 개별상담
② 집단상담 프로그램
③ 방송교육용 단기교육 프로그램
④ 학급 단위의 단기교육 프로그램
⑤ 교과 과정에 포함된 중·장기 교육 프로그램
⑥ 캠프나 수련활동 시에 운영할 수 있는 활동 프로그램
⑦ 기타 ________________

11. 청소년 자살예방을 위해 청소년의 주변 사람들에게도 교육을 실시한다면 누구에게 필요하다고 생각하나요?
① 부모님 ② 학교선생님
③ 전문상담가 ④ 기타 ________________

12. 부모님이나 선생님 등 주변 사람들에게는 어떠한 교육이 필요하다고 생각하나요?
① 자녀(또는 학생)와의 의사소통방법
② 자녀의 위험신호 알아차리기
③ 위기 시 대처방법
④ 가정폭력, 학교폭력 예방 교육
⑤ 기타 ________________

출처: 한국청소년상담복지개발원 (2016).

② 델파이(delphi) 기법

조사대상자들의 욕구를 조사할 때 만나지 않고 서면을 통해 집단회의를 하는 방식으로 진행되는 조사방법이다. 설문조사방식 중 무기명으로 하며, 설문조사를 통해 의견을 수합한 후 그 결과를 다시 보내 피드백을 받는 방식으로 여러 단계에 걸쳐 의견을 수합한다. 조사대상자는 10~15명 정도가 일반적이나 더 많은

인원도 가능하다. 이후 통계분석방법도 활용하여 결과를 정리한다는 특징을 가진다. 전문가집단의 견해를 대면적인 모임이 없는 상태에서 도출해 낸다는 특징이 있다. 조사대상자의 익명성을 가질 수 있다는 장점과 서면으로 조사함으로써 정리된 의견을 받을 수 있다는 장점이 있다. 또한 집단면담을 하지 않으므로 비용 면에서 효율적일 수 있다. 그러나 만남이 이루어진 상태에서 상호작용이 발생하는 것이 아니라 개별적인 의견을 모은 후 조사자가 조정자의 역할을 하며 정리해 나가는 방식이기 때문에 조정자의 의도나 목적대로 편향될 수 있다는 단점이 있다. 이에 조사자의 주관적 판단이 지나치게 개입되지 않도록 주의할 필요가 있다.

다음은 델파이 조사의 일반적 절차이다(이종성, 2001).

첫 번째, 조사하려고 하는 문제에 대해 패널(해당 분야의 전문가 또는 구성원)을 선정하여 서로 접촉하지는 않는 상태에서 그 문제에 대한 개방형 질문에 응답하도록 한다.

두 번째, 첫 번째 단계에서 수집된 개방형 응답들을 편집하여 구조화된 폐쇄형 질문(대개 리커트식 척도나 ○×로 응답하게 함)을 만든 후, 다시 패널에게 응답하도록 한다.

세 번째, 두 번째 단계에서 회수한 결과에 대해 합의적 의견을 도출한다. 3회 설문에서는 위 내용의 산출결과와 패널 본인의 2차례 반응을 피드백하여 질문에 대해 다시 수정할 수 있는 기회를 부여한다. 대다수의 의견과 상이한 반응을 응답한 경우에는 그 이유를 기재하도록 한다.

〈표 4-3〉은 김동호(2011)의 '노인복지대상에 따른 선택적 노인복지서비스공급에 관한 연구' 논문에서 발췌한 1차 설문지에 대한 예시이다.

표 4-3 델파이 조사방법 설문지의 예

〈전체 노인을 대상으로 하는 새로운 노인복지서비스의 제안〉

현대사회 노인들은 과거 농경사회와는 달리 다양한 욕구를 가지고 있습니다. 귀하께서 생각하시는 현대사회 노인을 위한 노인복지서비스의 다양한 유형을 전체 노인들의 입장에서 다섯 가지 정도로 제안해 주시기 바랍니다.

노인복지서비스 제안 1.

노인복지서비스 제안 2.

노인복지서비스 제안 3.

노인복지서비스 제안 4.

노인복지서비스 제안 5.

출처: 김동호 (2011).

1차 설문지에서는 개방형 질문을 통해 5가지의 의견을 물었다. 1차 조사결과로 나타난 전문가 의견은 총 75개였고, 이 중 중복되거나 유사한 것을 통합하여 총 31개로 압축하였다. 이를 바탕으로 2차 델파이 조사를 실시하는데, 2차 설문지에서는 1차 설문지 결과에서 나온 내용들에 대한 의견으로서 각각의 항목이 새로운 노인복지서비스로서 적절한지 여부에 대해 질문한다. 또한 추가적으로 향후 새롭게 나타날 새로운 노인복지서비스에 대해 4개씩 새롭게 제안해줄 것을 제시한다. 2차 델파이 조사 결과는 1차 결과에 대한 의견과 새로 추가된 의견을 바탕으로 종합적으로 분석한다. 2차 결과를 바탕으로 분석한 결과 45개의 노인서비스로 정리되었으며, 3차 델파이 조사에서는 노인복지서비스에 대한 유형화 작업을 실시한다. 연구결과 총 45개의 노인복지서비스 사업이 제안되었고, 이에 대하여 4가지 서비스 유형으로 구분한 결과를 제시하였다.

이와 관련하여 김동호(2011)의 '노인복지대상에 따른 선택적 노인복지서비스 공급에 관한 연구' 논문의 부록 전체를 참고하면 1~3차 분석방법을 이해하는 데 보다 도움이 될 것이다. 또한 조수연과 양미진(2013)의 '청소년상담사의 역량모형 개발을 위한 델파이 연구'를 참고하면 이해에 도움을 받을 수 있다.

③ 2차 자료(secondary data) 분석

정부출연 연구기관, 통계청 등에서 기 조사된 자료를 분석하여 욕구를 파악하는 분석방법이다. 표본의 수가 많으며, 비용 효율적인 측면의 장점이 있다. 일반적인 경향의 분석이나 종단적 분석 시 유용하다. 다음 〈표 4-4〉는 사회복지 및 상담 분야에서 주로 활용되는 2차 자료의 대표적인 예시이다.

표 4-4 2차 자료 예시

한국복지패널, 한국보건사회연구원/서울대 사회복지연구소
한국아동패널, 육아정책연구소
한국아동청소년패널조사 · 한국청소년패널조사, 한국청소년정책연구원
장애인고용패널조사, 한국장애인고용공단 고용개발원
한국교육고용패널, 한국직업능력개발원
여성가족패널, 한국여성정책연구원
한국의료패널, 한국보건사회연구원/국민건강보험공단
고령화연구패널조사, 한국고용정보원
청년패널조사 · 한국노동패널조사, 한국노동연구원
통계청

(2) 질적조사

① 포커스 그룹 인터뷰(focus group interview)

클라이언트 집단 또는 전문가 집단을 통해서 심층적인 인터뷰를 진행하여 욕구를 파악해 내는 질적조사방법이다. 대개 집단인터뷰의 방식으로 진행된다. 개방형 또는 반구조화된 질문을 구성하며 질적분석방법으로 자료를 정리한다. 포커스 그룹 인터뷰는 조사대상자가 직접 만나서 토론이 이루어진다는 점에서 델파이 조사와 큰 차이를 가진다. 활발한 토의와 상호작용이 이루어지는 것이 중요하며, 집단역동을 통해 토론의 방향과 결과가 달라지기도 한다. 인원은 3~10명 정도가 적절하며 회기는 1시간 반~2시간 정도가 보편적이다. 조사자는 조사대상자에게 포커스 그룹을 진행하는 목적을 분명하게 설명하고, 자발적 참여와 비밀보장을 전제로 운영하여야 한다. 진행을 하게 되는 조사자는 자신의 주관적 의견이 깊이 관여되지 않도록 최대한 객관적이고 중립된 자세를 유지하는 것이 좋으며, 관련되지 않은 내용으로 토론의 방향이 진행될 때에는 초점을 분명히 하기 위한 질문을 던질 수 있다. 조사대상자들이 직접 만나야 한다는 면에서 시공간적 제약이 있을 수 있으나, 자세한 면담과 집단구성원들 간의 상호작용이 가능하다는 점에서 장점이 있다.

〈표 4-5〉는 포커스 그룹 인터뷰의 질문지 예시이다.

표 4-5 포커스 그룹 인터뷰 질문지 예시

<table>
<tr><th>시간</th><th colspan="2">질문방식</th><th>질문 내용</th></tr>
<tr><td>10</td><td colspan="2">도입</td><td>1) "여러분들의 성함과 어느 학교에서 근무하고 계신지 서로 간 소개의 시간을 가졌으면 합니다."</td></tr>
<tr><td rowspan="2">20</td><td colspan="2" rowspan="2">전환</td><td>2) "선생님께서 알고 있는 학교폭력의 실태는 어떠합니까?"</td></tr>
<tr><td>3) "학교폭력이 피해청소년과 가족에게 미치는 영향은 어떻다고 생각하십니까?"
3-1) "피해청소년에게 미치는 영향은 어떠합니까?"
3-2) "가족에게 미치는 영향은 어떠합니까?"</td></tr>
<tr><td rowspan="4">50</td><td rowspan="4">주요</td><td>group 1</td><td>4) "학교폭력을 경험한 청소년에게 가족은 어떻게 대처했다고 생각하시나요?"</td></tr>
<tr><td>group 2</td><td>5) "학교폭력 피해청소년과 가족에 대하여 선생님께서는 어떻게 개입하셨습니까?
5-1) "이러한 방법은 피해청소년과 가족에게 도움이 되었나요?"
5-2) "도움이 되었다면 어떠한 요인 때문이라고 생각하시는지요?"</td></tr>
<tr><td>group 3</td><td>6) "학교폭력 피해청소년 및 가족이 겪게 되는 고통과 피해에 대한 문제 해결을 위해 선생님께서 생각하시는 지원방안을 말씀해 주십시오."
6-1) "학교폭력 피해청소년에게는 어떠한 지원을 해야 한다고 생각하십니까?"
6-2) "가족에게는 어떠한 지원을 해야 한다고 생각하십니까?"</td></tr>
<tr><td>group 4</td><td>7) "학교폭력 피해청소년과 가족에게 학교와 사회에서는 어떠한 지원을 해주어야 한다고 생각합니까?
7-1) "학교에서는 어떠한 지원을 해야 합니까?"
7-2) "사회에서는 어떠한 지원을 해야 합니까?"</td></tr>
<tr><td>10</td><td colspan="2">마무리</td><td>8) 지금까지 우리가 토론한 내용 중 가장 중요한 것은 무엇이라고 생각하십니까?</td></tr>
</table>

출처: 홍나미 · 박재연 (2014).

포커스 그룹 인터뷰의 질문의 형태는 Kruger & Casey(2000)가 제시한 질문방식을 적용하였다. 순서는 도입질문(opening question), 전환질문(transition question), 주요 질문(key question), 마무리 질문(ending question)의 순으로 진행하였다. 또한 주요 질문 내에서 학교폭력 피해청소년과 가족에 대한 지원방안 탐색을 위한 질문영역을 4그룹으로 분류하였는데, 첫 번째 그룹은 학교폭력이 발생했을 때 가족의 기존 대처방식(group 1), 두 번째 그룹은 학교폭력 피해청소년과 가족에 대해 그동안 교사가 지원해온 내용(group 2), 세 번째 그룹은 학교폭력 피해청소년과 가족에게 향후 지원해야 할 방향에 대한 전문가의 의견(group 3), 네 번째 그룹은 학교폭력 피해청소년과 가족에게 학교와 사회차원에서 지원해야 할 내용에 대한 전문가의 의견(group4)이다.

포커스 그룹 인터뷰의 자료 분석 과정은 다음과 같다(홍나미 · 박재연, 2014).

첫 번째, '시작 단계'에서는 조사대상자에게 미리 연락을 하여 인터뷰를 의뢰한 후, 목적과 진행방식에 대해 설명한다. 인터뷰 질문개발은 조사하고자 하는 문제를 명확히 한 후 욕구조사를 실시하는 전문가들 간 인터뷰 내용에 대한 아이디어를 공유한 후, 질문을 신중히 검토하여 최종질문을 개발한다. 두 번째, '포커스 그룹 진행단계'에서는 본격적으로 포커스 그룹 인터뷰를 실시하기 이전에 사전 조사(pre-survey)로 연구 참여에 대한 안내문과 함께 이메일을 이용하여 질문내용을 발송한다. 이후 본 조사에서는 조사대상자들을 함께 모이도록 하여 포커스 그룹 인터뷰를 실시한다. 포커스 그룹 진행 초기에는 조사대상자들에게 포커스 그룹 인터뷰에 대해 개괄적으로 안내하고, 조사 내용이 조사의 목적에만 사용됨을 알린다. 이후 본 인터뷰를 실시한다. 조사자는 토론 내용을 경청하며, 포커스 그룹 인터뷰가 원활히 진행될 수 있도록 한다. 세 번째, '포커스 그룹 직후 단계'에서는 인터뷰 시 탐색 되었던 내용 중 가장 중요한 내용을 중심으로 디브리핑(debriefing)한다. 이후 녹음된 포커스 그룹 인터뷰 내용을 전사(transcription)한 축어록을 작성한다. 넷째, '전체 인터뷰 종료 후 단계'에서는 조사대상자가 제시한 의견 중 반복적으로 나타나는 경향과 형태(trend and pattern)들을 공동으로 분석한다. 자료 분석은 반복적으로 자료를 읽으면서 공통적으로 나왔던 내용들을 모아 범주화한 후, 범주화된 내용들을 더 큰 범주로 통합해 나가면서 속성들을 분류해 나간다.

② 관찰법

조사대상자와 관련된 사회현상이나 행동을 현장에서 직접 보고 듣는 방식으로 필요한 욕구를 알아내는 방법이다. 직접 눈으로 관찰하기 때문에 있는 그대로를 파악할 수 있다는 장점이 있으나 시간과 비용이 오래 걸릴 수 있고, 관찰하고 있는 시간 내에 상황이 포착되지 않으면 정확히 파악하기 어렵다는 단점이 있다.

(3) 기타

① 지역사회 대상 공개 토론회

공개적으로 토론회를 통해 지역사회에 거주하는 주민들의 욕구와 문제를 직접적으로 청취하는 방법이다. 다양한 토론을 통해 욕구를 생생하게 파악할 수 있다는 장점이 있으나, 초대된 일부 주민들의 의견으로 편향되거나 공청회에서 주도권을 잡는 일부 사람들의 의견으로 결과가 정리될 수도 있다는 단점이 있다.

다음 〈표 4-6〉은 위와 같은 방법들로 대상자 욕구를 파악한 후 클라이언트의 욕구 및 문제점에 대해서 정리한 내용의 예시이다(사회복지공동모금회, 2020).

▶ **표 4-6 대상자 욕구 및 문제점 예시**

사업명	아동학대 고위험 가정의 재학대 예방을 위한 심리정서지원 프로그램
대상자 욕구 및 문제점	아동학대 사례가 발생하여 피해아동에 대한 상담 및 치료가 성공적으로 진행되더라도 학대행위자 및 가정환경에 대한 근본적인 개입이 이루어지지 않으면 재학대로 이어질 확률이 높다. 20××년 전국아동학대현황보고서에 따르면 아동학대 사례 1만 7천여 건 중 가해자가 부모인 사건은 80%이며, 전체 피해아동의 76%는 가정으로 돌아갔다. 또한 전체 피해아동 10명 중 1명은 재학대 경험이 있으며, 재학대 장소의 93%가 가정이라는 점은 부모에 의한 재학대 발생의 심각성을 뒷받침한다. 최근 5년간 재학대 사례를 살펴보면 20△△년 563건에서 20××년 1,240건으로 약 220% 증가한 것으로 나타나고 있으나 이에 대한 대책은 전무한 실정이므로 적극적인 사회적 지원이 필요하다.

03 | 프로그램 대상자의 선정

이 장에서는 사회복지 · 상담 현장과의 산학협력을 통한 대상자 선정, 현장에서 서비스 제공을 필요로 하는 대상자를 우선적으로 선정하는 방법에 대해 살펴본다.

1) 사회복지 · 상담서비스 대상자 선정

대상자 선정이란 프로그램을 개발하면 그 서비스를 받을 사람은 누가 되어야 하는가에 대한 부분이다. 앞서 설명된 욕구조사가 실시된 후 그 욕구를 해결하기 위한 프로그램을 설계하게 되는데, 그때 주요 대상이 누가 되는지에 대해 고민해볼 필요가 있다. 욕구를 가진 지역사회 주민 전체가 대상이 될 수도 있고, 기관의 재정과 서비스의 효율성, 효과성을 고려하여 우선적으로 필요한 대상자를 선정하게 될 수도 있다. 대상집단을 분석하는 방법으로 대표적으로 Rapp와 Poertner(1992)의 일반집단, 위험집단, 표적집단, 클라이언트 집단이 자주 사용된다.

(1) 일반집단(general population)

프로그램이 적용 가능한 지역의 전체 사람들을 의미한다. 예를 들어, 시행할 프로그램이 ○○지역의 학교폭력 피해청소년의 우울예방 프로그램이라고 한다면 ○○지역의 모든 청소년들이 일반집단에 해당된다.

(2) 위험집단(at-risk population)

프로그램을 통해 변화시키고자 하는 문제에 좀 더 취약한 잠재적인 클라이언트 집단이다. 특정문제에 노출되었거나 문제를 경험한 적이 있는 고위험집단을 의미한다. 예를 들어 학교폭력 피해청소년의 우울예방 프로그램의 위험집단은 ○○지역에서 학교폭력 피해경험이 있는 청소년들이 해당될 수 있다.

(3) 표적집단(target population)

표적집단은 위험집단 내에서 직접 프로그램을 받게 될 적합성이 높은 집단을 의미한다. 예를 들어 학교폭력 피해청소년 우울예방 프로그램의 표적집단은 학교폭력 피해경험이 있는 청소년들 중 우울선별 검사결과 기준치 이상에 해당되는 청소년이 될 수 있다. 위험집단에 비해 범위가 좁혀진다. 문제해결 또는 치료 프로그램에 비해 예방프로그램은 더 넓은 층의 표적집단을 가지게 된다.

(4) 클라이언트 집단(Client Population)

표적집단 중에 실제 프로그램에 참여하게 되는 집단을 클라이언트 집단이라고 한다. 표적집단과 클라이언트 수가 일치할 수도 있지만 대개는 표적집단보다 사회복지 · 상담기관에서 서비스를 제공해줄 수 있는 클라이언트의 수는 적은 편이다. 기관의 인력 및 예산 등의 상황이 여의치 않기 때문이다. 문제의 적합성, 심각성, 기관의 예산, 효율성, 효과성 등을 고려하여 클라이언트 집단을 결정할 수 있다. 프로그램을 개발하는 사회복지사 · 상담사는 프로그램 참여할 인원, 공간, 예산 등을 고려하여 클라이언트집단의 규모를 결정한 후, 실제 참여할 대상자를 선정한다. 프로그램 참여는 클라이언트의 자발적 의사를 원칙으로 한다.

다음 〈표 4-7〉에서 대상자 선정 과정의 구체적인 예시를 제공하였다.

표 4-7 대상자 선정 과정

사업명: ○○ 지역의 학교폭력 피해청소년의 우울예방 프로그램

대상구분	서비스대상자 산출근거	단위수
일반집단	○○동의 청소년	○○○명
위기집단	○○동의 학교폭력 피해청소년	○○명
표적집단	○○동의 학교폭력 피해청소년 중 우울선별검사에서 우울증의 가능성이 있다고 선별된 청소년	○○명
클라이언트 집단 (실인원수)	표적대상 중 기관이 프로그램을 실시할 수 있는 적정인원	○명

다음으로 사회복지공동모금회에서는 최근 배분사업 안내 지침을 제시함에 있어 사업에 참여하는 대상자를 핵심참여자와 주변참여자로 구분하도록 설명하고 있다(사회복지공동모금회, 2020).

(1) 핵심참여자

성과를 측정하게 되는 대상은 누구이며, 인원은 몇 명입니까? (이 사업에 참여하게 함으로써 누구의 변화를 이끌어내려고 하는 것입니까?)

(2) 주변참여자

성과측정 대상은 아니지만 핵심 참여자의 변화를 이끌어내는 데 중요한 역할을 하는 사람은 누구이며, 인원은 몇 명입니까?

다음 〈표 4-8〉에서 참여자에 대한 예시를 제시하였다(사회복지공동모금회, 2020).

표 4-8 핵심참여자와 주변참여자

사업명: 아동 학대 고위험 가정의 재학대 예방을 위한 심리정서지원 프로그램	
핵심 참여자	• ○○구, △△구, ××구 내 아동학대 고위험가정 피해아동 20명 • ○○구, △△구, ××구 내 아동학대 고위험 학대행위자 20명
주변 참여자	• ○○구 내 핵심참여자 가족구성원 60명

(3) 참여자 선정기준

어떤 기준을 세워서 참여자를 모집하게 됩니까?

다음 〈표 4-9〉에서 참여자 선정기준에 대한 예시를 제시하였다(사회복지공동모금회, 2020).

표 4-9 참여자 선정기준

사업명: 아동학대 고위험가정의 재학대 예방을 위한 심리정서지원 프로그램	
1순위	본 기관에 접수된 아동학대 사례 중 아동학대 위험도 평가척도 측정결과 재학대 고위험가정으로 판단된 가정의 아동 및 학대행위자
2순위	본 기관에 접수된 아동학대 사례 중 실무진 회의를 통해 재학대 가능성이 높다고 판단된 가정의 아동 및 학대행위자

(4) 참여자 모집방안

기준에 적합한 참여자를 어떻게 모집할 예정입니까?

다음 〈표 4-10〉에서 참여자 선정기준에 대한 예시를 제시하였다(사회복지공동모금회, 2020).

표 4-10 참여자 모집방안

사업명: 아동학대 고위험가정의 재학대 예방을 위한 심리정서지원 프로그램
• 최근 3년간 접수된 아동학대 사례분석 및 위험도 평가척도 측정을 통한 참여자 선정 • 선정된 참여자에게는 사업 소개 후 참여 여부에 대한 참여 동의서 작성

2) 대상자 선정 시 고려할 사항

대상자 선정 시 고려할 사항은 프로그램의 내용과 실시하는 기관, 지역 등에 따라 다양할 수 있다. 첫 번째로, 대상자가 이 프로그램의 참여를 자발적으로 원하고, 참여에 동의하는지 여부가 중요한 고려사항이 된다. 따라서 프로그램에 적합한 클라이언트에게 프로그램의 목적과 내용, 기간, 유의사항에 대해 사전에 상세한 설명을 한 후, 참여 여부를 스스로 결정하도록 하는 것이 중요하다. 예외적으로 스스로 참여 여부를 결정하기 어려운 아동, 지적장애인 등의 경우에는 보호자 동의가 필수적이다.

다음 〈표 4-11〉에서 클라이언트에게 참여의사에 대해 서면으로 동의를 구하는 참여동의서의 예시를 제시하였다.

표 4-11 성교육집단 참여동의서

성교육집단 참여동의서
안녕하세요? 본 OO상담복지센터에서는 OO시에 거주하는 청소년들을 대상으로 건전한 성에 대한 이해를 돕기 위해 성교육집단프로그램을 실시하고자 합니다. 성교육 프로그램에서는 청소년들에게 필요한 기초적인 성에 대한 지식과 청소년들이 이해하고 있는 성, 왜곡된 성, 청소년 성문제 예방을 위한 실제적인 교육 등이 이루어질 예정입니다. 본 프로그램은 참여하는 청소년들의 성교육을 위해서만 이루어지며, 그 외의 목적에는 활용되지 않습니다. 또한 비밀이 보장됨을 알려드립니다. 이에 본 프로그램에 참여하기를 희망하시면, 다음에 서명해 주시면 감사하겠습니다. 프로그램과 관련된 자세한 문의는 Tel. OOO-OOO-OOOO로 주시면 상세한 설명을 들으실 수 있습니다. 청소년성교육집단에 참여를 희망합니다. OOOO년 OO월 OO일 성명 보호자

두 번째로, 참여하는 클라이언트의 집단구성원으로서의 적합성에 대한 고려가 이루어져야 한다. 아무리 취지나 목적이 좋은 프로그램이라고 할지라도 클라이언트가 아직 변화에 대한 준비가 되어 있지 않다든지, 프로그램을 잘 수행해 나갈 지적 능력이 부족하거나 정서적으로 많이 불안하거나 집중력이 현저히 저하되어 있는 경우에는 개별적으로 접근하여 개인의 문제를 해결하는 것이 더 효과적일 수 있다. 개발된 프로그램이 개인을 대상으로 하는 것이 될 수도 있지만, 대개 사회복지분야에서 프로그램을 개발할 때에는 집단을 대상으로 하는 프로그램이 다수이기 때문에 집단 프로그램에 참여가 적절한 클라이언트인지를 고려해야 한다. 예를 들어 주의력이 많이 부족하고 산만한 아동의 경우 집단 프로그램에 참여하게 되면 프로그램 진도를 따라가지 못하여 개인에게도 효과성이 떨어

질 수 있으며, 참여하고 있는 집단 구성원 전체에도 방해가 될 수 있다. 따라서 주의력결핍과잉행동장애 문제가 있는 아동의 경우 개별상담이나 치료를 통해 문제를 해결하도록 하는 것이 더 적합하다.

05

CHAPTER

목적 및 목표 설정

CHAPTER 05

목적 및 목표 설정

01 | 프로그램 가설의 설정

1) 프로그램 가설 설정 시 이론적 배경의 중요성

프로그램을 개발할 때 그동안 경험적으로 효과가 있었던 내용을 근거로 한 이론적 기초 확립이 중요하다. 즉, 프로그램 활동이 클라이언트에게 문제가 되었던 상황을 개선하는 데 어떠한 영향을 미칠 수 있는지에 관한 가설을 설정할 때 이론적 근거를 제시하는 것은 매우 중요하다. 프로그램에 이론적 근거를 제시하는 것은 프로그램을 통한 기대효과를 보다 분명히 제시할 수 있다는 장점이 있다. 목적과 목표 또한 분명히 제시할 수 있을 것이다. 그러나 프로그램을 개발할 때 논문을 쓰는 목적이 아니라면 실제 사회복지 · 상담 현장에서는 제대로 근거를 제시하지 않고 개발되는 경우가 많다. 클라이언트의 문제나 욕구에 대해 기술한 후 갑자기 목적과 목표가 등장하고, 프로그램의 활동 내용이 구성된다. 예를 들면, 프로그램 내용으로 자아존중감 향상 프로그램 등이 등장하기도 하는데, 이때 왜 이 클라이언트의 문제에 자아존중감 향상 프로그램이 필요한지, 자아존중감 향상 프로그램의 이론적 배경은 무엇인지, 어떠한 이론을 바탕으로 한 자아존중감 향상 프로그램은 클라이언트 문제의 어떠한 부분에 어떠한 효과를 낼 수 있을 것이라는 등의 근거가 제대로 기술되지 않는 경우가 많다. 프로그램 개발에 대한 이론적 근거는 프로그램을 통한 클라이언트의 변화 원리에 대한 가설이므로 반드시 중요하게 고려되어야 하고, 프로그램의 이론적 기초는 프로그램 개발의 초기단계부터 가설의 형태로 정해진 후, 프로그램 개발의 전체 단계에서 지속적으로 평가되고 재조정되어야 한다.

프로그램을 개발해서 원하는 성과를 달성하기 위해 무엇이 필요한지에 대해 경험적인 증명을 통해 밝혀야 하기 때문에 이론적 배경은 매우 중요하다. 프로그램의 이론을 확립하기 위해 주요 변인(클라이언트의 문제)에 대한 선행연구를 고찰하는 등 체계적인 검토가 필요하며, 프로그램의 배경이 되는 이론적 기초를 확립하고 이에 따라 경험적으로 근거를 둔 프로그램 개발이 이루어져야 한다. 이를 통해 어떠한 프로그램의 구성요소가 가장 효과적으로 클라이언트의 문제를 해결하고 변화시킬 수 있을 것인지, 어떠한 과정을 통해 성과가 나타날 수 있을 것인지에 대해 알 수 있을 것이며, 이를 프로그램 개발 시 반영하여야 한다(김창대 외, 2015). 또한 개발된 프로그램을 진행할 때에도 실험설계 등 과학적 설계를 토대로 하여 프로그램의 성과를 입증하도록 하는 것이 필요하다. 이는 이후 프로그램 개발 시 참고할 수 있는 경험적 근거자료가 될 수 있을 것이며, 이러한 과정을 통해 계속적으로 보다 나은 프로그램이 개발될 수 있는 이론적 기초가 될 것이다.

김창대 외(2015)는 프로그램 개발 시 이론 선택의 기준으로서 적절성, 완전성과 정밀성, 검증 가능성, 발견적 가치를 고려해야 한다고 하였다.

첫째, 적절성은 프로그램 개발자가 이론이 문제 상황에 대해 적절하게 설명하고 있는지(plausibility) 살펴보아야 한다는 것이다. 이를 통해 왜 이 프로그램이 개발되어야 하는지, 누구를 위한 프로그램인지 등에 대해 더욱 구체화할 수 있다.

둘째, 이론은 완전성(completeness)과 정밀성(precision)을 갖추어야 한다. 이론은 프로그램의 개입 전략을 구성할 만큼 완전하게 개발되어 있어야 하며 정밀성을 갖추고 있어 개입 내용을 구성할 때 세부적으로 반영할 수 있어야 할 것이다.

셋째, 검증 가능(testability)하여야 한다. 이론에서 설명하고 있는 인과관계의 요소들이 프로그램 사전, 사후로 검증 가능하여야 하며, 이에 따라 각 요소가 결과를 어떻게 변화시키는지를 관찰할 수 있어야 한다.

넷째, 발견적 가치(heuristic value)이다. 이론은 새로운 아이디어를 활용하는 것이 가능해야 하며, 좋은 이론은 폭넓은 상황에서 적용이 가능하고 깊은 수준의 이해를 제공할 수 있어야 할 것이다.

2) 프로그램 가설의 설정

사회문제 분석, 대상자 욕구조사, 이론적 배경 조사 등을 통해 프로그램에서 다룰 문제와 대상자, 이론적 기초가 마련되었다면, 다음 순서로 프로그램 가설을 설정하게 된다. 이는 프로그램의 내용이 프로그램 대상자의 욕구를 충족시키고 문제를 해결해 줄 수 있는지에 대해 검토하는 것이라 할 수 있다. 프로그램 가설은 대개 'if-then'으로 구성된다. 예를 들면 '만약 이 프로그램이 실시된다면 대상자의 OO문제가 해결될 것이다. 또는 향상될 것이다.' 등의 가설을 세우게 된다.

프로그램의 가설을 설정하기 위해서는 클라이언트의 문제나 욕구가 생기게 되는 원인에 대한 분석이 먼저 이루어지게 된다. 원인이 분석되었다면 원인을 해결해 보는 방법을 모색해 보는데, 원인이 되는 것을 모두 해결할 수 있는 것은 아니기 때문에 이에 대한 접근 가능성을 살펴보게 된다. 접근이 가능한 방법들 중 프로그램 내용을 구성한다.

〈표 5-1〉은 청소년 자살문제에 대한 프로그램 가설의 예이다.

표 5-1 프로그램 가설의 예

만약 청소년의 자아존중감이 높아진다면 청소년 자살문제가 예방될 것이다.
만약 청소년의 학업 스트레스가 낮아진다면 청소년 자살문제가 예방될 것이다.
만약 청소년의 학교폭력이 줄어든다면 청소년 자살문제가 예방될 것이다.

프로그램의 가설이 위 〈표 5-1〉과 같이 설정되었다면, 프로그램 내용을 구성하는 개입 전략과 서비스 유형을 결정해야 할 것이다. 프로그램 내용과 개입 전략을 결정할 때에는 앞서 설명한 이론적 배경이 뒤따라야 한다. 사회복지·상담 분야에서 주로 활용하는 이론적 관점은 생태체계학적 관점, 클라이언트 중심의 인본주의적 관점 등이다. 또한 세부 프로그램에 따라서 상담적 기술이 많이 활용되는 경우, 상담이론 모델을 적용하여 프로그램을 구성할 수도 있다. 이와 관련된 지식과 기술은 사회복지실천론, 실천기술론 및 상담이론 수업에 배운 내용을 활용하며, 학술지, 학위논문, 사회복지· 상담 기관의 자료 등을 검토하여 참고한다. 다음 〈표 5-2〉에서 청소년 자살문제에 대한 위험요인과 이에 따른 개입 전략의 예를 제시해 보았다.

표 5-2 청소년 자살의 요인과 자살예방 프로그램의 예시

문제	요인	이론적 배경	개입 전략
청소년 자살	낮은 자존감	인본주의/강점관점	자아존중감 향상 프로그램
	학업 스트레스	인지행동이론	학업 스트레스 완화를 위한 프로그램 (예 집중력 향상 프로그램, 스트레스 관리 프로그램, 학업지원 프로그램 등)
	학교폭력	행동수정이론	학교폭력 피해자, 가해자 프로그램
	성별	성인지적 관점	예 남/여 불평등적 요소 접근, 여학생에게 많은 관심과 서비스 제공
	연령	발달적 관점	고등학생에게 많은 관심과 서비스 제공

청소년 자살문제를 해결하고자 자살예방 프로그램을 개발하려고 한다면, 청소년 자살의 원인이 되는 것은 무엇인지 살펴볼 필요가 있다. 선행연구들을 찾아본 결과 낮은 자존감, 학업 스트레스, 학교폭력 등이 원인으로 검토되었다면 위 〈표 5-2〉에서처럼 몇 가지 가설을 세워볼 수 있다. 첫째, 낮은 자존감이 높아진다면 청소년 자살문제가 해결될 수 있다는 가설을 세워볼 수 있다. 가설이 세워졌다면, 청소년 자살예방을 위해 낮은 자존감을 향상시키기 위한 프로그램을 개발해야 하는데, 이때 자존감을 향상시키기 위해서는 경험적으로 어떠한 이론적 배경에 따른 프로그램이 효과적인지에 대한 검토가 필요하다. 검토해본 결과 예를 들어 인본주의적 접근이나 강점관점 등의 접근이 청소년들의 자아존중감을 향상시키는 데에 효과적이었다는 결론이 생겼다면 이들 이론에 입각하여 개입 전략으로서 세부 프로그램을 개발한다. 둘째, 청소년 자살의 원인이 되고 있는 학업 스트레스를 완화시키기 위해 스트레스 관리 프로그램을 구성하려고 할 때 스트레스를 완화시키려면 어떠한 이론을 기반으로 할 때 가장 효과적인지에 대해 연구를 해본다. 예로서 비합리적 사고를 합리적으로 전환시키는 데 초점을 두는 인지행동적 접근이 청소년들의 학업 스트레스를 감소시키는 데 도움이 된다고 선행연구 검토 결과 판단하였다면 이를 바탕으로 한 프로그램을 개발한다. 셋째, 학교폭력이 원인이 되어 청소년 자살문제가 일어난다고 가정했을 때 학교폭력을 감소시키기 위해 피해자 또는 가해자 프로그램을 개발할 수 있다. 이때 예를 들어 가해자를 대상으로 행동수정이론을 기반으로 한 선도프로그램을 개발할 수 있을 것이다. 넷째, 성별과 연령에 따른 고려가 필요한 경우 성인지적 관점이나 발달이론 등을 참고해서 프로그램을 개발하는 것이 도움이 될 것이다.

02 | 목적과 목표의 설정

프로그램을 통해 무엇을 달성하고자 하는지 목적과 목표를 세우게 되는데, 이 중 목적은 좀 더 큰 전체적인 개념을 의미하며, 목표는 목적을 달성하기 위한 하위개념의 세부적인 내용들을 의미한다.

1) 목적

프로그램을 수행한 후 달성하고자 하는 포괄적 형태의 성취수준에 관한 개념을 말한다(목표의 상위개념). 목적은 아주 구체적일 필요는 없으며, 측정 가능한 수치를 제시할 필요도 없다. 프로그램이 추구하는 방향이나 달성하고자 하는 가치를 포함한 내용이 기술된다. 목적은 문제해결이 어느 방향으로 되어야 하는지에 대한 지향점을 제시해 주기 때문에 중요하다. 즉, 바람직한 결과에 대한 방향성을 나타내 준다. 목적이 달성된다면 프로그램을 통해 기대했던 바가 이루어진 이상적 상태가 구현되었다는 것을 의미한다. 따라서 프로그램을 통해 무엇을 추구하는지가 분명하게 드러나야 할 것이다. 목적은 바람직한 변화의 방향성을 제시하는 것이므로 단기간에 달성할 수 없을 수도 있으며, 프로그램을 통해 지향하는 바에 대한 방향성을 제시하는 것으로 이해하면 될 것이다. 예를 들어, 발달장애청소년의 사회적응 능력을 향상시킨다는 목적을 설정하였을 때, 프로그램을 통해 이들의 사회적응 능력을 향상시키기 위한 노력을 하겠지만, 단기간 프로그램을 통해 완벽한 사회적응이 가능한 정도에 도달한다는 것은 한계가 있을 것이다. 따라서 발달장애청소년의 사회적응 능력 향상이라는 프로그램의 방향성을 목적을 통해 설정하는 것으로 이해하고 보다 구체적으로 프로그램을 통해 달성하고자 하는 것은 목표를 통해 세부적으로 접근하게 된다.

정리하면, 목적은 프로그램을 통해 성취하고자 하는 가치나 추구하는 방향을 표현하는 것이라 할 수 있다. 따라서 다소 추상적이거나 이념적 언어로 기술되어도 무방하다. 목적은 간략하게 제시할 수도 있고, 때로는 프로그램 대상자들이 경험하게 되는 문제나 개입방법, 프로그램을 통해 변화를 기대하는 성과 등을 포함하며 길게 작성할 수도 있다. 다음 〈표 5-3〉에서 간략하게 작성한 목적과 길게 작성한 목적의 예를 제시하였다.

표 5-3 간략하게 작성한 목적과 길게 작성한 목적의 예

간략하게 작성한 목적	길게 작성한 목적
발달장애 청소년의 사회적응 능력을 향상시킨다.	경계선 지적 기능 청소년들을 대상으로 주민참여형 취미활동 및 특기적성활동을 준비한다. 자립 준비와 관련한 참여 청소년들의 내적 역량 강화 및 사회적 관계망을 확대하며, 이들에 대한 가족 및 지역사회의 지지적인 환경을 조성함으로써 지역 내 통합을 도모한다.

2) 목표

위에서 살펴본 바와 같이 사회복지·상담 프로그램에서 목적을 설정을 하는 것은 이론적 기초에 근거하여 클라이언트의 문제가 어떻게 변화할 수 있을지에 대한 방향을 결정하는 매우 중요한 과정이다. 목표는 목적과는 달리 구체적이고 세부적으로 설정하게 되는데, 실제 프로그램을 통해 '어떤 것을 성취'할지에 대한 구체적인 내용을 담는다. 목표는 목적을 구체화한 것으로, 목적을 달성하기 위한 실현 가능하고 측정이 가능한 결과 중심의 하위개념을 말한다. 즉, 목표는 프로그램을 통해 달성하고자 하는 결과, 프로그램의 성과로도 이해할 수 있다. 따라서 목표는 구체적이고 조작적이어야 하며 세분화된 차원에서 설정되어야 한다. 목표는 구체적인 대상의 변화와 문제해결의 내용이 포함되어야 하며 측정이 가능해야 한다. Rapp과 Poetner(1992)는 목표를 구성할 때 필요한 요소들을 다음과 같이 설명하였다. 첫째, 목표는 사회문제와 관련이 있어야 하며, 둘째, 결과지향적이어야 하고 실현 가능성이 있어야 한다. 셋째, 분명하게 진술되어야 하며 긍정적이어야 한다. 넷째, 잠재적 대상자집단과 관련이 있어야 한다.

(1) 목표와 세부목표

목표에 따른 세부목표를 설정하기도 하는데, 세부목표라 하면 목표보다 구체적으로 설정될 것이다. 세부목표는 반드시 설정되어야 하는 것은 아니지만 좀 더 세분화하여 프로그램의 목표를 제시하는 데 도움이 될 수 있다. 따라서 세부목표는 측정 가능해야 하며, 단일기준을 제시하는 것이 좋다. 목표는 일반적으로 SMART 기술방법을 사용하는데, 구체적이고(specific), 측정 가능하며(measurable), 실현 가능하고(attainable), 결과 지향적이고(result-oriented), 시간구조를 갖도록(time-framed) 해야 한다.

〈표 5-4〉에서 SMART 기술방법에 의거하여 변화가 필요한 예시와 좋은 목표의 예시를 제시하였다.

- 구체적인 예시: 변화가 필요한 예시에 제시된 좋은 친구관계를 형성한다는 목표에서 좋은 친구관계는 매우 모호한 표현이다. 프로그램 개발자는 프로그램을 통해서 이루고자 하는 목표가 보다 구체적이어야 한다. 이에 의사소통기술을 습득하여 대인관계 능력 향상으로 목표를 수정하였다.
- 측정 가능한 예시: 변화가 필요한 예시의 학교적응을 돕는다는 목표는 측정 가능하지 않다. 따라서 학교적응을 잘 하고 있는지에 대해 측정 가능한 목표의 예시로 학교의 출석률 향상을 목표로 수정하였다.
- 실현 가능한 예시: 변화가 필요한 예시에서 다문화청소년에게 성공적인 진로

▶ 표 5-4 변화가 필요한 목표와 좋은 목표의 예시

예시	변화가 필요한 목표의 예시	좋은 목표의 예시
구체적인(specific) 예시	발달장애청소년이 좋은 친구관계를 형성한다.	발달장애청소년이 의사소통기술을 습득하여 대인관계 능력이 향상된다.
측정 가능한 (measurable) 예시	학교부적응 학생에게 의사소통훈련을 실시하여 학생들의 학교적응을 돕는다.	학교부적응 학생에게 의사소통훈련을 실시하여 학생들의 학교의 출석률이 향상되도록 한다.
실현 가능한 (attainable) 예시	다문화청소년의 언어 능력을 향상시켜 성공적인 진로를 찾도록 한다.	다문화청소년의 언어 능력을 향상시켜 한국어능력시험에 합격하도록 한다.
결과 지향적인 (result-oriented) 예시	자살위기청소년들에게 심리상담 프로그램을 제공한다.	자살위기청소년들에게 심리상담 프로그램을 제공하여 우울감을 감소시킨다.
시간구조를 갖고 있는 (time-framed) 예시	이혼위기 부부들이 부부치료 프로그램에 참여하여 이혼위기를 극복하도록 한다.	OOOO년 O월~O월까지 총 10회에 걸쳐 이혼위기부부들에게 부부치료 프로그램을 참여하도록 한다. 이를 통해 이혼위기를 극복하도록 한다.

를 찾도록 한다는 것은 모호하며, 단기간에 이룰 수 있는 실현 가능한 목표가 아니다. 따라서 프로그램을 통해 도움을 제공하여 성취할 수 있는 목표로서 한국어능력시험에 합격하도록 하는 것으로 목표를 수정한다. 이는 다문화청소년에게 진로와 관련하여 중요한 능력일 수 있으며, 궁극적으로 다문화청소년의 진로에 도움을 줄 수 있을 것이다.

- 결과 지향적인 예시: 변화가 필요한 예시에는 프로그램 활동 내용과 대상은 있지만 그 결과로서 무엇을 달성하겠다는 내용이 들어가 있지 않다. 따라서 이 프로그램을 통하여 우울감을 감소시킨다는 결과를 제시하는 목표로 수정하였다.
- 시간구조를 갖고 있는 예시: 변화가 필요한 예시에서는 기간에 대해 명시하지 않았다. 프로그램은 대개 기한을 가지고 실시되므로, 그 시간구조를 명확하게 제시하는 목표가 좋은 목표이다.

다음으로 김창대 외(2015)는 집단프로그램에서 목표를 기술할 때 포함되어야 할 내용으로 다음의 9가지 내용을 제시하였다.

첫째, 목표는 목적과 연결되어 있어야 한다. 목적, 목표, 세부목표는 서로 연관되고 위계적으로 구성되어야 한다.

둘째, 프로그램의 목표에는 태도, 기능, 교육, 이해도 등이 변화의 영역으로 포함되어야 한다.

셋째, 결과목표는 과정보다는 최종적으로 산출되어야 하는 성과로서 과업지향적으로 표현하는 것이 좋다.

넷째, 결과목표를 설정할 때에는 언제까지, 어떤 상태로 변화시킬 것인지를 구체적으로 표현한다. 포함 내용으로는 목표(무엇을), 달성기준(얼마만큼), 방법(증가 또는 감소), 시기(언제까지) 등이 있다.

다섯째, 목표는 변화의 수준과 방향 등을 산술적으로 측정할 수 있도록 서술하는 것이 좋다. 목표달성 여부가 확인 가능하고 목표를 어떻게 측정할 것인지가 구체적으로 기술되는 것이 좋다. 이는 이후 프로그램의 평가와도 관련된다.

여섯째, 목표설정은 단계별로 순서대로 배열한다.

일곱째, 목표는 구체적인 행동으로 표현되고, 현실적으로 달성 가능한 것이어야 한다.

여덟째, 목표는 이해하기 쉽고, 간단명료해야 하며, 명확한 동사로 표현하는 것이 좋다.

아홉째, 목표를 평가하기 위한 평가기준, 측정방법, 측정대상, 자료의 출처, 측정 시기 등이 세분화되는 것이 좋다.

다음 〈표 5-5〉에서 프로그램 개발 시 목적, 목표, 세부목표의 예를 제시하였다.

표 5-5 프로그램의 목적과 목표, 세부목표

목적	발달장애 청소년의 사회적응 능력을 향상시킨다.
목표 / 세부목표	1. 대인관계에서 의사소통 능력을 향상시킨다. 1-1. 대인관계에서 현재 의사소통방식에 대해 알기 1-2. I-message 표현방식에 대한 이해 1-3. I-message 표현방식을 통한 자기주장훈련으로 자신의 의사를 효과적으로 전달하기
	2. 교통수단을 스스로의 힘으로 이용할 수 있도록 한다. 2-1. 지하철을 스스로의 힘으로 이용해 보기 2-2. 버스를 스스로의 힘으로 이용해 보기 2-3. 신호등 건너기 등 도보로 등·하교를 혼자 해보기
	3. 은행, 관공서 등을 스스로 이용할 수 있도록 한다. 3-1. 은행 이용방법에 대해 알기 3-2. 주민센터에서 필요한 서류 발급해 보기 3-3. 우체국에서 편지나 소포 보내기

〈표 5-5〉 예시에서 프로그램의 목적, 즉 지향하는 바는 발달장애 청소년이 사회적응 능력을 향상시키는 것이다. 그렇다면, 발달장애 청소년의 사회적응 능력을 향상시키기 위해 구체적으로 어떤 것들이 필요한지를 고민해볼 필요가 있고, 그것이 목표로 구현된다. 이 예시에서는 대인관계상 의사소통 능력을 향상시키는 것, 교통수단을 스스로의 힘으로 이용해볼 수 있도록 하는 것, 은행·관공서 등을 스스로 이용해 보는 것을 설정하였다. 이를 통해 발달장애 청소년의 사회적응 능력이 향상될 것이라고 가정하는 것이다. 또한 목표보다 더욱 세부적이고 구체적인 세부목표를 규정함으로써 프로그램을 통해 달성하고자 하는 바를 분명히 하였다. 첫 번째 목표였던 대인관계에서 의사소통 능력을 향상시키기 위한 세부목표로는 우선, 발달장애청소년이 대인관계에서 의사소통방식이 어떠한지 스스로 알아보게끔 한다. 다음으로 타인의 입장에서 소통하는 방식이 아닌 나의 입장에서 의사소통하는 대표적인 의사소통방법인 'I-message' 의사소통방식에 대해

이해하도록 한다. 마지막으로 I-message 표현방식을 통한 자기주장훈련으로 자신의 의사를 효과적으로 전달하는 것을 세부목표로 둔다. 두 번째 목표인 교통수단을 스스로의 힘으로 이용할 수 있도록 하는 것과 관련해서는 세부목표로서 첫 번째로 가장 많이 이용할 수 있는 교통수단 중 지하철을 스스로 이용할 수 있도록 하는 것을 목표로 하고, 다음으로 버스를 스스로의 힘으로 이용해 볼 수 있도록 하며, 마지막으로 도보로 등하교 시 스스로의 힘으로 가능할 수 있도록 훈련하는 것을 목표로 한다. 세 번째 목표인 은행, 관공서 등을 스스로 이용할 수 있도록 한다는 것과 관련한 세부목표는 우선 은행을 이용할 수 있도록 하고, 다음으로 주민센터에서 자신이 필요한 서류를 스스로 발급할 수 있도록 하는 것을 목표로 한다. 마지막으로 우체국에서 편지나 소포 등을 보내는 것을 스스로 해보는 것을 목표로 한다. 이를 통해 궁극적으로는 발달장애청소년들의 사회적응 능력이 향상될 수 있다고 가정하는 것이다.

이러한 목적, 목표, 세부목표 등을 설정한 이후, 프로그램은 목표를 달성하기 위한 다양한 활동요소로 구성된다.

다음 〈표 5-6〉에서 프로그램 개발 시 목적, 목표, 세부목표의 예를 하나 더 살펴보기로 한다.

표 5-6 프로그램 목적, 목표, 세부목표의 예

프로그램명: 경계선 지적 기능 청소년의 사회 기능 향상 및 자립 역량 강화를 위해 주민참여형 취미활동을 기반으로 한 지역사회 연계 통합 사업 "한울타리 Ⅱ"[1)]

구분	내용
목적	경계선 지적 기능 청소년들을 대상으로 주민참여형 취미활동 및 특기적성활동을 준비한다. 자립 준비와 관련한 참여 청소년들의 내적 역량 강화 및 사회적 관계망을 확대하며, 이들에 대한 가족 및 지역사회의 지지적인 환경을 조성함으로써 지역 내 통합을 도모한다.
목표 / 세부목표	1. 또래 청소년과 함께하는 취미공동체활동을 주민의 재능기부를 통해 운영함으로써 경계선 지적 기능 청소년의 사회적 관계망을 형성한다. 1-1. 경계선 지적 기능 청소년의 욕구를 반영한 3가지 주제의 취미활동 집단을 조직하여 주 1회(연 20회) 지역주민, 또래 친구와 함께 진행함으로써 친밀한 관계 형성을 도모한다. 1-2. 취미공동체활동 내용을 반영한 지역사회 나눔활동을 연 1회 진행하여 성취 경험을 공유하고 유대감을 증진한다. 1-3. 연 1회 취미공동체활동 참여자가 직접 기획하는 1박 2일 여행을 진행하여 집단 결속력을 높인다.
	2. 주민참여형 취미공동체활동에서 연장된 심화활동으로, 진로 및 직업 계획과 관련한 특기적성활동을 진행하여 경계선 지적 기능 청소년의 자립과 관련한 내적 역량을 강화한다. 2-1. 1차 연도의 취미공동체활동 중 공인 민간 자격 취득이 가능한 집단을 중심으로 이론 교육과 실습 교육을 병행하는 특기적성활동을 주 2회(연 40회) 진행함으로써 직업 계획에 대한 인식을 증진한다. 2-2. 직업 체험 활동을 연 1회 진행하여 독립된 사회 구성원으로서의 긍정적 자아상을 형성한다.
	3. 가족관계 증진 프로그램을 통해 가족구성원 간의 지지적 관계를 형성한다. 3-1. 연 2회 가족 문화활동을 통해 가족구성원 간의 유대감을 증진한다. 3-2. 연 4회 보호자 간담회 및 교육을 통해 경계선 지적 기능 자녀에 대한 인식을 개선한다. 3-3. 연 8회 일상생활과 관련한 경계선 지적 기능 청소년 집단 교육을 진행한다.
	4. 지역 인식 개선 프로그램을 통해 경계선 지적 기능 청소년에 대한 지역사회의 이해를 도모하고 사회적 지지망을 확대한다. 4-1. 학생(또래 청소년) 및 교사, 지역 기관 실무자를 대상으로 지역 교육을 진행하여 경계선 지적 기능에 대한 이해를 올바르게 할 수 있도록 한다. 4-2. 월 1회 주민 등 관련 참여자와 함께하는 사례 회의를 진행하여 경계선 지적 기능 청소년과 함께 하는 활동에 대한 고민과 의견을 나누고 동료 슈퍼비전을 한다. 4-3. 연 1회 지역캠페인을 통해 경계선 지적 기능에 대한 관심을 유도한다.

(2) 산출목표와 성과목표

사회복지공동모금회 등의 기구에 제안서를 제출할 때에는 목표를 두 가지 기준으로 분류, 즉 산출목표와 성과목표로 구분하여 작성하기도 한다. 이 중 산출목표란 사업시행을 통해 발생하는 산출물에 대한 목표를 의미하며, 성과목표는 사업의 결과로 나타나는 효과나 변화를 의미한다. 우리가 흔히 얘기하는 목표는 성과목표로 이해할 수 있으며, 산출목표는 성과목표를 달성하기 위해 산출되는 프로그램의 달성치에 대한 목표로 이해할 수 있다.

다음 〈표 5-7〉과 〈표 5-8〉에서는 프로그램 목적과 산출목표, 성과목표에 대한 예시를 제공하였다(사회복지공동모금회, 2020).

표 5-7 산출목표

세부사업명	산출목표	모니터링 방법
맞춤형 서비스 지원	• 20가정 일반상담 5회, 총 100회 실시	• 방문 일자별 상담기록 작성
	• 20가정 심리치료 1회, 총 120회 실시	• 검사결과/치료일지 확인
	• 서비스 통합 사례 회의 5회 실시	• 사례회의록 작성
	• 일상생활 지원 가정별 1회, 총 20회 실시	• 자원연계 내역 기록
양육교육 프로그램	• 전문가 상담 및 교육 가정별 2회, 총 20회 진행	• 교육일지 및 상담기록 작성

1) 2016년 삼성복지재단 작은나눔 큰사랑 우수자료집의 동대문종합복지관 사례로, 삼성복지재단 및 동대문종합복지관 담당자로부터 동의를 얻어 수록.

표 5-8 성과목표

성과목표	평가도구 및 방법	측정 시기
아동학대 행위자의 학대위험요인 감소	• 성과지표: 학대위험 20% 감소 • 평가도구: 학대위험도 평가척도 • 평가방법: 학대행위자 20가정 대상 사전 사후 설문조사	사전(2월), 사후(12월)
아동학대 행위자의 부모양육태도 향상	• 성과지표: 부모양육태도 20% 향상 • 평가도구: 부모양육태도검사(PAT) 척도 • 평가방법: 부모, 가족구성원 사전 사후 설문조사	사전(4월), 사후(12월)
아동학대 피해가정 가족기능 강화	• 평가주체: 본 기관 담당자 • 평가방법: 참여자 20가정 대상으로 구조화된 질문지를 통해 인터뷰 실시	사업종료 후(12월)

06

CHAPTER

프로그램 구성과 개입 전략

CHAPTER 06

프로그램 구성과 개입 전략

이 장에서는 사회복지 · 상담 프로그램을 개발하는 과정 중 앞서 다루었던 사회문제 분석 및 대상자 선정, 목적과 목표를 설정한 다음 단계로서 구체적인 프로그램의 내용 구성과 활동계획, 개입 전략에 대한 설계를 중점적으로 다룬다. 프로그램은 클라이언트 집단의 욕구와 클라이언트에게 도움이 될 수 있게끔 설계되어야 한다. 프로그램의 목적과 목표 등 방향에 부합해야 하며, 실제 생활에 도움이 되고 활용 가능해야 한다. 프로그램의 구조(장소, 공간, 시간, 회기, 지켜야 할 약속 등), 프로그램의 세부적인 내용, 프로그램의 진행 과정 등에 대한 상세한 고려가 필요하다.

01 | 프로그램 개입 유형과 전략

프로그램을 구성하기 위해서는 어떠한 개입 유형과 전략을 설정할 것인지에 대한 고려가 사전에 필요하다.

1) 사회복지 · 상담 프로그램 개입 전략의 주요 관점

(1) 생태체계학적 관점

사회복지 · 상담 현장에서 프로그램을 통해 클라이언트에게 개입을 할 때에는 생태체계학적 관점을 기반으로 하는 경우가 많다. 생태체계학적 관점은 인간과 환경을 각각 분리하지 않고 상호교류한다는 기본틀을 가지고 있다. 이에 생태체계학적 관점에서는 인간의 행동을 환경과의 상호작용 속에서 이해한다. 인간은 환경의 영향을 받고 영향을 주어 변화를 시키는 존재이다. 생태체계학적 관점을 기반으로 프로그램 개입 전략을 세울 때에는 개인뿐 아니라 집단, 가족, 지역사회 더 나아가서 사회 전체의 변화까지 문제 접근 범위로 한다. 특히 이 관점에서는 사회 문제가 개인 내적인 문제이기보다는 사회환경과의 상호작용 속에서 적응하지 못한 스트레스나 대처 능력의 부족 등으로 바라보기 때문에 개인과 환경과의 관계, 적응과 부적응, 상호작용 속에서 발생하는 스트레스 등에 대해 관심을 둔다. 또한 개입 단위에도 개인뿐 아니라 가족, 집단, 학교, 지역사회 등을 포함시키기도 한다.

(2) 인본주의적 관점

사회복지 · 상담학에서는 인간의 성장과 변화에 대해 인본주의적 관점으로 접근한다. 이에 프로그램 개발 · 운영자와 대상자 간에 공감적 이해, 진실성, 무조건적인 수용 등이 필요하며 이러한 과정을 통해 클라이언트들이 성장할 수 있을 것이라고 믿는다. 인본주의적 관점에서 효과적인 개입 전략은 클라이언트의 문제해결을 위한 동기를 높여주고 스스로 문제를 해결하기 위한 능력을 키우도록 하는 데 중점을 둔다.

(3) 강점관점 · 역량강화

사회복지 · 상담 분야에서는 클라이언트의 강점을 최대한으로 강화하여 자신의 잠재력과 역량을 발휘하도록 하는 강점관점에 기반한 역량강화를 통해 문제를 해결하도록 한다. 클라이언트가 가지고 있는 긍정적 자원에 관심과 초점을 두고 자신의 긍정적 자원을 활용하여 문제에 대처하도록 하는 것이다.

2) 사회복지 · 상담 프로그램 개입의 유형

(1) 개입 수준

개입의 수준은 사회복지 · 상담 프로그램이 전달되는 차원을 의미한다. 사회복지 · 상담 프로그램을 통해 해결하고자 하는 문제가 개인적 수준에서 접근될 수도 있고, 집단 수준 또는 지역사회 수준의 개입이 포함될 수도 있다. 또한 개인 · 집단 · 지역사회에 대한 접근을 각각 할 수도 있으며, 통합적으로 하는 것도 가능하다.

(2) 개입방법

사회복지 · 상담 프로그램의 개입방법은 직접적 방법과 간접적 방법으로 구분할 수 있다. 직접적 방법은 개인, 가족, 집단 등의 표적체계를 중심으로 접근하기 때문에 미시적 접근방법이라고도 한다. 직접적 접근방법은 표적체계의 문제해결 및 기능의 향상에 목적을 두고, 사회복지사 · 상담사가 프로그램을 통해 표적체계의 직접적 변화를 추구한다. 간접적 방법은 사회환경과의 상호작용에 초점을 두고 환경체계에 접근하기 때문에 거시적 접근방법이라고도 한다. 간접적 접근방법은 표적체계에 직접 개입하기보다는 표적체계의 변화를 도모하기 위해 행정, 관리, 지역사회조직, 옹호 등의 활동을 하게 된다(황성철, 2005). 사회복지 · 상담 현장에서의 프로그램은 대개 직접적 접근방식을 많이 수행하게 되며, 문제해결을 위해 프로그램의 범위나 유형에 따라 간접적 접근방법이 병행될 수도 있다.

(3) 개입 전략

개입 전략은 프로그램의 목적과 목표를 달성하기 위해 사용되는 기술, 방법들에 대한 부분이다. 사회복지 · 상담 분야에서는 인지행동적 접근, 정서적 접근, 생물학적 접근, 환경적 접근 등의 전략을 주로 활용한다. 최근에는 상담적 접근을 보다 강화하여 인간중심적 상담접근, 해결중심적 상담접근, 현실치료, 가족치료적 접근방법 등을 프로그램의 개입 전략으로 활용하기도 한다.

02 | 프로그램 구성의 개념과 절차

프로그램의 구성이란 문제 확인 후 설정된 목적과 목표를 달성할 프로그램을 구체적으로 설계하는 과업을 말한다. 여기에서는 프로그램을 구성할 때 고려해야 할 사항, 프로그램의 활동 내용을 선정하고 조직할 때 지켜야 할 원리, 프로그램 구성의 절차 등의 내용에 대해 다룬다.

1) 프로그램 구성 시 고려할 사항

프로그램이 구성할 때에는 사전에 다음의 내용을 고려해야 한다(이봉주 · 김기덕, 2015).

(1) 프로그램 대상자에 대한 고려

프로그램 대상자에 대한 고려이다. 프로그램의 위험집단 중 구체적인 표적집단(target group)이 프로그램을 받는 대상 후보가 될 수 있는데, 이들 가운데 프로그램에 참여하기로 동의한 클라이언트 집단이 최종 서비스 대상자가 될 것이다. 서비스 대상자로서 프로그램에 참가하는 대상에 대한 고려는 매우 중요한 사항이다. 프로그램 대상자의 인원, 특성, 연령, 성별 등에 대한 고려가 사전에 필요하다.

(2) 프로그램 주체기관에 대한 고려

프로그램에는 실시하는 주체기관의 의도가 분명하게 담겨 있어야 한다. 즉 프로그램을 실시하는 기관의 철학, 목표 등이 프로그램 속에 분명하게 표현되어야 하는데, 프로그램 실시 주체의 의도는 목표나 참여자 집단을 통해 표현되기도 하지만 구체적인 프로그램 내용 속에 반영되어야 할 것이다.

(3) 프로그램 활동 내용에 대한 고려

프로그램 활동 내용에는 구체적인 장소와 시간, 프로그램 내용의 양과 질, 수행방법, 사용될 장비나 도구, 환경 등이 고려되어야 할 것이다.

(4) 프로그램 담당자에 대한 고려

프로그램은 반드시 전문인력에 의해 수행되어야 한다. 특히 인간을 대상으로 하는 서비스에는 프로그램 담당자의 역량이 매우 중요하게 작용된다. 일반적으로 프로그램을 수행할 때 담당자로는 직접 지도하는 프로그램 지도자, 공동지도자, 슈퍼바이저, 강사, 자원봉사자 등을 포함할 수 있다. 프로그램을 구성할 때에는 담당자들의 역할과 책임을 분명히 하는 것이 필요하다.

(5) 프로그램에 필요한 예산에 대한 고려

흔히 인건비, 관리비, 기자재 및 비품집기비 등이 포함된다. 프로그램 구성 시 예산을 고려하여야 한다. 예산에 관해서는 다음 7장에서 보다 자세히 다룰 예정이다.

(6) 프로그램 평가에 대한 계획

프로그램 평가에 대한 계획이다. 프로그램을 실행하는 궁극적인 이유는 프로그램이 설정한 목적과 목표를 달성하기 위해서일 것이다. 따라서 시행된 프로그램의 결과가 언제, 어떻게, 누가 어디서, 그 결과를 평가할 것인가에 대한 상세한 계획을 가지고 있어야 한다. 프로그램 평가와 관련해서는 3부에서 자세히 다루었다.

2) 프로그램 활동 내용 선정의 원리

프로그램의 활동 내용을 선정할 때에 고려할 사항으로 정무성(2014)은 합목적성, 동기유발, 성취 가능성, 포괄성(다양성), 현실성, 지역성, 효율성 등의 기준을 제시하였다.

(1) 합목적성

프로그램 내용이 프로그램이 의도한 목적과 목표와 논리적으로 연계성을 잘 가지고 있어야 함을 의미한다. 예를 들어 프로그램 목표에 발달장애청소년의 사회성을 향상시킨다는 내용이 포함되어 있다면, 발달장애청소년의 사회성을 향상시킬 수 있는 내용이 반드시 포함되어야 한다.

(2) 동기유발

프로그램 내용 선정에서 중요한 것 중 하나는 대상자의 동기유발이다. 프로그램의 성패는 대상자들이 얼마나 흥미를 가지고 참여하느냐에 달려 있다고 해도 과언이 아니다. 따라서 대상자의 동기유발을 위해 프로그램이 꼭 필요하다는 인식을 갖도록 해야 하며 흥미를 불러일으키는 요소를 포함시키는 것도 중요하다.

(3) 성취 가능성

프로그램에서 수행하고자 하는 내용들을 실제 대상자들이 할 수 있어야 하고 이는 성취와 연결되어야 한다. 아무리 내용이 좋다고 하더라도 대상자들이 참여를 포기하거나 기관에서 프로그램을 수행할 여건이 되지 않아서 프로그램을 실시할 수 없다면 성취 가능성이 낮다고 봐야 할 것이다. 따라서 프로그램의 내용을 대상자가 성취할 수 있고, 기관에서 실제로 실현할 수 있는 가능성이 있는지를 살펴보는 것도 중요하다.

(4) 포괄성(다양성)

프로그램의 목적과 목표를 달성하기 위해 프로그램 내용이 포괄적이고 다양하게 제공되어야 한다. 한 가지 목적 또는 목표를 이루기 위해 한 가지의 프로그램 활동이 제공되기보다는 여러 가지 활동이 다양하게 제공되는 것이 목적과 목표 달성에 더 도움이 될 것이다. 동일한 목적이나 목표를 달성하는 프로그램은 프로그램 간 상호 연관성이 있어야 할 것이다.

(5) 현실성(실용성)

프로그램 내용이 사회적인 요구에 적합하고 사회에 적용될 수 있는 현실성 있고 실용적인 내용이어야 한다. 예를 들어 발달장애청소년의 사회적응을 목적으로 개발된 프로그램의 내용이라면 실제 발달장애청소년들이 사회적응을 할 때 도움이 될 수 있는 프로그램으로 대중교통 이용방법이나 인터넷 활용법 등을 들 수 있다.

(6) 지역성

프로그램 내용을 선정할 때에는 프로그램이 진행되는 지역의 특수성이 반영되어야 한다. 지역의 문화적 특성이나 빈곤 여부, 인구, 위치, 보수성 등을 고려한 프로그램이 개발되어야 목적과 목표를 이루는 데 도움이 될 것이다. 예를 들어 아동들을 대상으로 방과 후 프로그램을 개발할 때, 빈곤지역이라면 부모양육이 부재할 수 있는 부분이나 사교육을 받지 못해 학업적인 어려움을 겪을 수 있는 부분을 고려하여 프로그램 내용이 선정되어야 할 것이다. 상대적으로 빈곤한 아동이 적게 거주하는 지역은 문화나 인성 등 다른 요소들을 고려할 수 있다.

(7) 효율성

프로그램 내용을 선정할 시 얼마나 시간, 경제적으로 효율적인지도 고려해야 한다. 들어가는 노력이나 비용, 에너지에 비해 성과가 어느 정도일지 등의 효율성은 자원이 제한되어 있는 환경에서 프로그램 내용을 선정할 때 중요하게 고려해야 하는 부분이다.

3) 프로그램 활동 내용의 조직의 원리

프로그램의 목적과 목표를 달성하기 위해 프로그램의 내용을 선정한 후에는 체계적으로 배치(조직)하는 과정이 필요하다. 프로그램 내용을 배치할 때에는 프로그램의 유형이나 시간 · 활동 · 내용 등을 모두 고려해야 한다. 프로그램 내용을 조직할 때에 고려해야 하는 원리는 다음과 같다(이봉주 · 김기덕, 2015; 황성철, 2005).

(1) 연속성을 가진 프로그램

프로그램 내용을 조직할 때는 단회성으로 끝내기보다는 연속성을 가져야 한다. 프로그램을 통해 반복적인 경험을 하게 되면 대상자들이 자기 것으로 수용하고 소화해낼 가능성이 높다. 특히 교육이나 훈련 등이 내용으로 구성된 프로그램에서는 중요하게 생각하는 원리이다.

(2) 서열에 맞도록 배치

계열성의 원리는 프로그램 내용이 서열에 맞도록 배치되는 것을 의미한다. 프로그램 내용이 계열성을 갖기 위해서는 프로그램 내용 간에 밀접한 관련성을 가져야 하며, 쉬운 것에서 어려운 것 순으로 배치하는 것이 좋으며, 단순하고 구체적인 것으로부터 복잡하고 추상적인 것으로 배치하는 것이 좋다. 또한 익숙한 것으로부터 생소한 것으로 배치하는 것이 도움이 된다.

(3) 통합성을 가진 프로그램

통합성의 원리는 프로그램을 조직할 때 분류되는 내용들이 상호배타적인 것이 아니라 넓은 범주에서는 통합된 성질을 가지는 것을 의미한다. 프로그램이 달성하고자 하는 목적과 목표 아래에 상호관련성이 확보되어야 한다는 것이다. 예를 들어 고등학생의 사회성이 향상되기 위해서 필요한 요소가 사교성, 신뢰성, 자주성, 지도성, 협동성 등이라고 한다면, 다섯 가지 요소가 통합적으로 고려된 프로그램이 조직되어야 하며, 이들 프로그램 간에는 사회성을 향상시킨다는 목표에 부합하는 상호관련성이 확보되어야 한다.

(4) 전체에서 부분으로

프로그램 초기에 프로그램의 전반적인 목표나 진행에 대한 인식을 하고 참여하는 것은 프로그램 참여의 동기유발에 매우 중요한 영향을 미칠 것이다. 따라서 프로그램을 구성할 때에 프로그램에 대한 전체적인 이해를 도울 수 있는 프로그램을 먼저 배치하고, 세부 프로그램이 진행되는 것이 바람직하다. 오리엔테이션을 활용하여 전체적인 의도를 전달하는 것도 좋은 방법이 될 수 있다.

(5) 자발성과 창의성을 자극하는 활동 먼저 배치

프로그램은 참여자의 자발성과 창의성을 극대화할 수 있도록 해야 하며, 이러한 프로그램이 초기에 배치되어야 전체 프로그램을 이끌어가는 데에 도움이 될 것이다. 참여자의 자발성과 동기에 관한 부분은 프로그램의 목적과 목표를 최고로 달성시키는 성취 측면에도 중요한 영향을 미치지만 참여자의 자발적 동의가 이루어진 참여가 중요하다는 윤리적 고려에도 부합하기 때문에 중요한 고려사항이 될 수 있다.

4) 프로그램 구성의 절차

여기에서는 이 장에서 지금까지 살펴본 프로그램 개입모형 및 전략, 프로그램 구성 시 고려해야 할 사항, 프로그램 활동 내용의 선정과 조직의 원리를 바탕으로 하여 프로그램을 실제 구성할 때의 절차에 대해 세부적으로 다룬다.

프로그램 구성은 프로그램을 통해 달성하고자 하는 목적과 목표가 잘 구현되도록 하는데 필요한 요소를 이론적 근거를 바탕으로 추출해 내고 그것을 프로그램의 구성요소로 삼아 구체적인 활동 내용으로 연결시켜 조직시키는 과정이다.

프로그램의 구성요소와 활동요소가 정해졌다면 이 내용을 바탕으로 프로그램의 목적 및 목표를 구현하도록 구성요소 및 활동 내용을 구성하게 된다. 이 절차에 대해 김창대 외(2015) 등은 다음의 내용을 제시하였다.

(1) 다양한 자료 검색

프로그램의 구성요소와 활동요소, 활동 내용 등을 도출하기 위한 다양한 자료들은 관련 주제의 국내외 학술논문, 학위논문, 학회의 워크숍 등의 발표자료, 학술저서, 정부기관 및 연구기관 등의 출판자료, 인터넷 사이트나 블로그, 기업 등의 출판자료 등을 검토할 수 있다. 프로그램의 실험설계를 통해 효과성을 과학적으로 분석한 자료들을 살펴보는 것이 도움이 될 것이다. 학술논문이나 학위논문 중 메타분석을 통해 프로그램의 효과성을 연구한 자료들은 한꺼번에 많은 결과들을 살펴볼 수 있다는 장점이 있다.

(2) 기존 프로그램 비교분석

관련 자료 수집 시 필요한 키워드를 정한다. 다양한 기존 자료들에서 활용하고 있는 다양한 활용 내용의 요소들을 수집한다. 키워드를 중심으로 다양한 자료를 검색하고 수집한다. 프로그램 별로 핵심 요소를 정리해 두거나 여러 프로그램을 비교분석하는 방식도 가능하다. 다음으로 수집된 프로그램과 구성요소, 활동요소 등을 비교, 정리한다. 기존 프로그램들의 구성요소, 활동요소 등을 주의 깊게 살펴보면서 장단점을 파악하고, 대안이 될 수 있는 새로운 프로그램의 내용들을 고안한다.

(3) 프로그램의 구성요소와 활동요소 추출

프로그램과 관련된 이론을 충분히 탐색하고, 그에 근거하여 프로그램 구성요소를 추출한다. 프로그램 구성요소는 목표에 대한 핵심 키워드라고도 할 수 있다. 프로그램의 구성요소들은 전체 프로그램 속에서 한 회기 또는 여러 회기에 걸쳐 진행될 수도 있다. 또한 프로그램의 목적과 목표를 이룰 수 있도록 프로그램 안에 여러 가지 구성요소들이 존재하게 될 수도 있다.

프로그램의 구성요소가 정해졌다면 이를 직접적으로 실행에 옮겨 구현할 수 있는 활동요소들이 정해져야 한다. 충분한 이론적 탐색 없이 임의로 구성요소나 활동요소를 선정하게 되면 프로그램 내용의 오류를 가져올 수 있다. 즉, 이론적 배경을 근간으로 한 다양한 자료들을 검토하여 프로그램의 목적과 목표를 달성할 수 있는 구성요소를 산출한 후, 그 각각의 요소들이 다시 그것을 구현할 수 있는 활동요소로서 구현된다.

다음 〈표 6-1〉에서 박태경과 박재연(2019)의 논문을 토대로 구성요소, 활동요소의 예를 재구성해 보았다. 〈표 6-1〉은 중년기 기혼여성의 자기실현증진 프로그램의 구성요소 중 하나인 자기인식을 향상시키기 위해 필요한 활동요소들 중 몇 가지를 선정한 예시이다.

표 6-1 프로그램의 구성요소, 활동요소

구성요소	활동요소
자기인식	1. 서약서 작성 및 사전 설문작성
	2. 별칭짓기를 통해 자기소개 하기
	3. 프로그램참여를 통해 경험하고 싶은 자기기대에 대해 나눔

출처: 박태경 · 박재연 (2019).

(4) 프로그램 활동 내용 구상

구성요소와 활동요소를 바탕으로 새로운 프로그램의 활동 내용을 구상한다. 기존 프로그램의 활동 내용들이 프로그램의 목표달성을 위해 적절한지 살펴보고, 구성요소를 제대로 반영하고 있는지도 검토한다. 또한 대상 집단의 특성을 고루 반영한 내용인지도 살펴본다. 기존 프로그램 내용에서 잘 된 부분들을 반영하고, 부족한 부분들은 개선하여 새로운 프로그램 활동을 구상한다.

(5) 프로그램 활동 내용의 선정

효과적인 프로그램 활동 내용을 선정한다. 다양한 프로그램의 활동 내용들 중 프로그램에 가장 적절하면서도 효과적인 프로그램 활동이 무엇인지 고려하고, 선정기준을 구체적으로 마련한 후, 다양한 평가 과정을 거쳐 프로그램 활동을 선정한다.

(6) 프로그램 활동 내용의 조직

프로그램 활동의 내용뿐 아니라 활동의 순서도 적절하게 배치하는 것을 고려한다. 프로그램의 활동 순서를 결정할 때에는 대상집단의 발달적 특성이나 프로그램 참여자들의 친밀감 정도, 프로그램 활동이 목표를 달성하는 데 있어 논리적인 순서 등을 고려하여야 한다. 프로그램 참여자들이 가장 잘 집중하고 몰입할 수 있는 순서로 배치한다.

(7) 예비연구

예비연구를 실시해 본다. 이를 통해 프로그램의 부족한 부분을 수정, 보완한다. 본 프로그램을 실시하기 이전에 예비 프로그램 및 프로그램 참여자들의 의견 수렴을 통해 본 프로그램 실시 시 발생할 수 있는 문제점을 미리 보완한다.

(8) 프로그램의 지침서 제작

프로그램을 개발자뿐 아니라 여러 지도자들이 실시할 수 있는 가능성을 고려하여 세부적인 활동 내용이 포함된 지침서를 마련하는 것이 좋다.

〈표 6-2〉는 지금까지 설명한 프로그램 구성의 원리와 절차에 따라 중년기 기혼여성의 자기실현증진 프로그램의 구성요소, 회기별 주제와 세부목표, 활동 내용들이 어떻게 구성되었는지를 보여준 예시이다.

표 6-2 프로그램의 구성요소, 세부목표, 활동 내용

단계	구성요소	회기	주제	세부목표	내 용	시간
도입	자기 인식	1	소개 및 자기 기대	1. 서약서 및 사전설문작성 2. 별칭을 통한 자기소개 3. 집단 참여를 통해 경험하고 싶은 자기 기대	1. 프로그램 목적 및 집단규칙과 자세에 대해 나눔. 비밀유지를 위한 서약서와 사전 설문을 작성 2. 별칭짓기를 통해 현재 자기에 대해 생각하고 상대방을 이해하게 되는 계기와 친밀감을 형성 3. 프로그램 참여를 통해 자기가 경험하고 싶은 것에 대한 기대나 생각을 나눔	120분
도입	자기 인식	2	잊혀진 자기	1. 잊혀진 자기에 대한 첫 기억(결혼 전 자기 : 어머니와 아내가 되기 전 자기)	1. 잊혀진 기억 속 첫 번째 자기의 모습과 상황, 주변탐색 및 인식 - 긍정적 자기 탐색 및 인식 - 부정적 자기 탐색 및 인식	120분
전개	자기 인식	3	관계에서의 자기	1. 가족과의 관계 속 자기(결혼 후 자기 : 어머니와 아내로서의 자기, 가족과의 관계 속 자기)	1. 원 가족과의 관계 탐색 2. 지금 가족구성원과의 관계탐색 및 인식 - 자기와 배우자의 관계탐색 및 인식(아내로서의 자기와 본래의 자기) - 자기와 자녀와의 관계탐색 및 인식(어머니로서의 자기와 본래의 자기) 3. 자녀의 모습에서 느끼는 감정과 자기 탐색 - 부정적 감정을 느끼게 하는 모습 탐색 - 그 모습 속 자신 안에 있는 자기감정 탐색	120분
전개	자기 인식	4	타인과 자기	1. 자기 모습(자녀와 배우 자와의 관계 속 자기 보기 - 어머니와 아내라는 성역 할 속의 자기) 2. 자기와의 새로운 만남 시도	1. 자기와 중요한 타인(배우자, 자녀 등)과의 관계에서 나타나는 자기 모습 인식 2. 자기가 느끼는 모습과의 차이와 공통점에 대한 이해 3. 자녀와 배우자의 관계에서 느끼는 가장 견디기 힘든 모습을 탐색하고 그 감정과 진짜 자기감정의 분리 4. 타인과 자기 인식 속 자기의 만남과 수용	120분

<table>
<tr><td rowspan="3"></td><td rowspan="3">자기
수용</td><td>5</td><td>열등감
과
자기</td><td>1. 열등감과의 만남
2. 열등감에 대한 자기선택</td><td>1. 열등감의 기억과 그때의 감정, 상황, 인물에 대한 표현
2. 열등감의 상황 속 자기의 선택과 그 선택에 대한 경험 표현</td><td>120분</td></tr>
<tr><td>6</td><td>내재된
자기</td><td>1. 열등감이 주는 긍정적 메시지의 만남</td><td>1. 열등감이 주는 긍정적 메시지 탐색
2. 열등감 속에서 탐색된 자기의 잠재된 에너지에 대한 경험 표현</td><td>120분</td></tr>
<tr><td>7</td><td>인정과
수용의
자기</td><td>1. 인정하고 싶지 않은 자기모습의 만남 (잃어버린 자기와 성역할 속의 자기)
2. 인정하고 싶은 자기모습과 만남
3. 자기 수용을 경험과 만남</td><td>1. 인정하고 싶지 않은 자기와의 만남에 대한 감정표현
2. 인정하고 싶은 자기와의 만남에 대한 감정표현
3. 인정하고 싶지 않은 자기 또한 자기의 부분임을 인정하고 수용 하는 건강한 자기를 만나는 기회 제공</td><td>120분</td></tr>
<tr><td></td><td>자기
긍정</td><td>8</td><td>긍정의
자기</td><td>1. 자기 안에 있는 강점인 긍정적 자기탐색</td><td>1. 자기의 강점이 발휘되는 순간과 상황, 인물에 대한 탐색
- 긍정적 자기를 만나는 상황과 긍정적 자기를 만드는데 도움을 주는 인물 등에 대한 탐색</td><td>120분</td></tr>
<tr><td rowspan="2">마
무
리</td><td rowspan="2">자기
추구</td><td>9</td><td>기대
하는
자기</td><td>1. 기대하는 자기 에 대한 탐색
2. 기대하는 자기와의 만남 (성역할에서 벗어나 주체적 인간으로서 자기를 추구)</td><td>1. 기대하는 자기모습에 대해 구체 적 표현을 통한 탐색
2. 기대하는 자기의 실현을 위한 구체화
(어머니와 아내로서의 자기 뿐 아니라 자신이 인생의 주인공이 된 자기추구)</td><td>120분</td></tr>
<tr><td>10</td><td>새로운
시작의
자기</td><td>1. 새로운 시작의 자기에 대한 스토리 완성
2. 사후설문 실시</td><td>1. 전체 과정을 돌아보고 새롭게 통합된 자기에 대한 긍정적 스토리 완성
2. 집단상담을 마무리하면서 느낀 점을 나누고 집단상담이 끝난 후 자기의 변화를 어떻게 이어나갈 것인지 에 대한 의지와 용기에 대하여 나눔
3. 사후 설문 실시</td><td>120분</td></tr>
</table>

출처: 박태경 · 박재연 (2019).

03 | 프로그램 활동계획 설계

지금까지 프로그램의 내용적 설계와 관련하여 살펴보았다면, 지금부터는 활동계획과 관련된 설계를 살펴본다. 프로그램의 목적과 목표를 이루기 위한 구성요소와 활동 내용들이 설정되었다면, 이를 실행하기에 앞서 어떠한 계획을 가지고 진행시킬 것인지에 대한 부분이 상세하게 고려되어야 한다. 김진화(2005)는 프로그램 활동계획을 설계할 때 고려해야 할 다음의 7가지 요소를 설명하였다.

(1) 무엇을 해야 하는가(what)

- 프로그램 제목
- 프로그램 종류
- 프로그램의 내용(순서 등 포함)

(2) 왜 해야 하는가(why)

- 프로그램의 목적은 무엇인가
- 프로그램의 주제
- 프로그램의 주안점
- 프로그램과 중점 사항들과의 관계

(3) 언제 해야 하는가(when)

- 기간(언제부터 언제까지)
- 회기별 시간 등

(4) 어디서 해야 하는가(where)

- 최적의 장소
- 대안적 장소

(5) 누가 하는가(who)

- 주최, 주관, 후원 등
- 준비위원
- 프로그램 책임자, 프로그램 진행자, 공동진행자, 강사 등
- 자원봉사자

(6) 누구를 위해서 하는가(for whom)

- 대상자
- 대상자들의 특성
- 인원

(7) 어떻게 진행해야 하는가(how)

- 일의 분담
- 프로그램 진행의 세부내용
- 예산의 수립
- 홍보방법
- 보고서 등 출간계획

프로그램 세부사업 내용과 사업진행 일정, 기관 연계 협력 전략에 대한 예시는 〈표 6-3〉, 〈표 6-4〉, 〈표 6-5〉와 같다.

표 6-3 프로그램 세부사업 내용

프로그램명: 아동학대고위험가정의 재학대예방을 위한 심리정서지원 프로그램

세부 사업명	활동(수행방법)
맞춤형 서비스 지원	• 상담/심리치료: 담당자의 가정방문을 통한 문제 파악 및 해결방안 모색/가정별 5회, 전문 심리검사/가정별 1회, 심리치료/가정별 6회 • 일상생활 지원: 주거환경 개선, 긴급생계지원, 학습지원 등 서비스 연계/가정별 1회 • 사례 회의: 참여자 및 사업 담당자 대상 사례별 진행상황 점검 및 상호 피드백 실시/1회 • 정신건강 지원: 정신의학 전문가 진단에 따라 치료 정신과 진료 지원/10가정 선정, 가정별 1회
양육교육 프로그램	• 담당자 상담을 통해 양육교육이 필요한 10가정 선정 • 전문기관 연계를 통한 양육기술 상담 교육 - 행위자 초기 상담, 종합심리평가, 양육태도검사 각 1회 실시 - 양육태도 및 감정코칭 등 전문가를 통한 교육 2회 실시

출처: 사회복지공동모금회 (2020).

표 6-4 사업 진행 일정

주요 내용 \ 기간		1월	2월	3월	4월	5월	6월	7월	8월	9월	10월	11월	12월
참여자 선정		■	■	■									
맞춤형 서비스 지원	상담/심리치료			■	■	■	■	■	■	■	■	■	
	일상/정신건강 지원				■	■	■	■	■	■	■	■	■
	사례회의					■		■		■		■	
양육교육 프로그램	초기상담/검사					■	■						
	교육 진행							■	■	■	■	■	

출처: 사회복지공동모금회 (2020).

표 6-5 기관 연계협력 전략

협력기관명	세부사업명	협력 계획	비고
△△복지관	맞춤형 서비스 지원	• 일상생활 지원(긴급생계지원) 연계	협약 체결 예정
○○대학병원	맞춤형 서비스 지원	• 정신의학 자문 제공, 의료서비스 연계	협약 체결(20××)

출처: 사회복지공동모금회 (2020).

07

CHAPTER

예산 수립

CHAPTER 07

예산 수립

01 | 사회복지 · 상담 프로그램 예산의 개념

사회복지 · 상담 프로그램에서 예산은 프로그램을 구동시키는 데에 필요한 세입과 세출에 대한 재정계획이다. 프로그램 예산은 프로그램을 실행하여 목표를 달성하기 위해 필요한 재정적 계획으로 대개 1년 정도의 기간 안에 필요한 비용을 금전적으로 표시하는 것을 의미한다. 기간은 프로그램의 성격에 따라 6개월, 1년 혹은 3개월 등으로 조정 가능하다. 프로그램이 아무리 훌륭하게 기획되었다 하더라도 필요한 예산을 확보하지 못한다면 소용이 없을 것이다. 따라서 예산을 확보하는 전략과 자원개발계획도 중요할 것이다.

02 | 예산의 유형

예산이 어떻게 구성되고 조직화되는가에 따라 유형을 분류한다. 예산의 유형은 크게 항목별 예산, 성과주의 예산, 영기준 예산 등으로 분류된다. 예산의 유형별 특징을 자세히 살펴보기로 한다.

1) 항목별(품목별) 예산

가장 전통적이고 보편적인 예산 체계이다. 구입하거나 지출하려는 품목별로 수입과 지출을 기재하는 방법이다. 프로그램에 사용될 인적·물적자원으로 항목별로 정리한 후, 금전적인 방식으로 표현한다. 여기서 항목이라고 하면 인건비, 사업비, 교통비, 관리비 등으로 구분하는 것을 의미한다. 예산을 지출항목에 따라 분류함으로써 예산에 대한 행정책임의 소재가 분명해질 수 있다. 예산집행자들의 재량권보다는 회계를 담당한 행정파트에서 지출을 통제하게 된다.

이 방식의 장점으로 계산이 수월하고 예산의 구조를 이해하기 용이하며 안전한 예산관리가 가능하다. 그러나 이 예산 체계는 각각의 항목들에 대한 지출비용을 각각 제시하기 때문에 이들 예산이 전체적으로 어떠한 특정한 목표를 어떠한 방식으로 개입해서 달성할 것인지에 대해 알 수 없다는 단점이 있다. 목표달성보다는 투입기준을 기준으로 예산을 편성하기 때문에 산출의 성과를 확인하기가 어렵다. 즉 프로그램에 사용될 인적·물적자원이 무엇인지는 알 수 있지만 이러한 자원이 어떠한 프로그램에 사용되는 것인지 명확히 파악하기가 어렵기 때문에 성과와 연결하여 확인하기가 어렵다. 또한 예산의 증감을 신축성 있게 하기 어렵다는 단점이 있다. 즉 예전에 사용했던 예산체계를 기반으로 하여 증감하는 방식으로 책정되기 때문에 예산이 경직되기 쉽다.

2) 성과주의 예산

프로그램을 통해서 달성하고자 하는 목표를 고려하여 세부 프로그램 활동별로 예산을 분류한 후, 이 활동에 소요되는 비용을 책정하는 방식이다. 세부 프로그램 단위의 원가를 계산하고 여기에 업무량을 곱하여 예산을 책정한다. 업무단위 하나를 산출하는 데 소요되는 경비를 말하는 단위원가(단위원가 × 업무량 = 예산액)를 계산하여 자금을 배분한다. 프로그램 활동별로 예산을 정하여 통제를 하고 프로그램의 효율성을 기할 수 있다는 장점이 있다. 또한 프로그램의 목적을 이해하기 쉽게 계획을 세우는 것도 용이하다. 예산편성의 신축성도 있다. 그러나 프로그램의 단위를 정하고 비용을 계산하는 것이 수월하지 않다는 단점이 있다.

3) 영기준 예산

영기준 예산은 처음부터(영의 상태에서) 프로그램을 시작한다는 전제하에서 예산을 편성하는 것을 의미한다. 전년도 예산을 기준으로 하여 점증적으로 예산을 결정하는 데에서 생기는 폐단을 개선하고 새로운 목표와 우선순위에 따라 예산을 수립하는 혁신적인 예산제도이다.

영기준 예산체계에서는 기존의 프로그램이 효율적이고 효과적인지, 기존의 프로그램을 중단해야 하는지 지속해야 하는지, 예산을 줄여야 하는지 등을 고려한다. 영기준 예산을 채택할 때에는 예산감축이나 자원재배치 등이 필요할 때 등이다. 영기준 예산체계는 자원의 효율적 배분과 예산절감에 기여할 수 있다는 장점이 있고, 전체 직원들의 예산 과정에 대한 참여를 촉진할 수 있다는 장점이 있다. 반면 전면적인 사업재검토로 인해 빈번한 사업변동 및 예산변동으로 혼란을 가져올 수 있으며 보수적인 조직의 성향과는 갈등이 있을 수 있다.

사회복지 · 상담 분야에서는 대체적으로 품목별 예산모형을 사용하며, 프로그램이나 활동의 단위원가를 계산하는 성과주의 예산방식과 병행하여 예산을 수립하고 있다.

03 | 예산수립의 과정

이봉주와 김기덕(2015)은 프로그램 예산수립의 과정으로 산출항목의 명확화, 산출근거의 구체화, 예산조달계획의 명확화를 다음과 같이 제시하였다.

1) 산출항목의 명확화

프로그램 수행에 필요할 것으로 생각되는 인적·물적자원을 목록화한 후 인건비, 사업비, 관리비, 교통비 등의 항목으로 구분한다.

첫째, 인건비는 프로그램을 실천하는 데 필요한 인적자원의 동원 비용을 의미한다. 기관장, 프로그램 수행인력(담당자)부터 외부강사 등 인건비 항목에서는 인력에 필요한 모든 비용을 산정하도록 한다.

둘째, 사업비는 프로그램 활동에 사용되는 재료와 물품 구입 등의 비용을 의미한다.

셋째, 관리비는 프로그램 수행하는 데 필요한 인건비와 사업비 이외에 이들을 관리하기 위해 필요한 비용인데, 대개 시설 및 공간의 사용과 관련된 비용들을 포함한다.

넷째, 교통비는 관리운영비 안에 포함시킬 수도 있고, 특별히 교통비가 많이 필요한 상황에서는 따로 책정하기도 한다.

다섯째, 기타 위 산출항목에 해당하지 않지만 필요할 수 있는 예비비 등의 비용을 책정해 놓아야 한다.

2) 산출근거의 구체화

산출항목을 명확히 하였으면, 다음 단계로는 구체적인 액수와 내용이 명확하게 산정되어야 한다. 이때 그 비용의 성격이 분명해야 한다. 예를 들면 청소년집단프로그램 후 간식을 제공할 예정이면, 총 비용은 얼마이며, 한 개당 가격, 몇 명에게 제공할 것인지에 대해 구체적으로 산출해야 한다. 비용의 성격은 크게 직접비와 간접비로 구분할 수 있는데, 직접비는 특정 프로그램만을 위하여 새롭게 편성되는 비용을 의미한다. 예를 들면 성교육집단프로그램을 진행할 때 성교육 강사에게 지급하는 비용은 직접비에 해당할 수 있다. 간접비는 특정 프로그램의 수행을 위해 새롭게 지출되는 비용이 아니라 기존의 시설이나 인력 가운데에 본 프로그램에 함께 활용되는 비용을 의미한다. 예를 들어 기존 복지관 직원이 성교육집단프로그램을 진행하게 된다면 간접비가 될 수 있다. 공간의 예를 들면, 새롭게 장소를 대여하여 대여비를 지출하게 되면 직접비에 해당하며, 기존에 사용하던 복지관의 강당을 이용한다면 간접비로 간주된다. 따라서 간접비의 비중이 큰 경우 실제 소요예산은 줄어들 수 있다.

3) 예산조달계획의 명확화

소요되는 자금을 어떻게 충당할 것인가에 대해 명확히 해야 한다. 새롭게 기획서를 작성하여 외부기관에 프로그램 예산을 신청하는 방식도 있으며, 본래 기관에서 연간계획으로 예산이 책정된 경우도 있다. 또한 외부에서 예산을 지원받는 경우라고 해도 대개 신청분과 자부담으로 구분하여 신청분은 외부지원을 받고 자부담은 기관에서 부담하게 된다. 자부담은 프로그램을 수행하는 기관의 기존 시설이나 인력 중 프로그램에 활용되는 간접비가 해당되며 이외에도 기부금이나 클라이언트 부담금 등이 포함될 수 있다. 예를 들어 ○○복지관에서 프로그램을 기획하여 사회복지공동모금회에 예산 지원을 신청한 경우, ○○복지관에서 프로그램 수행에 필요한 예산을 지원해 주게 되는 부분을 신청분이라고 하며, 프로그램을 수행할 기관에서 간접비 등을 충당하게 되는 것을 자부담으로 책정한다. 외부에서 지원을 받는 경우 자부담의 비중을 30~40% 정도는 책정하는 것이 대부분이다.

다음 〈표 7-1〉은 인건비, 사업비, 관리운영비를 작성하는 항목에 관한 설명이며, 〈표 7-2〉는 예산계획서의 예시를 제공하였다.

표 7-1 예산수립 항목(사회복지공동모금회, 2020)

목	설명	해당 항목
인건비	해당 사업을 직접적으로 수행하는 인력에 투입되는 비용	프로그램담당자/보조담당자인건비
사업비	프로그램의 수행에 필요한 직접비용 (실인원수에게 제공되는 서비스에 필요한 비용)	강사비, 자원봉사자 관리비, 자문비, 회의비, 행사진행비, 홍보물품 구입, 프로그램 준비물 구입, 사업결과보고서/결과물 제작 등
관리운영비	프로그램의 수행에 필요한 간접비용 (사업관리에 필요한 비용)	사무용품, 냉난방비, 우편료, 사업담당자 교통비 등

04 | 자원개발 계획

사회복지·상담 프로그램은 자원을 어떻게 개발하고 관리하는지가 매우 중요하다.

▶ **표 7-2 예산계획서 예시(사회복지공동모금회, 2020)**

<table>
<tr><th rowspan="2">목</th><th rowspan="2">세목</th><th rowspan="2">세세목</th><th rowspan="2">계</th><th rowspan="2">산출근거</th><th colspan="5">예산조달 계획</th></tr>
<tr><th>신청금액</th><th>비율(%)</th><th>자부담</th><th>비율(%)</th><th>자부담 재원</th></tr>
<tr><td colspan="3">총계</td><td>52,150,000</td><td></td><td>48,900,000</td><td>100</td><td>3,250,000</td><td>100</td><td></td></tr>
<tr><td rowspan="3">인건비</td><td rowspan="2">전담 인력</td><td>급여</td><td>16,000,000</td><td>1,600,000원×10월×1명</td><td>16,000,000</td><td></td><td></td><td></td><td></td></tr>
<tr><td>사회보험</td><td>1,750,000</td><td>175,000원×10월×1명</td><td></td><td></td><td>1,750,000</td><td></td><td>자체 예산</td></tr>
<tr><td colspan="2">소계</td><td>17,750,000</td><td></td><td>16,000,000</td><td>32.7</td><td>1,750,000</td><td>53.8</td><td></td></tr>
<tr><td rowspan="10">사업비</td><td rowspan="6">맞춤형 서비스 지원</td><td rowspan="4">상담/심리</td><td rowspan="4">17,500,000</td><td>가정방문 다과
10,000원×20가정×5회</td><td></td><td></td><td>1,000,000</td><td></td><td>자체 예산</td></tr>
<tr><td>심리검사
200,000원×20가정×1회</td><td>4,000,000</td><td></td><td></td><td></td><td></td></tr>
<tr><td>심리치료비
100,000원×20가정×6회</td><td>12,000,000</td><td></td><td></td><td></td><td></td></tr>
<tr><td>사례회의 자문 및 진행비
100,000원×5회</td><td></td><td></td><td>500,000</td><td></td><td>자체 예산</td></tr>
<tr><td rowspan="2">심화 프로그램</td><td rowspan="2">4,000,000</td><td>전문상담
100,000원×10가정×1회</td><td>1,000,000</td><td></td><td></td><td></td><td></td></tr>
<tr><td>정신과 진료 지원
300,000원×10가정×1회</td><td>3,000,000</td><td></td><td></td><td></td><td></td></tr>
<tr><td rowspan="3">양육 교육 프로그램</td><td rowspan="3">양육기술 상담교육</td><td rowspan="3">12,000,000</td><td>강사비(특별강사, 2시간)
400,000원×20회</td><td>8,000,000</td><td></td><td></td><td></td><td></td></tr>
<tr><td>교재, 교구
200,000원×10회</td><td>2,000,000</td><td></td><td></td><td></td><td></td></tr>
<tr><td>교육진행비
100,000원×20회</td><td>2,000,000</td><td></td><td></td><td></td><td></td></tr>
<tr><td colspan="2">소계</td><td>33,500,000</td><td></td><td>32,000,000</td><td>65.4</td><td>1,500,000</td><td>46.2</td><td></td></tr>
<tr><td rowspan="3">관리운영비</td><td rowspan="2">관리 운영비</td><td>교통비</td><td>600,000</td><td>50,000원×12월×1명</td><td>600,000</td><td></td><td></td><td></td><td></td></tr>
<tr><td>사무용품비</td><td>300,000</td><td>100,000원×3회</td><td>300,000</td><td></td><td></td><td></td><td></td></tr>
<tr><td colspan="2">소계</td><td>900,000</td><td></td><td>900,000</td><td>1.9</td><td></td><td></td><td></td></tr>
</table>

1) 프로그램 자원의 종류

프로그램 자원의 종류와 관련하여 김범수(2003)는 다음의 내용을 구분하여 파악해야 한다고 하였다.

(1) 인적자원

지역사회에 거주하고 있거나 지역사회에 연고가 있는 주요 인물들을 중심으로 자원이 될 수 있는지 살펴본다. 예를 들어 기관의 직원, 슈퍼바이저, 자문가, 대학의 관련학과 교수, 법률 · 의료 · 사회복지 · 상담 분야 등의 자원봉사자, 실습생 등이 포함될 것이다.

(2) 물적자원

물적자원은 예산이 될 수 있는 재원액, 시설, 장비, 비품 등을 포함한다. 프로그램을 운영하는 주최기관의 물적자원을 포함하여 프로그램을 진행하게 되는 장소의 자원 등을 기본적으로 고려한다. 또한 후원을 받을 수 있는지 살펴보는 것이 도움이 될 수 있는데, 지역사회에서 후원이 가능한 기업, 복지재단 등을 포함하여 후원금을 개발할 수 있는 계층 등도 파악한다. 프로그램 참여자의 자부담도 물적자원으로 포함할 수 있다.

(3) 공공기관 및 비공식조직 자원

공식자원으로서 주민센터, 시청, 경찰서, 학교, 소방서, 지역사회복지관 등과 비공식적 자원으로 종교, 시민단체, 문화, 봉사단체 등을 파악하여 자원으로 동원할 수 있는지 알아본 후 최대한 활용한다.

(4) 정보자원

지역사회 주민들이 활용 가능한 유용한 정보들을 자원으로 활용한다. 정보자원으로는 의료 및 복지서비스, 법률 정보, 문화공연, 체육 및 여가에 관한 정보 등이 포함된다.

(5) 네트워크 자원

네트워크 자원은 프로그램을 수행하는 곳과 연계된 기관, 프로그램 실행 시 네트워크 등을 포함한다.

(6) 연구조사 기반 자원

프로그램과 관련하여 기존에 연구된 조사결과, 욕구조사 결과보고서, 프로그램 활동사례집, 통계분석자료 등이 연구조사 기반 자원에 해당된다.

(7) 자연자원

프로그램에 활용할 수 있는 자연적으로 조성된 곳들이다. 놀이터, 공원, 산책로, 바닷가, 산 등을 포함한다.

2) 프로그램 재정의 특징 및 자원동원

사회복지 · 상담 프로그램은 다양한 재정자원을 갖는다. 정부로부터 지원받는 정부보조금, 사회복지공동모금회의 배분자금, 기업복지재단의 지원금, 개인 또는 단체의 후원금, 교회 등의 기부금, 서비스 요금 관련 참여자 자부담금 등이 포함된다. 사회복지공동모금회나 후원재단 등을 통해 재원을 확보하기 위해서 사회복지 · 상담 관련 기관들은 사업기획서(proposal)를 통해 기부금을 요청해야 하는 상황이 발생하기도 한다. 따라서 프로그램 개발 업무가 프로그램을 진행하는 예산과 관련해서도 매우 중요한 업무가 되는 것이다. 이렇듯 운영자금의 상당비율을 외부로부터 지원받기 때문에 사회복지·상담 프로그램은 외부환경의 변화에 민감해야 하고, 창의성과 연구하는 자세로 좋은 프로그램을 개발하도록 끊임없이 노력해야 한다. 또한 물질적 자원의 한계를 극복하기 위해 다양한 인적자원의 개발도 중요하다. 체계적인 자원봉사자 발굴, 재능기부자 발굴, 기관 간 네트워크 등을 통해 재원을 마련하는 것도 중요한 업무가 될 것이다.

Rapp과 Poetner(1992)는 프로그램 운영 시 재원을 획득하기 위해 다음의 세 가지를 유의해야 한다고 하였다. 첫째, 사회복지·상담 프로그램의 목표를 분명히 하고 그에 초점을 맞추어야 한다. 재원을 구하는 것 자체에만 목표를 두면 자칫 조직이 가져야 하는 임무나 클라이언트에게 필요한 성과를 간과할 수 있다. 따라서 늘 클라이언트 우선으로, 프로그램의 목표에 맞게 재원을 마련하고자 하는 자세가 필요하다.

둘째, 재원의 잠재적인 원천이 될 수 있는 정부나 기업, 재단, 후원자 등과 자주 접촉하고 대화하는 것이 필요하다. 프로그램에 대한 필요성 및 목표에 대해 평소에 잘 인식시키는 것이 중요하다. 또한 일관성 있고 지속성 있는 접근이 필요하다.

셋째, 재원을 획득하기 위해 프로그램 기획을 잘 하는 것이 매우 중요하다. 프로그램 기획은 재원 마련의 성패를 좌우할 정도로 매우 중요한 과업이다.

사회복지·상담 프로그램 재정의 원천을 크게 정부보조금이나 재단지원금, 자선기금 및 특별모금, 서비스 이용료나 회비 등으로 구분을 해 보았을 때 각각 재원의 특징에 대해 좀 더 자세히 살펴보면 다음과 같다.

첫째, 보조금이나 지원금은 사회복지·상담 프로그램의 중요한 예산 확보 수단이 된다. 정부보조금은 기관의 평가에 따라 달라지기도 한다. 정부보조금은 일정한 요건을 갖춘 사회복지기관이나 프로그램에 대해 정부가 재정지원을 하는 것을 의미한다. 또한 민간 사회복지·상담기관이 정부와의 계약을 통해서 특정 서비스를 제공하게 될 때 재정지원을 받기도 한다. 예를 들어 장기요양프로그램을 실시하는 민간기관에게 정부가 재정지원을 하는 것 등이 해당된다. 사회복지공동모금회의 배분자금이나 기업복지재단 등 민간단체의 보조금은 프로그램 기획서를 바탕으로 공모에 응시하여 채택될 경우 재원을 확보하게 된다. 그러나 민간보조금의 경우 새로운 사업을 확대한다는 측면에서는 중요한 의미가 있지만, 일시적인 기간 내의 지원인 경우가 많아 지원이 종결된 경우 프로그램이 함께 종결될 수 있는 가능성이 높다는 것을 충분히 고려하여야 할 필요가 있다. 만약 계속 지속되어야 할 필요가 있는 프로그램인 경우에는 후원금 마련이나 기관의 정규프로그램으로 정착시키는 등 후속 조치를 생각해야 할 것이다.

둘째, 개인의 기부금이나 유산, 법인 등을 통한 자선기금이나 특별모금 형태가 있다. 개인 기부금은 단위당 금액은 적을 수 있지만 지역사회주민들의 참여를 도모할 수 있고 지속성을 가질 수 있다는 장점이 있다. 특별모금의 경우 재난이나 특별한 상황에서 지역사회의 관심도 함께 창출하는 데 도움이 되기도 한다. 또한 사회복지·상담기관을 운영하는 법인으로부터의 지원금도 매우 중요한 비중을 차지할 수 있다. 법인의 안정적인 지원이 있다면 프로그램도 안정적으로 장기간 운영될 수 있다는 장점이 있다.

셋째, 서비스를 이용하는 클라이언트의 자부담금도 재원 충원에서 중요한 비중을 차지할 수 있다. 클라이언트에게 큰 부담을 지우지 않는 선에서 자부담을 하게 하는 것은 프로그램 참여 시 동기부여에도 도움이 될 수 있다. 반면 클라이언트가 자부담할 비용이 전혀 마련되지 않거나 위기상황일 경우에는 자부담에 한계가 있으므로 경제력 평가에서 빈곤층에 해당이 될 경우 자부담을 면제하는 방법도 고려해야 할 것이다.

08
CHAPTER

프로그램 실행

01_ 프로그램 수행기관의 상황 분석
02_ 프로그램 실행 시 윤리 원칙
03_ 대상기관 섭외: 사회복지·상담 현장 간 지속적 네트워킹 및 협력방안 강구
04_ 프로그램 홍보
05_ 실행인력
06_ 프로그램 실행계획 수립
07_ 프로그램 진행

CHAPTER 08

프로그램 실행

프로그램을 실행하는 것은 목적과 목표를 달성하기 위해 계획된 프로그램을 실제 전개하는 것을 의미한다(양점도 외, 2012). 프로그램을 실행하기 위해서는 우선 프로그램을 수행하는 기관의 상황과 지역사회 요구가 분석되어야 한다. 이에 따라 프로그램을 실행하는 데 있어 상황이 변동될 수 있기 때문이다. 프로그램을 홍보하고 참여자를 모집하는 일도 중요하다. 프로그램이 아무리 좋다고 하더라도 참여할 사람이 없다면 소용이 없을 것이기 때문이다. 인적 · 물적자원이 확보되었다면 기획한 프로그램 내용을 전개해 나간다. 프로그램을 진행할 때에는 윤리적 고려나 대상기관과 협력체계 마련 등도 사전에 이루어져야 할 것이다. 프로그램을 수행할 인력에 대한 부분도 실행단계에서 구체적으로 조직화해야 한다. 프로그램이 본격적으로 진행되는 단계에서는 프로그램 전체 구조화와 더불어 준비단계, 초기단계, 중기단계, 종결단계 등 단계별로 중요한 사항들을 고려하며 진행해야 한다. 프로그램의 진행 과정은 상세히 기록되어야 하며 프로그램 전체 평가, 회기별 평가도 고려하여 프로그램을 실행해야 할 것이다. 대체로 사회복지 프로그램에서는 프로그램의 실행을 위한 환경조성, 자원확보 등을 실행단계의 중요한 과업으로 보는 반면 상담 프로그램에서는 프로그램을 중심으로 한 진행과정에 보다 초점을 두는 편이다. 이 책에서는 사회복지 · 상담 분야에서 공통적으로 프로그램을 실행할 때 고려해야 하는 부분을 중심으로 살펴본다.

01 | 프로그램 수행기관의 상황 분석

프로그램을 설계하기에 앞서 프로그램을 수행할 기관의 상황 분석이 사전에 이루어져야 한다. 프로그램을 수행할 때 지역사회의 요구나 활용성 등을 고려해야 프로그램이 성공할 확률이 높아진다.

사회복지 · 상담 분야에서 환경분석을 위해 많이 활용되고 있는 SWOT 분석방법은 강점(strength), 약점(weakness), 기회(opportunity), 위협(threat)요인을 분석하는 방식인데, 외부환경으로부터의 기회와 위협, 내부 역량 측면의 강점과 약점을 분석하여 이를 토대로 전략을 수립하는 방식을 의미한다. 강점은 프로그램을 수행할 때 강점으로 인식되는 것은 무엇인지, 반대로 약점은 무엇인지, 외부환경에서 유리한 기회요인은 무엇인지, 반대로 불리한 위협요인은 무엇인지 분석한다. 〈표 8-1〉은 SWOT 분석의 예이다.

SWOT 분석은 내 · 외부 상황을 분석하고 위협과 기회요인을 고려하여 프로그램을 수행한다는 측면에서 장점이 있지만, 자칫 이 분석틀에 맞추어 인위적으로 기술된다면 오히려 분석 내용에 얽매이는 결과를 초래할 수 있다. 따라서 기관의 내 · 외부 상황과 환경에 대해 제대로 파악하여 정확한 분석을 한 후 활용하는 것이 실제로 도움이 된다.

표 8-1 SWOT 분석의 예: ○○시의 청소년상담복지센터

<table>
<tr><td>외부
내부</td><td>기회(opportunity)
• 지역 내 청소년 문제의 증가
• 정부의 청소년상담복지 예산의 확대
• 지역 내 민간상담센터 증가</td><td>위협(threat)
• 학교의 폐쇄성(학교 내 발생하는 청소년 문제에 대해 외부에 알리기를 꺼림)
• 학교 교사들의 청소년상담의 전문성과 효과에 대한 인식 부족</td></tr>
<tr><td rowspan="2">강점(strength)
• 전문 인력 및 상담도구(심리검사 등) 구비
• 청소년 이용자의 증가
• 지역주민의 청소년상담복지센터에 대한 신뢰도가 높음</td><td>강점과 기회를 조합하여 프로그램을 더욱 활성화시키는 전략</td><td>강점은 살리고 위협을 극복하여 프로그램을 활성화시키는 전략</td></tr>
<tr><td>• 전략 1) 전문인력 및 전문 상담도구를 활용하여 프로그램 만족도와 전문성을 높이고, 시설 및 전문도구 구비에 예산을 더욱 증가시킬 수 있도록 노력
• 전략 2) 센터를 이용하는 청소년들에게 고민하고 있는 청소년 문제에 대해 얘기 나누고 참여를 독려함
• 전략 3) 지역 상담센터와 네트워크 구축, 주민 홍보 강화를 통해 지역 내 신뢰도를 더욱 증가시킴</td><td>• 전략 1) 학교 교사와 전문상담가 간 실무자 간담회를 개최하여 청소년상담센터의 기능을 알리고 신뢰를 구축하도록 노력
• 전략 2) 청소년들의 문제를 함께 공유하고 해결할 수 있음에 대해 학교에 홍보함. 청소년들이 많이 이용하고 있고, 청소년들의 고민에 대해 전문가가 보다 안전하고 원활하게 해결할 수 있음을 알리도록 함</td></tr>
<tr><td rowspan="2">약점(weakness)
• 실무 인력 부족
• 학교 등 청소년이 많이 있는 공간과 떨어져 있음
• 집단상담 프로그램 진행을 위한 상담실 공간 부족</td><td>기회를 활용하여 약점을 보완할 수 있도록 하는 전략</td><td>위협과 약점을 극복하기 위한 전략 수립</td></tr>
<tr><td>• 전략 1) 지역 내 민간상담센터와 네트워크를 구축하여 청소년상담복지센터 프로그램의 일부를 상담센터에서도 운영되도록 함. 이때 청소년들의 접근이 용이하고, 프로그램을 진행할 수 있는 안정적인 환경을 제공할 수 있는 센터와 협력함
• 전략 2) 사회복지공동모금회나 바우처 사업 등을 활용하여 외부 지정기관을 민간상담센터로 활용. 이때 지역 내 청소년 문제가 급증하고 있고, 청소년상담복지센터 내 실무인력이 부족한 부분을 민간센터와 협력하여 보완할 것을 계획하도록 함</td><td>• 전략 1) 학교에 출장을 나가는 형태로 프로그램을 진행하는 것을 계획하여, 학교 밖에서 프로그램이 진행되고 문제가 노출되는 것을 꺼리는 학교의 폐쇄적인 특성에 대해 보완적인 방법을 활용함</td></tr>
</table>

02 | 프로그램 실행 시 윤리 원칙

1) 참여자의 자발적 동의

프로그램에 참여하는 참여자의 자발적 동의가 중요하다. 본인이 원하지 않는데 억지로 참여하게 되는 경우 프로그램 전체에 좋지 않은 영향을 미칠 뿐 아니라, 본인에게도 도움이 되지 않는다. 단, 본인의 의사로 결정을 내기 어려운 대상의 경우(지적장애인, 조현병 등) 보호자 동의를 원칙으로 하며, 본인과 보호자, 전문가 간에 심도 있는 협의를 통해 진행한다.

2) 비밀보장의 원칙

프로그램에 참여한 대상자들의 상황이나 프로그램 진행 내용에 대해서는 철저하게 비밀을 보장하는 것을 원칙으로 한다. 때로는 지도자는 비밀보장의 원칙을 잘 지키나, 참여하는 참여자들이 비밀보장을 잘 지키지 않는 경우가 발생하기도 한다. 따라서 프로그램을 실행하는 초기에 비밀보장의 원칙은 지도자와 참여자 모두에게 해당됨을 설명하고 약속할 필요가 있다.

3) 프로그램 실행 결과에 대한 정직성

프로그램을 진행하는 사회복지사는 때로는 프로그램 결과에 대해 포장하고 무조건 좋았다는 식으로 왜곡된 보고를 하려는 유혹에 빠질 수 있다. 결과가 좋아야 다음에 프로그램을 다시 개설할 수 있고, 예산도 지원받기 용이할 수 있기 때문이다. 프로그램 실행 시에는 있는 그대로 효과성을 보고하고 이에 대해 반성적 입장에서 고찰할 수 있는 정직성이 요구된다.

4) 지도자의 편견 배제

사회복지사가 가지고 있는 가치관이나 편견이 프로그램을 진행하면서 참여자들에게 좋지 않은 영향을 미칠 수 있고 결과도 왜곡될 수 있다. 지도자는 최대한 참여자 중심에서 객관적인 입장을 가지고 프로그램을 실행하도록 노력해야 한다. 이를 위해 평소 가지고 있는 뚜렷한 편향이나 가치관에 대해 고찰해 보고 편견이 작용되지 않도록 주의를 기울여야 한다.

03 | 대상기관 섭외: 사회복지 · 상담 현장 간 지속적 네트워킹 및 협력방안 강구

프로그램을 개발한 사회복지관 등의 기관에서 프로그램을 실시하는 경우도 있지만, 때로는 학교나 병원, 지역사회 상담센터 등 다른 기관에서 프로그램을 진행하는 경우도 있다. 특히 청소년을 대상으로 한 교육집단 등 예방활동 프로그램은 학교에서 실시하는 것이 적합하다. 이에 프로그램이 개발된 후, 어느 곳에서 프로그램을 실시하는 것이 효과적일지에 대해 고려해야 하며, 대상기관을 섭외하기 위해 노력을 기울여야 한다. 지역사회에서 활동하는 사회복지사 · 상담사는 대상기관을 원활히 섭외하기 위해 평소 사회복지현장과 협력체계를 구축하여 지속적으로 네트워킹을 하는 것이 좋다.

04 | 프로그램 홍보

프로그램 참여자를 누구로(표적집단) 할 것인지에 대해 어느 정도 윤곽이 잡히면 대상이 될 수 있는 잠재적 수요자에게 프로그램에 대해 알리고 참여를 권장하게 된다. 이를 위해 프로그램을 홍보해야 하는데, 홍보전략을 잘 짜는 것도 매우 중요하다.

우선 프로그램 홍보의 대상을 생각해 보면 프로그램에 직접적으로 참여하게 될 대상이 되겠지만, 그 주변 인물도 포함시킬 수 있다. 예를 들어 청소년이라고 하면 청소년의 보호자인 부모나 교사, 친구, 지역사회 관련인들도 홍보해야 하는 대상에는 포함해야 할 것이다. 프로그램 참여를 권장하거나 허락해야 하는 입장일 수 있기 때문이다.

프로그램은 같더라도 홍보하는 대상이 누구인지에 따라 다르게 주안점을 두기도 한다. 즉, 아동이나 청소년들에게 이해가 잘 되고 참여하고 싶은 마음이 들게끔 하는 프로그램의 홍보내용과 성인인 부모나 교사입장에서 좋은 프로그램이라서 내 자녀 혹인 내 학생을 프로그램에 참여하게 하고 싶다는 생각이 들게끔 하는 것은 내용상 차이가 있을 것이다.

프로그램을 홍보할 때에는 프로그램의 제목(주제), 프로그램 대상자, 신청자격, 목적 및 목표, 간략한 내용, 일시 및 장소, 참가비용, 담당자 연락처, 신청방법 등이 포함될 것이다. 프로그램 계획서에 위 사항을 기재할 때에 비해서는 좀 더 간략하고 인상 깊고 잘 와닿는 표현이 사용되어야 할 것이다. 프로그램 대상자의 범위나 신청자격 등에 대해 분명하게 제시하는 것이 도움이 될 것이다.

프로그램의 홍보방법으로는 여러 가지가 활용될 수 있는데, 과거에는 포스터나 유인물, 홍보 부스 활용(길거리 홍보), 우편물이나 가정통신문, 신문이나 방송매체 홍보 등이 많이 활용되었다면 최근에는 핸드폰 문자메시지나 인터넷을 통한 홍보들이 활성화되어 있다. 인터넷을 통한 홍보로는 기관 홈페이지에 소개하거나 광고 등을 활용할 수도 있다. 사회복지·상담 분야에서 많이 활용되는 사이트에 홍보하는 것도 좋은 방법이다. 방송매체 홍보는 대중들에게 인지도를 높이는 수단으로서 효과는 좋을 수 있지만 비용이 많이 들고 홍보를 위한 제작 작업 등을 고려했을 때 영세한 기관인 경우에는 쉽지 않는 방법일 수도 있다. 기관의 서비스나 상담을 받고 있는 경우라고 하면 전화나 면담을 통해 홍보할 수도 있을 것이다. 지역사회 내에서는 소위 입소문도 중요하다. 영향력이 있는 사람들을 통해 프로그램이 소문이 나고 참여율을 높일 수 있도록 하는 것도 좋은 전략이 될 수 있다. 또한 학교, 복지관, 상담센터 등 관련기관들에게 공문을 발송하여 지역사회주민들에게 전달될 수 있도록 홍보하는 방법도 있다.

05 | 실행인력

효과적인 프로그램의 수행을 위해 프로그램 지도자뿐 아니라 필요한 경우 공동지도자가 필요하며, 프로그램 전반에 걸쳐 슈퍼비전을 줄 수 있는 슈퍼바이저, 특정 프로그램에 대한 강사, 자원봉사자 등이 실행인력으로 포함될 수 있다.

공동지도자의 필요 여부는 인원이나 프로그램 참여자들의 연령에 따라 다를 수 있다. 인원이 많으면 공동지도자가 함께 진행하는 것이 효율적일 수 있으며, 낮은 연령대일수록 공동지도자가 조력하는 것이 도움이 된다. 그러나 지도자와 공동지도자 간의 협력이 원활하지 않은 경우 함께 진행하는 것이 오히려 방해가 되는 상황도 발생할 수 있다. 따라서 지도자와 공동지도자가 프로그램 내에서 어떠한 역할을 수행할 것인지 초기에 분명하게 설정할 필요가 있다.

06 | 프로그램 실행계획 수립

프로그램이 진행될 때 효과성, 효율성을 높이기 위해서는 사전에 실행계획을 수립하는 것이 필요하다. 프로그램 실행계획을 위해 점검해야 할 사항에 대해 김창대 외(2015)가 제안한 6W1H를 소개한다. 여기서 점검하는 항목은 실행 내용, 실행 목적, 실행 주체, 실행 대상, 실행 시기 및 기간, 실행 장소, 실행 방법의 일곱 가지 요소이다. 이 요소들을 사전에 점검하고 난 후 프로그램을 진행한다면 프로그램 실제 진행상황에서 발생하게 될 문제점을 미리 예방할 수 있을 것이며, 원활한 프로그램 진행에 도움이 될 것이다. 이는 궁극적으로 프로그램의 목적과 목표를 달성하는 데에 기여할 것이다.

다음 〈표 8-2〉에서 프로그램 실행계획 수립과 의사결정을 위한 6W1H 체크리스트를 제시하였다.

표 8-2 프로그램 실행계획과 의사결정을 위한 6W1H 체크리스트

6W1H	실행계획 수립을 위해 고려해야 할 요소	문제 확인 및 의사결정 사항
WHAT (무엇을)	무슨 프로그램을 실행하는지? • 프로그램의 종류와 형태 • 프로그램의 제목 • 프로그램에 포함된 요소 및 내용 (프로그램의 순서 등 포함)	실행 활동과 관련된 문제 • 유사한 다른 활동이 실행되고 있는가? • 더욱 급히 실행되어야 할 활동은 없는가? • 프로그램의 주제와 무관하게 이루어지는 활동은 없는가?
WHY (왜)	왜 해야 하는지? • 프로그램의 목적 • 프로그램의 주제 • 프로그램의 주요 강조점 • 프로그램과 집단의 회기, 중점 사항과의 관계	실행 목적 달성과 관련된 문제 • 왜 그 사람이 그 활동을 하는지? • 왜 그 시간과 장소에서 해야 하는지? • 왜 그 방법으로 활동해야 하는지? • 목적을 달성하는 데 있어서 관련이 없는 부분은 없는지? 일관성이 없는 부분은 없는지?

WHO (누가)	누가 하는지? • 프로그램의 주최와 주관, 후원 등 • 프로그램 실행의 준비위원 • 프로그램 진행 담당자 • 그 외 필요한 외부전문가 (강사, 자원봉사자 등)	실행 주체와 관련된 문제 • 현재 실행하는 사람은 누구인지 • 반드시 참여해야 할 사람은 누구인지 • 그 밖에 실행에 참여해야 할 사람은 누구인지
FOR WHOM (누구를 대상으로)	누구를 위해 하는지? • 프로그램 참가 대상의 특성 (연령, 성별, 해당 문제 등) • 참가자 선정 • 참가인원 등	실행 대상과 관련된 문제 • 왜 이들을 대상으로 프로그램을 진행해야 하는지 • 참가자 선정은 어떻게 할 것인지 • 참가인원의 구성은 적절한지 • 프로그램 진행에 부적절한 참가원은 없는지
WHEN (언제)	언제 해야 하는지? • 프로그램이 실행될 예정 일시 • 프로그램의 실행 기간	실행 시기 및 기간과 관련된 문제 • 언제 실행하는 것이 가장 효과적인지? • 어느 정도의 기간이 가장 적절한지? • 실행기간이나 시기에 무리는 없는지?
WHERE (어디서)	어디서 해야 하는지? • 가장 적절한 장소 • 우천 시 등의 상황을 고려한 대안 장소 • 본 프로그램 진행 장소 외 특별프로그램을 위한 장소(문화행사, 현장탐방 등을 위한 장소)	실행 장소 및 주변 여건과 관련된 문제 • 현재 고려하는 장소가 가장 적절한지? • 주변 여건에 방해를 받거나 주지는 않는지?
HOW (어떻게)	어떠한 방법으로 실행해야 하는지? • 프로그램 진행 구조와 절차 • 일의 분담 • 프로그램 세부 내용 • 예산과 인력 • 홍보방안 • 평가 방안 • 보고서 및 참고자료 출간을 위한 계획	실행 방법과 관련된 문제 • 어떠한 방법으로 실행될 계획인지? • 더 좋은 방법은 없는지? • 방법들은 일관성 있게 진행될 예정인지?

출처: 김창대 외 (2015).

김창대 외(2015)는 프로그램 실행을 준비하기 위한 제반사항을 점검하기 위해 다음 〈표 8-3〉과 같은 내용이 도움이 될 수 있다고 제안하였다.

표 8-3 프로그램 실행 준비를 위한 실무 체크리스트

	점검사항
예산 확보 및 진행	1) 필요한 예산의 확보가 가능한가? 2) 원하는 일정에 맞추어 경비 지출이 가능한가? 3) 경비 지출에 필요한 구비서류 및 양식은 무엇인가?
인적 체제는 누가 어떻게 관리할 것인가	1) 지도자는 섭외되었는가? 2) 강사료의 협의와 지급방식은? 3) 지도자 연락처는 확인했는가? 4) 관련 기관과의 협의가 필요한가? 5) 운영진의 역할 분담이 명확하게 이루어졌는가?
물리적 자원과 환경 정비	1) 장소는 잘 준비되어 있는가? • 장소는 지정된 날에 사용할 수 있는가? • 강의실의 크기, 밝기, 환기, 온도는 적절한가? • 프로그램 진행에 적합한 좌석 배열이 가능한가?(책상 및 의자 등) • 장소 배치는 적절한가? 2) 기자재 및 설비는 잘 준비되어 있나? • 필요한 기자재는 무엇인가? (칠판/화이트보드, OHP, VTR, 노트북, 빔 프로젝터, CD 플레이어 등) • 음향시설은 적합한가? (마이크, 스피커, 녹음기 등) • 그 외 필요한 교구 및 준비물은 잘 갖추어졌는가?
프로그램 홍보와 참여자 모집	1) 홍보채널과 홍보방법은? 2) 프로그램에 대한 홍보가 충분히 이루어졌는가? 3) 참가자 접수방법이 명확하게 전달되었는가? 4) 접수창구는 누가 맡는가? 5) 별도의 사전 면담이 필요한가? 6) 참가자 접수 담당자는 누구인가? 7) 참가자에게 참석 확인이 이루어졌는가? 8) 참가자에 대한 안내 및 통지는 잘 이루어졌나? (사전 준비물, 목적, 일시, 장소 등에 대한 안내)

프로그램 진행 관련사항	1) 장소안내는 잘 이루어졌는가? (사전 확인, 장소 안내문 부착 등) 2) 사무절차에 대한 안내가 잘 이루어졌는가? 3) 출석 체크는 어떻게 하나? 4) 명찰 및 유인물은 준비되었는가? 5) 간식 및 음료수 준비는 적절히 이루어졌는가? 6) 필요한 자료는 준비하였는가? (필기도구, 자료 등) 7) 지도자, 운영진과의 사전 준비사항에 대한 점검이 이루어졌는가? (외부강사라면 강의일정, 장소, 시간 등에 대한 사전 확인이 이루어졌는가? 강사와의 접촉자는 누구인가?) 8) 진행에 필요한 제반 사항을 누구에게 문의하고 확인하나? 9) 기록 계획이 있는가? 기록 준비는 되어 있는가? (녹음기 혹은 VTR, 기록용지와 필기도구 등)
안내 및 위험관리	1) 만일 기록을 한다면 사전동의는 구했는가? 2) 참가자에 대한 안내가 잘 이루어지는가? 3) 궁금한 사항, 돌발 상황에 대한 문의창구가 공지되었는가? 4) 비상 의약품 준비가 잘 되었는가?

출처: 김창대 외 (2015).

07 | 프로그램 진행

1) 프로그램 진행의 구조화

프로그램의 전체 기간 및 회수, 시간대, 공간, 비용 등을 결정해야 한다.

2) 프로그램 진행 과정

(1) 준비단계

- 지역사회에 프로그램을 홍보한 후 대상자를 모집한다. 프로그램 홍보의 방법은 인터넷을 통한 게시판 등을 활용할 수도 있으며, 이메일이나 문자 발송도 가능하다. 학교나 유관기관에 포스터를 붙이거나 설명회를 개최할 수도 있다.
- 프로그램에 대한 자발적 참여 및 동의도 매우 중요하다. 프로그램의 목적과 목표에 대해 설명한 후, 본인이 자발적인 의사로 참여하는지를 반드시 확인한다. 앞서 설명한 프로그램 진행 시 고려해야 하는 윤리적인 부분들을 반드시 사전에 점검하여야 한다.
- 참여를 희망한 구성원들이 본 프로그램에 적합한지 선별한다. 집단구성원의 동질성과 이질성을 고려하여 선별한다. 기본적으로 구성원들 간 동질성을 고려하여 선별하되 집단의 역동을 고려하여 적절한 정도의 이질성은 수용될 수도 있다. 예를 들어, 동질한 집단으로 구성한다고 해서 모두 남학생으로 구성하는 것보다는 일반적인 주제의 프로그램이라면 남학생과 여학생을 고루 분포시키는 것이 이질적인 면이 있기는 하나 집단을 실제 운영하는 데에 더욱 흥미가 있을 수 있다. 그러나 성폭력피해아동의 집단 프로그램을 운영할 계획이라면 성별의 동질성을 확보하도록 해야 할 것이다. 이성 앞에서 성과 관련된 고통이나 경험들을 나누기 어려울 수 있기 때문이다. 또한 연령은 가급적이면 세대차이가 크게 나지 않도록 하는 것이 프로그램을 운영하는 데에 훨씬 효율적일 수 있다. 또한 주의력결핍 및 과잉행동장애(attention deficit hyperactivity disorder: 이하 ADHD)와 같이 주의력이 부족하고 과잉행동의 문제를 갖고 있는 아동이나 청소년 등은 집단을 대상으로 하는 프로그램보다는 1 : 1 프로그램에 참여하여 개별적으로 개입하는 것이 대상자 본인에게도 효

과적이며, 다른 집단구성원들에게도 지장을 주지 않을 것이다.

- 프로그램 진행 시 지도자와 필요한 예산, 프로그램 구성, 장소, 시간 등에 대해 준비한다.

(2) 초기단계(집단구조화)

- 오리엔테이션을 실시하여 집단에 대한 정보를 제공한다. 우선 프로그램을 진행할 지도자(사회복지사 또는 상담사)를 소개한다. 소개 시 지도자의 이름이나 소속, 지위, 프로그램과 관련된 경력사항 등을 소개한다.
- 다음으로 집단성원들이 소개하는 시간을 갖는다. 한 사람씩 자기 자신을 소개하는 방법도 있고, 짝을 지어 상대방을 소개할 수도 있다. 자기소개를 잘 할 수 있는 활동지(관심사, 좋아하는 음식, 장래희망, 사랑하는 사람 등의 내용을 포함)를 준비하여 소개하게 할 수도 있다.
- 집단의 목적과 목표를 소개한 후 집단지도자와 집단구성원들의 역할도 설명한다.
- 집단에서 지켜야 할 규칙에 대해 이야기를 나눈다. 집단에서 지켜야 할 규칙은 집단구성원들이 스스로 정하게 하는 것도 효과가 좋다. 단, 비밀보장과 관련된 규칙은 미리 설명한다. 비밀보장은 꼭 지켜져야 하며, 생명이나 안전의 위협이 있는 경우가 아니면 보장됨을 설명한다.
- 프로그램의 구조화와 동의를 구한다. 프로그램의 전체 기간 및 횟수, 시간대, 공간, 비용 등을 설명한 후 집단구성원들의 동의를 구한다.
- 집단구성원들과의 라포(Rapport) 형성: 집단구성원들이 프로그램에 대해 적극적으로 참여할 동기를 갖게 하고, 지도자와 친밀감과 신뢰감 등을 기반으로 라포가 형성되도록 한다. 경청과 공감, 집단구성원들을 있는 그대로 수용해 주는 자세가 중요하다.
- 초기단계에 집단구성원들이 불안과 저항을 느낄 수 있다. 이는 프로그램에

처음 참여할 때 자연스러운 감정임을 설명하고, 차츰 불안한 마음이 편안한 마음으로 변화될 수 있도록 지지적으로 프로그램을 진행한다.

- 구성원들의 개별 목표 설정: 프로그램 전체의 목적과 목표를 설정한 이후에는 구성원들 개개인의 개별화된 목표를 설정하도록 한다. 개별 목표는 가급적 명확하고 행동적이며 구체적인 것이 좋다.

(3) 중기단계

- 중기단계는 집단의 역동이 활성화되는 시기이다. 집단구성원들이 적극적으로 프로그램에 임하고 자신의 감정을 솔직하게 표현할 수 있도록 한다.
- 지도자와 구성원들 간 깊은 신뢰관계가 이루어져야 하며, 집단응집력이 고조되는 단계이다.
- 프로그램의 목적과 목표를 달성하기 위해 본격적으로 작업하는 단계이다. 구성원들이 자신의 문제에 직면하고, 프로그램 진행 중 갈등이 발생하면 스스로 해결할 수 있도록 갈등조정 능력을 키운다.

(4) 종결단계

- 프로그램의 목적과 목표를 달성되었으면 프로그램을 마무리짓는 시기이다. 집단경험에서 도움이 된 점과 아쉬운 점에 대해 나누며, 새롭게 변화한 부분을 실생활에 적용될 수 있도록 돕는다.

(5) 추후관리단계

- 프로그램이 종결된 후에는 프로그램을 통해 변화된 것들이 계속 유지되는지를 확인해 볼 필요가 있다. 변화된 것들이 계속 유지된다면, 이는 프로그램이 실생활에 효과적으로 적용된 것이라고 할 수 있다. 프로그램을 하고 있는 동안에는 좋아지다가 프로그램을 종결한 이후에는 다시 예전의 상태로 돌아

가거나 후퇴하게 될 가능성도 있다. 반대로 프로그램의 효과가 지속되며 더욱 좋아지게 되는 경우도 나타날 수도 있다. 대개 프로그램이 종결된 후 한 달 정도 지난 시점에서 추후관리를 해보는 것이 효과적이며, 이때 프로그램의 효과가 제대로 지속되지 않고 있다고 평가될 경우에는 그 원인을 파악해 보고 다시 프로그램을 참여해야 하는지 여부에 대해 고려해볼 필요가 있다. 반대로 프로그램의 효과가 계속 지속되고 있다면, 어떠한 요인들로 인해 지속될 수 있었는지 확인해 보고 다음 프로그램 시행 시 이를 참고하면 도움이 될 것이다.

3) 회기별 평가

프로그램을 진행하는 동안 진행 회기별 평가를 통한 지속적 모니터링이 필요하다.

① 집단 회기를 시작할 때에는 지난 회기 때 느낀 것과 배운 것, 일주일 동안 경험했던 바를 나눈 후, 금번 회기에서 경험하고 싶은 것에 대해 얘기하도록 한다. 집단 지도자는 지난 회기 때 느꼈던 생각, 관찰 내용 등에 대해 다룬다.

② 집단 회기를 마무리할 때에는 해당 회기 때 다루었던 내용을 요약하고, 집단구성원들이 느낀 부분에 대해 이야기를 나누며 구성원들에 대해 인정, 강화하도록 한다. 또한 프로그램에서 배운 내용을 일상생활에 어떻게 적용할 것인지 나누고, 필요한 경우 과제를 주어 수행해 오도록 한다. 또한 다음 회기에 다루고자 하는 희망사항을 표현하도록 한다.

09

CHAPTER

사회복지·상담 프로그램 제안서 작성

01_ 제안서 양식에 대한 이해

02_ 제안서 작성요령

03_ 사례연습

CHAPTER 09

사회복지 · 상담 프로그램 제안서 작성

01 | 제안서 양식에 대한 이해

최근에 사회복지 · 상담기관에서는 기존의 기관 예산으로 운영되는 프로그램 이외에도 새로운 프로그램을 개발해서 지역사회 클라이언트에게 도움이 되고자 하는 노력을 기울이고 있다. 그런데 새로운 프로그램을 시행하고자 할 때 가장 걸림돌이 될 수 있는 것이 예산이다. 기존 프로그램을 정리하고 다른 새로운 프로그램을 시행하는 것이 아니고서는 새로운 프로그램을 위한 예산을 기존 예산 내에서 확보하기 어렵기 때문이다. 이에 후원을 받을 수 있는 곳에 사업제안서를 제출하여 예산을 확보하려는 노력을 하고 있다. 이때 후원을 받을 수 있는 곳에 해당하는 곳은 앞서 7장 예산수립 파트에서 설명한 바와 같이 다양한 통로들이 있는데, 사회복지 · 상담 분야에서 대표적으로 사업제안서를 제출하는 곳은 재정지원사업을 가장 광범위하게 전국적으로 시행하고 있는 사회복지공동모금회나 국내에서 공모사업을 최초로 도입했던 삼성복지재단이다. 이에 이 책에서는 사회복지공동모금회와 삼성복지재단의 사업제안서 양식에 대해 소개하며, 사회복지공동모금회에서 제공한 사업제안서에 대한 구체적인 예시는 부록에 자세히 첨부하였다.

두 가지의 제안서 양식을 비교해 보면, 사회복지공동모금회와 삼성복지재단의 제안서 양식에 포함되는 내용은 비슷하다 할 수 있다. 차이점은 사회복지공동모금회는 신청기관과 운영법인에 관한 정보에 비중을 두고 있으며, 담당인력이나 자원활용 등에 관한 항목이 반영되어 있어 실행했을 때의 운영상황을 많이 고려하고 있다. 삼성복지재단의 양식은 지향가치 및 방향, 네트워크 구성이라는 항목을 따로 포함시키고 있어 사회복지실천의 가치와 지역사회와의 네트워크를 중요한 내용으로 다루고 있다는 것을 알 수 있다.

재정지원 주체에 따라 심사기준이 어떻게 다른지에 대해서도 고려해 보아야 하는 중요한 사항이다. 사회복지공동모금회의 경우, 지원사업에 대한 예비심사를 거친 후, 서류심사, 면접심사, 현장심사의 방법을 취한다. 심사의 기준은 사업수행기관의 신뢰성, 사업수행 능력, 사업수행의 경험, 인력 및 예산 편성의 적절성, 목적 및 목표달성을 위한 사업의 적합성, 사업 주제에 부합되는 산출 및 성과의 실현 가능성 등을 포함하고 있다. 삼성복지재단의 경우 온라인 서류심사를 거쳐 사업제안서 심사, 면접 및 현장심사의 방법으로 심사를 하고 있다. 심사기준은 프로그램 기획력, 참신성, 전문성, 구성 요건, 전문인력의 개입, 기관의 참여도 등의 내용을 포함하고 있다. 각 재단의 홈페이지에 들어가 보면 보다 자세한 내용을 살펴볼 수 있다.

02 | 제안서 작성요령

대부분의 재정 지원을 하는 재단이나 공동모금회에서는 지원사업의 방향이나 내용, 방법 등의 기준을 제시해 주며, 사업제안서 작성요령 매뉴얼을 제공하고 있다. 사회복지공동모금회에서는 매년 배분사업 안내책자를 발간하여 참고할 수 있도록 하며, 삼성복지재단도 관련한 매뉴얼을 발간하기도 하였다. 이에 어느 지원기관에 사업제안서를 제출할 것인지가 결정되었다면 기존에 선정된 사례들을 참고하는 것이 크게 도움이 될 것이며, 사업제안서 작성요령과 매뉴얼에 따라 지원기관에서 요구하는 바에 적합한 사업제안서를 작성할 수 있도록 전략적인 접근이 필요하다.

여기에서는 사업제안서를 작성하는 데 있어 공통적으로 요구되는 참고사항에 대해 설명하기로 한다. 선물의 내용이 아무리 좋다 하더라도 포장을 제대로 하지 못하면 그 가치가 떨어져 보이는 것처럼 사업제안서에 담긴 세부 내용들이 아무리 좋다 하더라도 제안서의 내용이 체계적으로 잘 정리되지 않으면 돋보이는 제안서로서 채택되는 데에 한계가 발생할 수 있다. 김상곤 외(2015)에서는 사업제안서를 작성하는 데 중요한 기술로서 1) 한눈에 드러나는 사업 개요를 작성하도록 하기, 2) 인상적인 사업명을 짓기, 3) 설득력 있게 사업의 필요성을 기술하기, 4) 기초가 튼튼한 이론적 배경 제시하기, 5) 목적과 목표를 올바르게 수립하기, 6) 대상자의 범위와 선정방법을 객관적으로 표현하기, 7) 사업의 내용을 논리성과 참신성이 느껴지도록 기술하기, 8) 체계적인 평가계획 수립하기, 9) 예산을 합리적으로 수립하기 등을 제안하였다. 더불어 기획서 작성을 마무리하는 공정으로서 심사위원들의 마음을 사로잡을 수 있는 인상적인 프레젠테이션의 중요성을 강조하였다. 프레젠테이션을 할 때 중요한 포인트로는 1) 기억에 남을 핵심 어구를 제시, 2) 핵심어구를 흥미롭고 매력적인 이야기로 설명, 3) 프레젠테이션의 최초 2분 내에 청중을 사로잡을 수 있도록 역동적으로 시작하기, 4) 파워포인트 등 프레젠테이션의 도구를 효과적으로 활용하기, 5) 숫자는 가급적 많이 사용하지 않기, 6) 진부한 문구 사용은 금물, 7) 마무리를 강력하게, 8) 반복적인 연습, 9) 정해진 시간의 준수 등을 강조하였다.

사업제안서는 표지 작성이 중요한데, 다수의 제안서를 검토해야 하는 심사위원들의 입장에서는 첫 장 표지에서 받은 인상이 이후 내용을 평가하는 데 영향을 많이 줄 수 있기 때문이다.

표지에 제시되는 사항 중 가장 중요한 것은 사업명일 것이다. 사업명은 프로그램의 제목, 부제 등이 포함되는데 프로그램을 통해 목표하는 바를 집약적으로 잘 표현하는 것이 중요하다. 이에 사업명에는 프로그램의 대상, 목적, 방법 등이 잘 제시되어 있어야 하고 프로그램 내용을 함축적으로 잘 반영할 수 있는 표현이 되어야 할 것이다. 〈표 9-1〉에서 표갑수 외(2013)가 삼성복지재단(2012)의 작은 나눔 큰 사랑 프로그램 기획 매뉴얼을 참고하여 설명한 '제목이 명확한 사례와 불명확한 사례'에 대해 제시하였다.

표 9-1 제목이 명확한 사례와 불명확한 사례

제목이 명확한 사례	제목이 불명확한 사례/검토의견	
• 미취학 자녀를 둔 다문화 가족의 학교 생활 적응을 위한 교육 지원 프로그램 "다문화 가족의 꿈꾸는 무지개스쿨"	• 다문화 복지향상 프로그램	제목이 너무 일반적이어서 핵심사업의 특징을 알기가 어려움
• 자살 시도 후 생존 또는 사망한 청소년의 학교 공동체를 중심으로 한 위기 관리 및 정상화 프로그램 "우리의 생명 소중하게 가꾸기"	• 통합보육, 희망으로 크는 나무	사업의 취지를 은유적으로 표현하였으나 제목을 통해 정확한 정보를 전달하는 데에는 못 미치는 수준임
• 지역사회 기반의 독서 문화활동을 통한 문화공동체 만들기 "책과 함께 성장하는 우리 마을"	• 소리로 보는 영화세상	호기심을 자극하지만 부제가 없어 정보전달이 미흡함

출처: 표갑수 외 (2013).

03 | 사례 연습[1)]

1) 사업명

청소년(중학생) 학교생활 집중력 향상을 위한 트라우마(trauma) 심리상담 프로그램 "외상 후 성장"

2) 사업 내용 및 추진 전략

(1) 사업 참여자 모집 전략

① 참여 대상 및 인원

핵심 참여자	사상구의 J중학교 재학생으로 트라우마를 겪은 학생 중 희망자 25명
주변 참여자	트라우마를 겪은 학생의 학부모 및 가족(25가족), 학생의 담임교사 등 교직원 25명

② 핵심참여자 선정 기준

- 1순위: J중학교에서 다양한 이유로 상담실을 찾은 학생 중 트라우마의 증상을 겪고 있다고 여겨지는 학생
- 2순위: 프로그램 진행의 참여 의사확인 및 보호자 동의가 있는 학생

1) 본 사례는 대구대학교 상담학과를 졸업한 박희숙 박사가 저자 박재연 교수의 수퍼비전 하에 작성한 사례이다. 본인 동의 절차를 거쳐 이 책에 수록하였으며, 사회복지공동모금회 2020년 '성과중심형' 사업계획서 양식에 맞추어 작성한 예시이다.

③ 참여자 모집 방안

- 최근 3년(중1~중3)간 상담실을 찾은 학생들 중 트라우마 증상을 보이는 학생을 선정
- 선정된 참여자에게 프로그램 소개 후 참여 여부에 대한 참여 동의서 작성

대상	홍보방법 및 회수	활용매체
○○중학교 학부모 및 교직원	프로그램 포스터 제작, 홈페이지 게시판, 가정통신문	포스터, 인터넷, 지류
타학교	홈페이지 게시판, 이메일로 프로그램 소개	인터넷
교육지원청	○○교육지원청 공문 발송	나이스 시스템

(2) 사업 내용 및 사업 집행 전략

① 사업 내용

세부 사업명	활동(수행방법)
상담 서비스 지원	• 개인상담: 심리적 안정감 증가와 다양한 중독 현상 감소를 위한 상담 개인별 10회. 필요시 전문 심리검사/개인별 1회 • 집단상담: 음악, 미술, 영화 치료 전문 유경험자 서비스 연계/집단별 4명 • 가족상담: 가족 간의 연결감과 안정감 증진을 위한 전문 가족상담사 및 코리더 연계/2회
교육 프로그램	• 학교 내 트라우마 인식 향상을 위한 교직원 대상 트라우마 교육 1회 • 부모 대상 트라우마 교육 1회 - 교직원 대상 인터뷰 질문지 - 사회적 지지 척도

② 트라우마(trauma)의 이론적 배경

트라우마는 충격적 사건을 경험하거나 목격한 후 발생하는 심리장애의 일종이다. 충격적 사건이라 함은 평상시보다 더 많은 자극이 갑작스럽게 한꺼번에 들어와서 처리가 효과적으로 되지 않는 사건으로 대개 심리적 충격을 받아서 심리적

외상에 의해 지배받게 되는 상황이다. 재난 현장 경험과 목격, 부모의 학대, 전쟁, 테러 등으로 인해 발생할 수 있으며, 반복적인 악몽, 현실 부인, 회피, 마음이 얼어붙는 상태, 부정적 감정 등의 증상으로 나타난다. 공존질환으로는 우울증, 불안장애, 알코올 의존 등이 있다. 효과가 입증된 치료법으로는 약물치료, 인지행동치료, 장기노출치료 등이 있으며 최근 심리치료 경향은 마음챙김과 인지, 정서 등을 다룬다.

외상 경험과 관련된 문제와 증상 및 장애는 광범위하기 때문에 실제로 모든 형태의 심리학적 치료가 외상에 적용되어 왔다. 그러나 외상 관련 장애는 복잡하고, 외상의 형태가 많으며, 개인 간의 본질적 차이 때문에 치료는 각 환자의 욕구에 맞추어져야 한다. 개인 심리치료는 외상 관련 문제를 다루는 치료의 주류라고 할 수 있다. 그러나 심각한 외상적 피해를 입은 사람들은 장기간 다양한 치료적 접근들을 조합한 치료를 받을 필요가 있다.

외상치료의 핵심은 신뢰관계 속에서 외상 경험에 대해 이야기하는 것, 다시 말해 안정적인 애착을 형성하며 상담을 하는 것으로 시작한다. 치료의 목표는 사건이 발생하기 전처럼 다시 기능을 호전시키고 삶의 질을 증진시키는 것이다. 외상치료는 처리하기(processing)와 간직하기(containment)가 균형을 이루어야 한다(그림 9-1 참조).

처리하기는 치료에서 외상에 대해 생각하고 느끼며 말하는 것을 의미하며, 간직하기는 자기 스스로 감싸는 것과 다른 사람들이 감싸주는 것을 통해 정서적 반응을 조절하는 것을 의미한다. 간직하기는 처리하기를 정서적으로 견딜만하고 생산적으로 만든다. 간직하기를 증진시키는 방법으로 교육, 사회적 지지, 자기조절 능력 강화 등이 필요하며, 인지행동적 접근, 집단상담, 가족상담, 약물치료 등의 치료적 접근이 이루어질 수 있다.

그림 9-1 **외상치료**

출처: Jon. G. A. (2016).

Herman(1997)은 트라우마 치유를 아래와 같은 과정으로 설명하고 있다.

그림 9-2 **트라우마 치유 과정**

출처: Judith, H. (2009).

집단 프로그램은 처리하기와 간직하기를 바탕으로 내용이 구성되었으며 회기의 흐름은 J. Herman의 트라우마 치유 과정을 따라가고자 한다.

주로 사용된 이론적 접근은 ① 인지행동이론의 노출치료, 인지 재구성, ② 신체기반치료의 호흡, 이완법, ③ 건강심리학의 음악·미술·영화치유, ④ 긍정심리학이다.

이 프로그램은 청소년 트라우마 집단 프로그램으로 대부분의 청소년 외상 경험자들의 다수가 겪고 있는 애착외상, 즉 아동학대[신체적, 성적, 정서적(적대감, 심리적 학대)]와 방임[신체적, 심리사회적(정서적 부재, 인지적 방임, 대인관계적 방임)], 가정폭력을 겪은 학생들과 그 가족이 참여자이다. 그러므로 프로그램 전반에 내재되어 있는 전문상담자의 안정적인 애착을 기반으로 한다.

③ 집단 프로그램

회기	주제	활동 내용	비고
1	오리엔테이션	• 집단 진행에 관한 안내 및 별칭 짓기를 통해 자신을 소개하며 집단 내에서 자신의 바람을 표현 • 친밀감 형성을 위한 신체활동 및 사전검사 실시 • 안전함 경험하기	
2	외상후스트레스 장애(PTSD)교육 및 나의 모습은?	• PTSD에 대한 일반적 소개, 심리적 외상이 뇌와 신경계에 미치는 영향 알기(안정감 형성) • 자신이 경험한 외상사건과 현재 자신의 스트레스에 대한 탐색(신체, 행동, 정서로 구분하기)	
3	감정표현	• 자신의 증상 노출하기 • 감정의 수용 및 표출하기	
4	PTSD 시네마 치유(굿윌헌팅)	• 영화 속 PTSD 사례를 통한 이해와 대처방법 공유하기 • 호흡법 및 긴장이완법 익히기	
5	미술치유 (꿈의 재연)	• 반복적으로 꾸는 꿈에 대해 그 느낌과 색깔 감정, 구체적 형상들을 표현	각 영역의 전문가 개입
6	음악치유 (분출과 해결 과정 경험)	• 자신이 겪은 신체, 심리, 사회적 변화에 대한 감정과 정서 다루기 • 미해결된 감정과 문제에 대해 표현함으로써 분출과 해결의 과정 경험하기	
7	생각, 감정, 상황 구별	• 생각, 감정, 상황 간의 일치와 구분 인식하기 • 새로운 사고방식의 가능성 탐색하기	
8	나의 강점 발견	• 긍정적 정서 및 사회적 관계를 형성하기 • 강점을 발견하고 발전시키는 과정을 통해 낙관성 및 회복탄력성 향상시키기	

9	내 삶의 주인	• 구체적인 행동 계획 수립하기 • 삶의 주체성과 책임성 회복하기 • 서로의 변화된 모습 지지하기 및 격려하기	
10	일상으로의 복귀	• 지금까지의 경험 나누기 및 응원하기 • 사후검사	

④ 사업 진행 일정

내용 \ 기간		18.3월	4월	5월	6월	7월	8월	9월	10월	11월	12월
참여자 선정/보호자 동의		■									
상담 서비스 지원	개인상담		■	■	■	■		■	■	■	
	집단상담		■	■	■	■		■	■	■	
	가족상담			■					■		
교육 프로그램	부모대상 트라우마 교육		■								
	교직원 대상 트라우마 교육		■								
사업평가 및 보고서작성											■

(3) 기관 연계협력 전략

협력 기관명	세부사업명	협력 계획	비고
○○의 벗 청소년교육센터	상담 서비스 지원	• 상담전문가 개인상담 사례 연계(2사례)	협약 체결 (20××)
○○대학교 대학원 상담학과	상담 서비스 지원	• 집단상담 음악, 미술, 영화 치료 유경험자 연계(지도자 4명)	협약 체결 (20××)
117학교폭력 신고전화	상담 서비스 지원	• 가족상담 유경험자 코리더 연계(2명)	협약 체결 예정

3) 예산 편성

(단위: 원)

목	세목	세세목	계	산출근거	예산조달 계획 신청금액	비율(%)	자부담	비율(%)	자부담 재원
총계			9,507,500		9,020,000	100	487,500	100	
인건비	담당인력	방과후 수당	560,000	담당인력 2명 × 1시간 5,000원 × 1일 2시간 × 월 8일 × 7개월	560,000				
	소계		560,000		560,000	6.2			
사업비	상담 서비스 지원	집단 상담 프로그램	6,410,000	재료구입비 25명 × 1,000 × 10회기	250,000				
				간식비 25명 × 2,000 × 주 2회 × 월 8일 × 7개월	5,600,000				
				자원봉사자 교통비 코리더 4인 × 주 2회 × 5,000원 × 14주	560,000				
		가족 상담 프로그램	1,000,000	간식비 25가족 × 가족당 10,000원 × 2회	500,000				
				자원봉사자 교통비 코리더 2인 × 한가족 2회 × 5,000원 × 25가족	500,000				
	교육 프로그램	부모 교육	100,000	간식비 50명 × 2,000원 × 1회			100,000		자체 예산
		교직원 교육	37,500	음료비 25명 × 1,500원 × 1회			37,500		자체 예산
	소계		7,547,500		7,410,000	82.1	137,500	28.2	
관리운영비	관리 운영비	냉, 난방비	1,050,000	월 150,000원 × 7개월(4~7월, 9~11월)	1,050,000				
		전기료	350,000	월평균 50,000원 × 7개월			350,000		자체 예산
	소계		1,400,000		1,050,000	11.6	350,000	71.8	

4) 문제의식(사업 필요성)

(1) 사업계획 배경

① 대상자 욕구 및 문제점

가. 청소년기의 트라우마 다루기의 필요성

트라우마는 뇌의 성장이 진행 중인 어린시기, 청소년기에 더욱 선명한 기억으로 남을 수 있다. 크게는 성폭행, 부모의 자살기도, 가정폭력, 학대부터 작게는 집단따돌림도 트라우마이며 새로운 학교로의 전학도 개인에 따라 트라우마로 남을 수 있다. 물론 집단따돌림이나 전학을 경험했다고 해서 모두 트라우마가 남는 것은 아니다. 또한 사건을 경험했던 나이, 상황, 빈도 및 정도, 가해자와의 관계가 어떠한지, 주변의 지지체계, 인지·감정적 처리 능력 등에 따라 트라우마에 의한 후유증은 개인마다 다를 수 있다. 외상을 경험한 사람들 중 75% 정도는 별 후유증 없이 일상생활을 잘해 나간다. 나머지 25% 정도는 외상후스트레스증후군을 경험하게 되는데 아동이나 청소년들은 자신이 의식하지 못하는 사건으로 인해 증상이 나타날 수 있으며 이럴 경우 정상적인 발달을 지연시킬 뿐 아니라 정신증적인 반응으로 나타날 수 있다. 매년 학교상담 현장에서는 트라우마로 인한 위기상담이 증가하고 있다.

나. 아동학대의 증가로 인한 다양한 중독현상

청소년기에 트라우마 사건을 경험한 이들 중 40%는 직접 폭력을 목격하는 것으로 보고되고 있다. 폭력을 목격한 청소년의 경우 알코올이나 흡연 등의 중독에 빠질 가능성이 그렇지 않은 청소년에 비해 3배가 높으며, 특히 신체 공격을 당한 청소년의 경우 우울증 발생 비율이 2배 이상 높고, 성폭력의 피해자의 경우는 외상후스트레스장애 증상이 나타날 확률이 80% 이상 높다.

트라우마 사건으로 인해 지나치게 각성된 과도한 에너지가 인내의 한계를 넘어서게 될 때 청소년들은 물질(흡연, 알코올 등)이나, 성, 인터넷(게임 및 SNS), 혹은 음악들을 통해 스스로 무감각하게 만들 수 있는 방법을 찾게 된다. 특히 성폭력이나 신체적 폭력에 노출된 경우에는 그로 인한 고통이 너무 심하기 때문에 몸에서는 자동적으로 모든 고통으로부터 스스로를 무감각화시키는 시스템이 작동하게 됨으로써 극도의 고통을 감소시키고 일시적으로나마 끔찍한 기억들을 제거해 버리게 되는데 이 시스템이 제대로 작동하지 않을 때 극한 감정을 통제하고 해소하기 위해 자해를 하는 경우도 있다.

② 지역환경적 특성

사상구는 시외버스터미널을 중심으로 유흥가, 공단 등으로 유동인구가 많으며, 부산광역시에서 외국인 노동자가 가장 많이 거주는 지역이다.

또한 사상구는 아동·청소년들이 부모의 보호 없이 혼자 머무는 시간이 많아 이들의 안전성이 취약하며 위험한 상황에 노출되기 쉬운 특성을 보이고 있다.

(2) 기존 유사사업과의 차별성

현재 사상구 내에는 종합사회복지관, 정신건강증진센터, Wee센터와 사설 상담센터가 여러 곳 있다. 각 기관에서는 청소년들의 학교 부적응, 폭력, 비행, 우울 등을 다루고 있으나 청소년 문제행동이나 신체증상의 기저에 존재하는 트라우마를 중심으로 심리상담을 진행하는 기관은 거의 없다. 특히 현재 부산은 트라우마를 전문으로 다루는 센터로 경찰 트라우마 전문센터가 있지만, 대부분 성인이 된 트라우마 증상을 보이는 사람들이 센터로 향하는 것을 보면 청소년을 대상으로 하는 본 프로그램의 기획이 절실한 상황이다.

(3) 신청기관의 강점

부산 사상구의 J중학교는 2011년 Wee클래스 설치 이후 청소년들을 위한 개인상담, 집단상담, 학부모 상담 및 교육을 실시하였다. 청소년의 개인상담 영역으로는 학교 부적응, 학교 폭력 관련, 개인 내적 갈등, 가족 갈등, 또래 간의 소외 및 갈등, 성관련 상담을 실시하였고, 집단상담 영역으로는 자아성장, 자존감 향상, 대인관계, 의사소통, 사회성 훈련 등과 관련된 다양한 프로그램을 실시하여 왔다. 특히, 학부모 상담 및 교육을 통하여 이혼, 재혼, 편부모, 조손가정의 빈도가 다른 지역에 비해 월등히 높음을 알게 되었고, 이런 가정의 해체 이면에는 가정폭력, 성폭력의 대물림, 정서적 학대, 방임으로 인한 청소년의 정신증적 증상이 자신과 타인에 대한 공격성과 분노, 심하게는 해리증상을 보이는 것을 지속적으로 다루며 상담해온 경력을 가지고 있다. 이런 특징들이 본 기관이 트라우마 프로그램을 기획하고 운영하는 데 강점으로 작용할 것이다.

5) 목표 및 평가

(1) 산출목표

세부 사업명	산출목표	모니터링 방법
상담서비스 지원	• 25명 개인상담 주 2회, 총 50회	• 개인 상담 기록 작성
	• 25명 집단상담 주 2회, 총 200회	• 집단 상담 일지 작성
	• 25가족 가족상담 주 1회, 총 150회	• 가족 상담 일지 작성
교육 프로그램	• 25명 전교직원, 총 1회	• 교육내용 일지 작성 및 인터뷰 질문지 작성
	• 50명 부모, 총 1회	• 교육내용 일지 작성 및 사회적 지지 척도

(2) 성과목표 및 평가방법

성과목표	평가도구 및 방법	측정 시기
심리적 안정감 증가	• 성과지표: 우울과 불안 20% 감소 • 평가도구: Beck 우울척도(Beck Depression Inventory: BDI) • 평가방법: 사전 사후 설문조사	개인, 집단상담 시작, 종결 시 (수시)
청소년의 다양한 중독현상 감소	• 성과지표: 비행 감소 및 집중력 20% 증가 • 평가도구: 사건관련 반추척도, 상태-특성 불안 척도(State-Trait Anxiety Inventory: STAI) • 평가방법: 사전 사후 설문조사	개인, 집단상담 시작, 종결 시 (수시)
청소년의 비행 감소 및 학업 집중력 향상	• 성과지표: 스트레스 대처 방식 10% 향상 • 평가도구: 대처방식 척도(The Ways of Coping Checklist: WCC) • 평가방법: 사전 사후 설문조사	개인, 집단상담 시작, 종결 시 (수시)
학교 내 트라우마 인식 향상	• 평가주체: 본 기관 담당자 • 평가방법: 트라우마 관련 인식 개선 인터뷰 질문지	교육 이후 (4월)
청소년 자신과 가족 간의 연결감과 안정감 증대	• 성과지표: 학생과 가족, 친구들 간의 지지 20% 향상 • 평가도구: 사회적 지지 척도 • 평가방법: 사전 사후 설문조사	개인, 집단상담 시작, 종결 시 (수시)

6) 사업 종료 후 지향점

(1) 사업 수행으로 인한 기대 효과

청소년의 발달기적 특성인 정체성 혼란과 과도기를 겪고 있는 상황과 더불어 외상의 영향으로 학교에 적응하지 못하고, 학업에 집중력을 보이지 못하는 학생들을 프로그램을 통하여 우울과 불안, 스트레스를 감소시키고, 학교생활 전반을 잘 영위할 수 있도록 심리적 안정을 도모할 수 있다. 또한 학생들에게 가장 영향력을 미치는 가족과 교사들의 트라우마 인식 개선을 통하여 대인관계에서 발생하는 부적응을 감소시킬 수 있다. 이러한 결과로 학생들의 학교생활에 대한 집중력 향상, 비행 감소를 기대할 수 있을 것이다.

(2) 사업 결과의 활용 계획

- 사업 종료 시점에서 서비스 욕구 재조사 후 지속, 확대 여부 검토
- 차기년도에도 프로그램 사업관련 지속 가능성을 두고 학교 내 자체 예산 확보 및 교육청 지원 예산 확보하고자 함
- 트라우마 프로그램 홍보를 통해 각 학교별 공동 진행으로 프로그램 진행 예산을 충당하고자 함

PART 3 사회복지 · 상담 프로그램의 평가

프로그램의 평가는 계획된 프로그램이 목표에 맞게 실행되고, 기대하였던 성과를 도출하였는지 결과를 분석함으로써 프로그램의 질과 효과성을 향상시키는 데 목적성이 있다.
프로그램 평가가 적절하게 이루어져 목적을 달성하기 위해서는 프로그램 평가의 개념, 평가 유형 및 평가의 단계, 윤리적 이슈 등을 우선 알아야할 것이다. 이후 양적평가와 질적평가의 종류 및 장단점을 비교해 보고, 평가의 적용을 구체적으로 살펴보고자 한다.

10

CHAPTER

프로그램 평가의 기초

CHAPTER 10 프로그램 평가의 기초

01 | 프로그램 평가의 개념과 필요성

일반적으로 프로그램을 기획하여 설계, 실행 이후 이루어지는 마지막 단계는 평가이다. 프로그램 평가는 계획된 프로그램이 목표에 맞게 실행되고, 기대하였던 성과를 도출하였는지 결과를 분석함으로써 프로그램의 질과 효과성을 향상시키는 데 목적성이 있다. 이러한 프로그램 평가는 실시한 프로그램이 목적했던 바를 제대로 이루었는지를 확인할 수 있게 하며, 추후 후속 프로그램을 기획하고 실행할 때 프로그램의 제한점을 최소화할 수 있게 한다. 특히, 세부 목표별로 달성 정도를 측정할 수 있어 프로그램 전달이 효과적으로 이루어졌는지, 어떠한 요소가 프로그램 결과에 영향을 끼쳤는지 살펴볼 수 있다.

프로그램을 평가할 때에는 일반적으로 효과성과 효율성, 대상자 만족도 등을 함께 살펴본다. 첫째, 효과성은 프로그램에 참여한 대상자들이 어느 정도의 변화와 성과가 있었는지에 대한 결과를 평가하는 것이다. 프로그램 초기에 설정했던 목표에 비해 결과가 어느 정도 성취되었는지를 참여자들에게 프로그램이 도움이 되었는지를 파악할 수 있다. 프로그램 평가함으로써 전체 목적과 세부 목표 달성 정도를 확인하며 어떠한 목표가 달성되었으며, 미진한 부분은 무엇인지 확인한다. 이를 통해 향후 참여자들에게 효과적이었던 프로그램은 계속 유지하고, 효과가 좋지 못했던 프로그램은 왜 좋지 못했는지 그 이유를 분석하고 수정, 보완할 수 있다.

둘째, 효율성은 투자대비 얼마나 효과적이었는지 효과에 대한 비율을 함께 평가하는 것이다. 여기서 투자는 비용, 인력, 시간 등을 포함한 프로그램이 시행되기 위해 필요한 모든 자원을 의미한다. 이러한 과정을 통하여 예산 활용의 적절성도 함께 평가가 가능하다. 효율성은 프로그램이 효과적으로 전달되었는지를 통해 기관의 예산이 적절하게 사용되었는지 향후 프로그램을 유지·발전시킬 것인지, 종료할 것인지를 결정하는 중요한 지표가 될 수 있다.

셋째, 대상자 만족도는 프로그램 효과를 논의할 때 프로그램에 참여한 대상자들이 얼마나 만족스러웠는지 반드시 함께 평가되어야 할 항목이다. 대상자 만족도는 프로그램을 진행한 진행자들에게 중요한 피드백 자료가 될 수 있어서 이를 통하여 프로그램을 진행할 때 어떠한 부분을 좀 더 신경 써야 하는지, 어떠한 부분은 진행자들도 잘 했는지 정확한 평가결과를 확인하면서 반성, 성장할 수 있다.

02 | 프로그램의 평가 유형과 요소

프로그램의 평가 유형은 평가의 목적과 방법, 평가주체, 평가단위 등에 따라 다음과 같이 구분할 수 있으며, 프로그램 평가 분석이 이루어지는 과정에서 다양하게 적용되게 된다. 프로그램 실행 이후 전문가는 각 프로그램 평가 유형을 숙지함으로써 프로그램 평가를 통해 도출되는 결과를 활용하고자 하는 목적성에 맞게 해당되는 평가 유형을 적용시킬 수 있어야 한다.

표 10-1 프로그램의 평가 유형

평가 목적	형성평가, 총괄평가
평가 방법	양적평가, 질적평가
평가 주체	내부평가, 외부평가
평가 단위	적합성평가, 메타평가

1) 형성평가와 총괄평가

형성평가는 주로 프로그램의 기획이나 실행 과정 중에 이루어지는 평가로, 프로그램 개발에서 요구되는 정보를 수집하는 평가활동이자 품질성에 초점을 둔 평가라 할 수 있다. 형성평가는 프로그램 진행되는 과정 중에 대부분 실시되기 때문에 내부 직원들이 주로 활용을 하게 되며, 평가 정보는 사업의 목적, 실행, 절차에 초점을 준다(김상곤 외, 2012). 프로그램의 기획이나 실행 과정에서 수시로 프로그램에 대한 점검 및 환류가 이루어질 수 있도록 하는 것에 목적성이 있기 때문에, 형성평가의 평가 및 자료수집 활동은 총괄평가에 비하여 보다 유연하게 이루어진다.

총괄평가는 프로그램이 목적에 따른 결과(성과)를 도출하였는지를 살펴보는 데 목적성이 있으며, 프로그램이 종결된 이후 실시된다. 프로그램 기획 과정에서 설정된 프로그램 목적을 고려하여 평가가 진행되며, 단기 · 중기 · 장기 성과로 나누어 수집될 수 있다. 일반적으로 총괄평가는 그 결과를 관련 이해관계자와 공유하게 되기 때문에 프로그램의 효과성과 효율성, 서비스의 질 등에 초점을 둔다. 황성철(2005)은 평가자가 주로 관심 갖는 내용을 다음과 같이 정리하였다.

- 프로그램 효과는 과연 프로그램 때문에 발생한 결과인가?

- 프로그램의 효과는 원래 의도했던 사회문제 해결에 어느 정도 기여하고 있는가?
- 프로그램의 효과는 당초 선정한 프로그램 목표에 대비하여 어느 정도인가?
- 프로그램에 투입된 비용과 사회문제 감소로 인한 사회적 비용은 얼마인가?
- 프로그램의 효과는 총 비용을 상쇄할 만큼 크게 나타나고 있는가?

2) 양적평가와 질적평가

양적평가와 질적평가는 평가방법에 따라 구분되는 프로그램 평가 유형으로, 각 평가방법이 가지는 장점과 제한점을 고려하여 적용되어야 할 것이다. 양적평가는 수량화된 자료와 증거를 중심으로 평가하는 방법으로, 객관적이고 타당성이 확보된다는 장점을 가진다. 평가한 내용을 일반화하여 다른 프로그램에도 적용할 수 있으나, 양적평가를 제대로 수행하기 위해서는 사회복지조사방법에 대한 기본적인 이해 및 실행연습이 필요하다. 양적평가는 표집절차, 대상자 선정, 프로그램 설계, 표준화된 척도를 활용한 평가지표 선정, 통계수행 등의 과정이 이루어진다.

질적평가는 프로그램에 참여한 대상자의 주관적 경험을 중심으로 평가하는 것으로, 수량화하기 어려운 부분을 평가하거나 프로그램 참여자들이 느끼는 깊이 있고 세부적인 내용을 평가하기 위해 활용하는 방법이다. 질적평가는 프로그램 내용을 깊이 있기 평가한다는 장점이 있으나, 통계분석 등을 활용한 과학적 평가방법을 활용하지 않음에 따라 너무 편향적이거나 주관적일 수 있다는 단점이 있다. 이를 보완하기 위해 최근에는 많은 질적평가의 방법론들이 개발되고 있으며, 최근에는 학계와 현장에서 양적평가와 질적평가를 동시에 활용하는 혼합평가방법을 적용하는 경우가 늘고 있다.

3) 내부평가와 외부평가

프로그램 평가주체에 따라 구분되는 프로그램 평가 유형이다. 내부평가는 기관 내부의 최고관리자나 프로그램 수행인력 등 구성원에 의하여 이루어지는 평가이며, 평가를 통해 얻은 결과를 통하여 프로그램을 개선하려는 목적에서 주로 실행된다. 외부평가는 프로그램을 수행한 기관 내부가 아닌 외부평가자에 의하여 실행되는 평가로, 해당 프로그램의 개선 및 문제해결에 목적을 두고 진행되는 경우가 많다.

4) 적합성 평가와 메타평가

평가단위에 해당되는 적합성 평가와 메타평가는 그 목적성에 차이가 있어 실행되는 시점에도 차이가 있다. 개별 프로그램의 사회적 가치를 중시하는 적합성 평가는 실제 프로그램 실행과 평가가 이루어지기 이전에 주로 이루어지며, 실행된 프로그램 평가를 추후 종합적으로 검토하는 메타평가는 프로그램 실행 후 평가결과가 나온 뒤 이루어진다.

적합성 평가는 개별 프로그램에 대한 효과성 평가가 이루어지기 전에 해당 프로그램의 목표가 사회적 가치에 부합하는지 여부를 살펴보는 평가로, 프로그램 평가를 설계하기에 앞서 프로그램 적합성 평가가 이루어질 필요가 있다. 적합성 평가는 프로그램이 추구하는 목표가 사회적 가치에 부합하는지 검토하여 진행되며, 특히 임상연구 목적으로 사람에게 실행되는 프로그램의 경우 생명윤리위원회의 심의를 거친 뒤 실행되기도 한다.

메타평가는 이미 실행된 프로그램의 평가결과를 추후 종합적으로 살펴보는 평가방법으로, 평가방법의 적절성, 자료수집의 오류 여부, 평가결과의 해석 타당성 등을 종합적으로 검토해 보는 방법이다. 기존 평가연구를 통합 정리하는 평가방법으로 메타평가(메타분석)가 지칭되기도 하며, 이런 경우 메타평가는 다양하게 실행된 각 프로그램의 평가결과를 종합적으로 분석함으로써 경험적 근거가 축적되고 검증된 프로그램 요소를 도출하기 용이하다는 장점을 가진다.

03 | 프로그램 평가의 단계

프로그램 평가는 일정한 단계와 절차를 거치며 실행된다. 학자마다 프로그램 평가의 단계에 대한 견해가 다르나, 크게 프로그램 평가기획 및 설계단계, 자료수집 및 분석단계, 결과 판단 및 활용단계로 나눌 수 있다.

표 10-2 프로그램 평가의 절차와 주요 과업

단계	주요 과업
평가기획 및 설계단계	• 평가의 목적 확인 • 평가의 대상과 범위 설정 • 평가방법과 도구 결정 • 평가절차와 일정 확정
자료수집 및 분석단계	• 자료의 출처 확인과 선정 • 지표의 정리 및 선정 • 지표수집방법에 따른 체계적 수집 • 적절한 분석방법과 기법의 활용 • 평가결과의 종합정리
결과판단 및 활용단계	• 평가결과의 추론과 가치판단 • 평가보고서의 작성과 제출 • 평가결과의 활용

출처: 황성철 외 (2005). p.305.

1) 평가기획 및 설계단계

프로그램을 평가하기 위해서 먼저 평가의 목적을 분명히 하고, 이를 기반으로 평가의 방향과 내용이 구체적으로 설계될 수 있다. 이를 위해서는 프로그램 평가 기획단계에서 평가 대상 및 범위, 평가방법과 도구, 평가 일정 등에 관한 계획이 수립되어야 할 것이다. 프로그램 평가기획 및 설계단계는 추후 프로그램 평가 결과 분석에도 영향을 끼칠 수밖에 없기 때문에 다음과 같은 질문으로 프로그램 평가기획 및 설계를 다시 한 번 점검해볼 필요가 있다.

- 프로그램의 목표가 측정 가능하고 구체적인가?
- 프로그램의 대상과 범위는 명확한가?
- 프로그램 평가방법은 각 평가방법의 장단점을 고려하여 결정되었는가?
- 프로그램 평가도구는 프로그램 성과를 측정하기에 적합하게 선정되었는가?

2) 자료수집 및 분석단계

프로그램 평가기획 및 설계가 완성되면 평가를 위한 자료수집 및 분석을 실행하게 된다. 자료수집은 평가목적에 부합되는 자료이지를 판단하여 이루어져야 할 것이며, 자료수집이 체계적으로 이루어지지 않았을 때 결과의 해석에도 문제가 생길 수 있기 때문에 평가목적에 부합하는 평가지표들을 체계적으로 정리하여 검토한 후 자료수집에 들어가는 것이 좋다. 자료분석은 프로그램의 평가 설계에 따라 분석방법을 적용할 수 있으며, 일반적으로 임상현장 및 학계에서 양적평가에 있어 프로그램의 효과성을 검증하기 위하여 많이 사용하는 프로그램 평가 설계는 유사실험설계 중 비동일 비교집단설계가 있다.

3) 결과 판단과 활용단계

자료수집과 분석이 끝나게 되면 평가결과를 추론하고 가치판단하게 되는 결과 판단과 활용단계로 들어가게 된다. 평가는 평가 결과 그 자체로도 의미가 있지만, 평가자가 어떻게 종합적으로 판단하느냐가 더 큰 의미를 가진다. 이를 위하여 평가자는 논리적인 추론과 주장을 할 수 있다. 예를 들어, 부모교육 프로그램에 참여한 부모가 질적으로 참여에 의미 있는 평가와 변화를 보여주는데, 부모효능감이 프로그램 참여 전부터 낮아진 경우라면 그 결과에 대한 판단과 가치 부여를 어떻게 할 수 있을까? 평소 부모역할에 대해 깊이 고민하지 않았던 경우, 부모교육 프로그램에 참여하면서 다른 부모와 자신을 비교하고 자신의 부족한 양육태도 등에 대하여 깊게 인식하게 된 경우라면 부모교육 프로그램을 통해 도움을 받고 변화가 있더라도 부모효능감이 낮아질 수 있을 것이다. 임상현장에서 볼 수 있는 또 다른 예로는, 아버지로부터 성폭행을 당한 경험이 있는 아동이 트라우마 치유 프로그램에 참여하고 오히려 부정적 감정 인식 수준이 사전에 비하여 높아진 경우를 들 수 있다. 평가자는 평가결과를 정리하고 종합적으로 판단하여 제언하여야 하는데, 트라우마 치유 프로그램을 통하여 아동이 그동안 억압하였던 부정적 감정을 인식하고 표현하기 시작하는 등의 변화를 보였다면, 부정적 감정 인식 수준이 프로그램 참여 이전보다 높아졌다 하더라도 의미 있는 추론과 가치판단이 가능할 것이다.

04 | 프로그램 평가의 윤리적 이슈

프로그램 평가가 강조됨에 따라 평가를 둘러싼 윤리적 이슈가 강조되고 있다. 평가 수행에 있어 반드시 고려하여야 할 윤리 지침은 다음과 같다(Royse et al., 2006; 이민홍·정병오, 2017 재인용).

첫째, 프로그램 평가를 위하여 참여하는 클라이언트 집단은 반드시 자발적으로 참여하여야 한다. 사회복지사나 관리자의 강요가 있어서는 안 되며, 프로그램 평가 참여자는 자신의 선택을 이해할 수 있는 능력이 전제되어야 한다. 의사결정 능력이 미흡하다고 판정되는 경우에는 보호자나 후견인을 통하여 평가 참여 동의를 받아야 한다.

둘째, 프로그램 평가에 참여하는 클라이언트 집단이 평가 참여로 인해 발생하는 불편이나 위험, 혜택 등에 대하여 정보를 충분히 제공하여야 한다. 프로그램 평가 대상이 되는 클라이언트는 언제든지 평가조사에 대한 의문이 있을 때는 적절한 대답을 들을 권리가 있으며, 평가 도중이라도 원할 경우에 조사를 멈출 수 있다. 이러한 내용은 프로그램 사전에 배포되는 동의서에 문서로 기록되어 있어야만 한다.

셋째, 프로그램 참여에 따른 어떠한 위험도 없어야 한다. 과거 미국 정부가 시행했던 매독생체실험[1] 등과 같은 위험이 아니라 하더라도 프로그램 역동 안에서 경험할 수 있는 심리적, 정서적 외상 등에 대한 고려를 하여야 한다.

넷째, 민감한 개인정보는 보호받아야 한다. 프로그램 평가에 참여하는 클라이언트의 개인정보는 반드시 보호를 받아야 하며, 원칙적으로 익명으로 수행되어

1) 매독을 치료하지 않았을 때 어떤 일이 일어나는지 흑인 등 유색인종에게만 치료를 하지 않고 살펴본 연구로 당시 연구참여자들은 자신들이 매독치료를 받고 있는 것으로 알고 있었으며, 매독의 강력한 치료제인 페니실린이 발견된 뒤에도 연구자들은 치료를 해주지 않고 지켜보았음.

야 한다. 대개 평가조사에서 클라이언트를 지칭할 때는 이름 대신 숫자나 기호를 사용하여 클라이언트를 식별하게 되며, 부득이하게 클라이언트와 관련하여 민감한 정보를 취득하게 된 경우에는 정보관리를 철저하게 하고 평가가 끝난 뒤 곧바로 폐기해야 한다.

11

CHAPTER

양적평가와 질적평가

01_ 양적평가의 종류와 평가의 적용
02_ 질적평가의 종류와 평가의 적용

CHAPTER 11

양적평가와 질적평가

프로그램 평가방법에 따라 구분되는 양적평가와 질적평가는 각 평가방법이 가지는 장점과 제한점을 고려하여 프로그램 평가에 적용이 된다. 수량화된 자료와 증거를 중심으로 평가하는 양적평가는 객관적이고 타당성을 확보할 수 있고, 평가한 내용을 일반화하여 다른 프로그램에도 적용할 수 있다는 점이 장점이나 프로그램 결과를 모두 수치화하여 평가할 수 없다는 제한점을 가진다.

질적평가는 프로그램에 참여한 대상자의 주관적 경험을 중심으로 평가하는 것으로, 수량화하기 어려운 부분을 평가하거나 프로그램 참여자들이 느끼는 깊이 있고 세부적인 내용을 평가하기 위해 활용하는 방법이다. 질적평가는 프로그램 참여자가 인식한 변화를 질적으로 깊이 평가할 수 있다는 장점이 있으나, 편향적이거나 주관적인 평가가 될 수 있다는 단점이 있다. 최근에는 양적평가와 질적평가를 동시에 활용하는 혼합평가방법을 적용하는 경우가 늘고 있다. 이 장에서 대표적인 양적평가와 질적평가의 종류와 측정방법에 대하여 알아보고, 실제 양적평가와 질적평가가 학계와 현장에서 어떠한 형태로 적용되는지 살펴보도록 한다.

01 | 양적평가의 종류와 평가의 적용

클라이언트의 변화를 측정하는 양적평가는 표준화된 척도, 개별화된 과제, 과제달성척도, 기능수준척도, 단일사례설계, 만족도조사 등이 활용된다. 이 장에서는 양적평가를 위하여 빈번하게 활용되는 단일집단 사전·사후설계, 실험설계, 유사실험설계 등과 함께 현장에서 적용 시 이해가 요구되는 표준화된 척도 및 비모수검정분석에 대하여 소개하고자 한다.

1) 단일집단 사전·사후설계

(1) 개요

프로그램을 시작하기 전에 사전조사를 실시하고 프로그램을 종결하면서 사후조사를 실시하여 프로그램을 실시하기 전과 후를 비교한다. 단일집단 사전·사후설계가 많이 이용되는 이유는 실시하기 편하기 때문이다. 즉 대상자 모집에 대한 기준이 없으므로 의도적 표집을 많이 하며, 비교집단이 없기 때문에 실험집단 한 집단만 모집하면 바로 실시가 가능하기 때문이다. 다음 [그림 11-1]은 단일집단 사전·사후설계를 그림으로 표현하였다.

O_1	X	O_2
O_1: 사전조사	X: 개입	O_2: 사후조사

그림 11-1 단일집단 사전·사후설계

(2) 단일집단 사전 · 사후설계의 문제점

단일집단 사전·사후설계는 모집과 평가가 손쉽다는 장점 때문에 많이 활용되고 있지만 내적타당도에 문제가 발생하여 좋은 설계방법으로 평가되지는 않는다. 내적 타당도란 프로그램의 효과가 정말로 대상자들의 변화를 가져왔는지에 대한 타당성을 살펴보는 것인데, 단일집단 사전·사후설계의 경우, 프로그램의 효과만으로 사후에 좋아졌다고 하기에는 여러 가지 변수들이 작용할 수 있기 때문에 한계가 발생한다. 즉, 대상자 모집에서도 무작위표본방법을 사용하지 않았기 때문에, 대상자들이 미치는 영향을 통제할 수 없고, 비교집단이 없기 때문에 프로그램의 효과만으로 좋아졌다고 하기에는 다른 외생변수들(시간, 환경적 변화 등)이 작용할 가능성이 높기 때문에 과학적인 설계로 인정받지 못하는 한계가 있다.

2) 실험설계

(1) 개요

실험설계에서는 클라이언트를 무작위(random sampling)로 실험집단과 통제집단으로 할당한다. 또한 프로그램(독립변인)을 실험집단에만 적용하고 통제집단(비교집단)에는 적용하지 않는다. 이후 실험집단과 통제집단의 종속변인의 변화를 측정하여 비교한다. 이 설계는 가장 이상적인 설계방법으로 평가되나 사회복지실천현장에서 대상자를 모집할 때 무작위로 샘플링(대상자 모집)을 하는 것이 현실적으로 많은 어려움이 따르기 때문에 자주 활용되는 설계방법은 아니다. 다음 [그림 11-2]는 실험설계의 모형을 제시한 것이다.

R	O_1	X	O_2
R	O_1		O_2
R: 무작위 할당	X: 개입	O_1: 사전조사	O_2: 사후조사

그림 11-2 통제집단 사전 · 사후검사설계

3) 유사실험설계

(1) 개요

클라이언트를 무작위(random sampling)로 실험집단과 통제집단으로 할당하는 대신 실험집단과 유사한 비교집단을 구성하는 것이다. 즉, 비교집단(통제집단)을 두어 사전 · 사후의 결과를 실험집단과 비교한다는 것은 실험설계와 같은 방식으로 하나, 무작위 표집 대신 최대한 실험집단과 유사한 비교집단을 구성하는 것이다. 사회복지실천이나 상담 현장에서 실험설계보다는 결과의 타당성이 떨어질 수 있으나, 실제 현장에서 무작위 표집을 하는 것이 현실적으로 어렵기 때문에 대안적으로 가장 많이 활용되는 설계방법이다. [그림 11-3]은 유사실험설계 중 비동일 비교집단설계를 그림으로 표현한 것이다.

O_1	X	O_2
O_3		O_4

그림 11-3 유사실험설계

4) 표준화된 척도

위의 세 가지 프로그램 설계방법을 활용할 때 사전/사후조사로 타당도와 신뢰도가 확보된 표준화된 척도를 활용하게 된다(자아존중감 척도, 인터넷중독 척도, 자살위험성 척도, 우울감 척도, 사회성 척도 등이 있으며, 부록에서 참조 가능함). 이때 아래 설명된 타당도와 신뢰도가 확보된 척도를 활용하여 프로그램 효과를 측정하도록 한다.

(1) 타당도

타당도는 본래 측정하고자 하는 내용을 그대로 측정해 내는 도구인가에 대한 것이다. 측정하고자 했던 개념이 얼마나 정확하게 이루어졌는지에 대한 부분을 평가하는 개념이 타당도이다.

(2) 신뢰도

신뢰도는 측정하고자 하는 개념을 얼마나 안정적이고 일관성 있게 측정하는 평가도구인지에 대한 부분이다. 즉, 평가한 내용이 언제 어디서 측정하더라도 안정적으로 그 결과가 유지될 수 있는지에 대한 부분을 평가하는 개념이다.

5) 소집단 대상 프로그램 효과성 평가: 비모수검정 적용

일반적으로 학생들은 사회복지자료분석론과 같은 교과목을 통하여 통계분석에 대하여 배우게 된다. 그러나 사회복지 · 상담 현장에서 주로 운영되는 집단 프로그램이 많은 경우 30인 미만의 인원이 참여하는 소집단 형태로 진행되어 통계적으로 정규성을 가정하기 어렵다는 점에서 비모수검정을 활용한 분석이 요구되나, 비모수검정분석을 실행해볼 기회가 많지 않다는 점에서 비모수검정분석의 실행에 대하여 일부 다루고자 한다.

모집단의 분포를 알 수 없거나, 표본의 크기가 작아 정규성 가정이 어려울 때 선택하게 되는 비모수검정은 다음 〈표 11-1〉과 같이 표본 수 등에 따라 다양하게 활용하게 된다.

표 11-1 표본 수에 따라 주로 쓰이는 비모수검정방법

표본 수	주로 쓰이는 비모수검정방법	비고
1표본	x^2 적합도 검정	
	1표본 Kolmogorov-Smirnow 검정	정규성 검정
	Run 검정	독립성 검정
독립 2표본	Mann-Whitney의 U검정	≒ 독립표본 T검정
대응 2표본	McNemar 검정	질적인 2개의 사전 · 사후 종속변수
	Wilcoxon 부호순위 검정	≒ 대응표본 T검정
독립 k표본	Kruskal-Wallis의 H검정	≒ 일원분산분석

출처: 이종환 (2009). p.346.

이 장에서는 일반적으로 사회복지 · 상담 현장에서 많이 활용되고 있는 유사실험설계의 비동일 비교집단설계를 기준으로 비모수검정에서 주로 많이 사용되고 있는 Mann-Whitney의 U검정과 Wilcoxon 부호순위 검정에 대하여 살펴보도록 하겠다.[1)]

(1) 동질성 검증

유사실험설계의 비동일 비교집단설계에서는 사전 · 사후평가를 할 때 개입 프

1) 30인 미만의 인원이 참여하는 경우를 기준으로 살펴본 것으로, 비모수검정 전반에 대하여 보다 상세히 알아보고 싶을 경우, SPSS를 이용한 조사방법 및 통계분석의 이해와 적용(이종환, 2009)을 추천함.

로그램에 참여하는 실험집단과 비교집단의 동질성을 가정하고 프로그램 실행에 따른 변화를 비교하게 된다. 개입 프로그램의 효과성을 객관적으로 검증하기 위하여 우선적으로, 실험집단과 비교집단의 동질성 검사가 요구된다. 연구참여자들의 인구사회학적 특성, 프로그램에서 변화를 측정하고자 척도의 수준에 있어 동질성을 가정할 수 있는지 살펴보게 되며, 이를 통하여 집단에 따라 통계적으로 유의미한 차이가 존재하지 않는 것으로 가정하게 된다.

지역아동센터 종사자의 아동 대상 실천역량 강화 프로그램(배은경, 2015)에서 실행된 비모수검정의 예를 살펴보면, Mann-Whitney의 U검정을 활용하여 실험집단과 비교집단의 ADHD 지식, 사회복지실천기술 숙련도, 클라이언트 관계변화 임파워먼트의 동질성을 비교하였다. 그 결과는 다음 〈표 11-2〉와 같이 나타났으며, ADHD 지식, 사회복지실천기술 숙련도의 지지기술과 치료기술, 클라이언트 관계변화 임파워먼트에 있어 두 집단 간 점수의 차이는 통계적으로 유의미하지 않는 것으로 나타났다.

표 11-2 실험 · 비교집단의 ADHD 지식, 사회복지실천기술 숙련도, 클라이언트 관계변화 임파워먼트 동질성 비교

(N = 20)

항목		집단구분	평균	표준편차	평균순위	U값	Z값
ADHD 지식		실험	52.82	6.15	11.75	37.50	−.95
		비교	49.95	5.05	9.25		
사회복지 실천기술	지지기술	실험	3.90	.31	11.65	38.50	−.88
		비교	3.74	.34	9.35		
	치료기술	실험	3.10	.40	11.00	45.00	−.38
		비교	3.02	.36	10.00		
클라이언트 관계변화 임파워먼트		실험	3.51	.34	11.75	37.50	−.98
		비교	3.38	.31	9.25		

〈표 11-2〉에서 실험집단과 비교집단의 사회복지실천기술(지지기술)을 기준으로 Mann-Whitney의 U검정 실행의 예를 살펴보도록 하겠다. 〈표 11-3〉은 실험집단과 비교집단 개개인의 사회복지실천기술(지지기술) 수준을 나타내는 것으로, 두 집단의 차이를 통계 프로그램을 활용하여 검정하는 방법은 다음과 같다.

표 11-3 실험 · 비교집단의 사회복지실천기술(지지기술)

집단구분	1	2	3	4	5	6	7	8	9	10
실험집단	3.67	3.50	3.83	3.83	4.17	4.0	4.0	3.5	4.5	4.0
비교집단	4.0	3.33	4.17	4.0	3.67	3.67	4.17	3.67	3.17	3.50

SPSS 20.0을 기준으로 주어진 자료를 입력한 이후, SPSS 20.0 상단의 분석(A)-비모수검정(N) - 레거시대화상자 - 독립2 표본(2)을 실행한다. 이후 [그림 11-4]와 같이 대화상자가 뜨면 검정변수(T)에 사전지지를 옮긴다. 이때 검정 유형이 Mann-Whitney의 U(M)으로 체크되어 있는지 확인하며, 옵션을 클릭하여 기술통계(D)를 체크하면 기술통계 결과를 지정할 수 있어 편리하다.

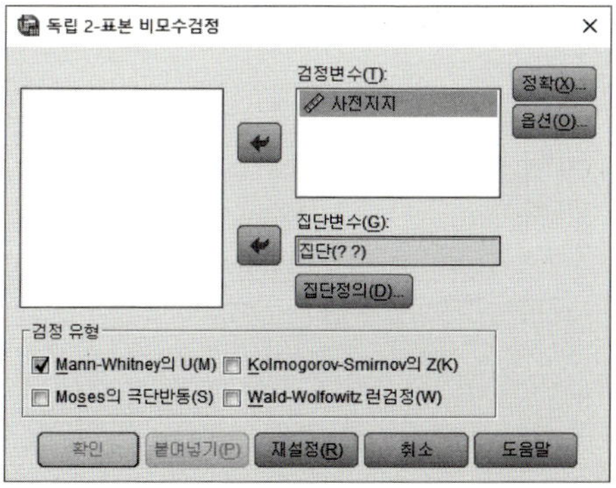

그림 11-4 비모수검정(N)-레거시대화상자-독립 2표본(2) 클릭 시 대화상자

이후 [그림 11-5]와 같이 집단정의(D)를 클릭하여 집단 1과 집단 2에 대하여 각각 0과 1로 집단정의를 부여한다. 집단정의는 각자 설정한 수치를 입력하면 되기에 0과 1, 1과 2 등 연구자가 설정한 수치를 각각 기입하면 되며, 이후 계속을 클릭한다.

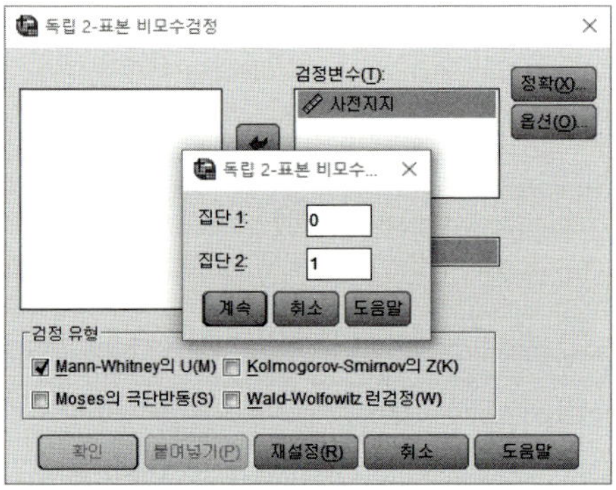

그림 11-5 비모수검정(N)-레거시대화상자-독립 2표본(2)-집단정의(D) 클릭 시 대화상자

확인을 눌러 Mann-Whitney의 U검정의 결과를 불러내면, [그림 11-6]과 같이 평균순위 및 순위합이 나타나게 된다. 검정통계량을 보면 Z값이 −0.882이며 P값이 0.393으로 나타나 실험집단과 비교집단의 사회복지실천기술(지지기술)은 차이가 없다는 귀무가설이 채택되고 있다.

Mann-Whitney 검정

순위

	집단	N	평균순위	순위합
사전지지	.00	10	11.65	116.50
	1.00	10	9.35	93.50
	한계	20		

검정 통계량[a]

	사전지지
Mann-Whitney의 U	38.500
Wilcoxon의 W	93.500
Z	-.882
근사 유의확률(양측)	.378
정확한 유의확률 [2*(단측 유의확률)]	.393[b]

a. 집단변수: 집단

b. 등률에 대해 수정된 사항이 없습니다.

그림 11-6 Mann-Whitney의 U검정 결과

(2) 사전 · 사후변화 검증

소집단인 대응된 양적변수의 사전 · 사후변화 검증은 일반적으로 Wilcoxon 부호순위 검정이 사용된다. Wilcoxon 부호순위 검정을 활용하여 사전 · 사후변화를 검증한 지역아동센터 종사자의 아동 대상 실천역량 강화 프로그램(배은경, 2015)의 결과를 예시로 활용하여 살펴보도록 하겠다.

프로그램 실행 이후, 본 프로그램의 효과성을 평가하기 위하여 Wilcoxon 부호순위 검정를 활용하여 지역아동센터 종사자의 ADHD 지식, 사회복지실천기술 숙련도, 클라이언트 관계변화 임파워먼트 척도로 사전 · 사후를 비교하였으며, 그 결과는 〈표 11-4〉와 같이 나타났다. 실험집단은 사회복지실천기술 숙련도의 지지기술($p<0.01$)과 치료기술($p<0.001$)에서 유의미하게 향상된 것으로 나타났고, 클라이언트 관계변화 임파워먼트에서도 유의미하게 향상되는 것으로 나타났다($p<0.01$). 그러나 ADHD 지식은 실험집단과 비교집단 모두에서 소폭 향상된 것으로 나타나 통계적으로 유의미한 변화는 없는 것으로 나타났다.

표 11-4 실험 · 비교집단의 ADHD 지식, 사회복지실천기술 숙련도, 클라이언트 관계변화 임파워먼트의 사전 · 사후변화 비교

(N = 20)

항목		집단구분	평균(표준편차)		평균순위	순위종합	Z값
			사전	사후			
ADHD 지식		실험	52.82(6.15)	56.58(4.46)	10.60	106.00	−.07
		비교	49.95(5.05)	52.50(2.99)	10.40	104.00	
사회복지실천기술	지지기술	실험	3.90(.31)	4.38(.34)	14.65	146.50	−3.24**
		비교	3.74(.34)	3.73(.33)	6.35	63.50	
	치료기술	실험	3.10(.40)	3.34(.42)	15.50	155.00	−3.83***
		비교	3.02(.36)	2.96(.36)	5.50	55.00	
클라이언트 관계변화 임파워먼트		실험	3.51(.34)	3.78(.41)	14.65	146.50	−3.24**
		비교	3.38(.31)	3.33(.36)	6.35	63.50	

$p^{**} < .01$, $p^{***} < .001$

〈표 11-4〉에서 실험집단과 비교집단의 사회복지실천기술(지지기술)을 기준으로 Wilcoxon 부호순위 검정 실행의 예를 살펴보도록 하겠다. 〈표 11-5〉는 실험집단 개개인의 사회복지실천기술(지지기술) 수준을 사전 · 사후로 나타낸 것이다.

표 11-5 실험 · 비교집단의 사회복지실천기술(지지기술)

집단구분	1	2	3	4	5	6	7	8	9	10
실험집단 프로그램 전	3.67	3.50	3.83	3.83	4.17	4.0	4.0	3.5	4.5	4.0
실험집단 프로그램 후	4.50	4.50	4.0	4.0	4.50	4.50	4.50	3.83	5.0	4.5

SPSS 20.0를 기준으로 주어진 자료를 입력한 이후, SPSS 20.0 상단의 분석(A) - 비모수검정(N) - 레거시대화상자 - 대응2 표본(L)을 실행한다. 이후 [그림 11-7]과 같이 대화상자가 뜨면 검정 쌍(T):의 변수1과 변수2에 사전지지와 사후지지를 각각 대응시키고, 검정 유형을 Wilcoxon으로 체크한 뒤 확인을 클릭한다.

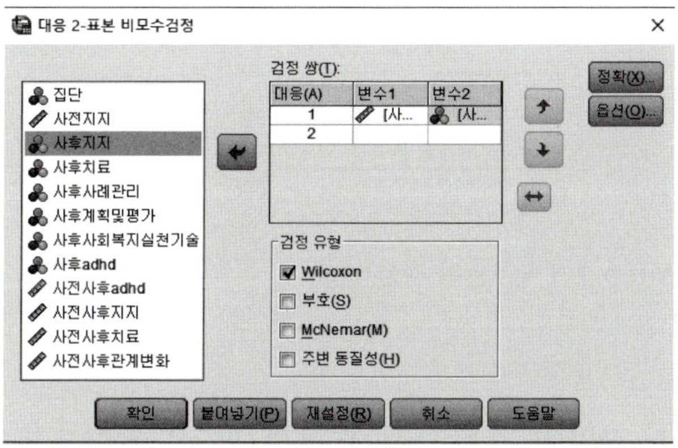

그림 11-7 비모수검정(N)–레거시대화상자–대응2 표본(L) 클릭 시 대화상자

확인을 클릭하여 Wilcoxon 부호순위 검정의 결과를 불러내면, [그림 11-8]과 같이 나타나게 된다. 검정통계량을 보면 Z값이 –2.809이며 P값이 0.005로 나타나 실험집단의 사회복지실천기술(지지기술)은 사전과 사후에 통계적으로 차이가 있는 것으로 나타나 프로그램 실행의 효과가 있다고 할 수 있을 것이다.

Wilcoxon 부호순위 검정

순위

		N	평균순위	순위합
사후지지 - 사전지지	음의 순위	3[a]	4.67	14.00
	양의 순위	13[b]	9.38	122.00
	동률	4[c]		
	합계	20		

a. 사후지지 < 사전지지

b. 사후지지 > 사전지지

c. 사후지지 = 사전지지

검정 통계량[a]

	사후지지 - 사전지지
Z	-2.809[b]
근사 유의확률(양측)	.005

a. Wilcoxon 부호순위 검정

b. 음의 순위를 기준으로.

그림 11-8 Wilcoxon 부호순위 검정 결과

6) 정규분포 집단의 프로그램 효과성 평가: 독립표본 T검정과 대응표본 T검정 적용

사회복지 · 상담 프로그램에 참여한 모집단의 수가 큰 경우에는 앞서 설명한 비모수검정이 아닌 모수적 통계분석방법을 적용할 수 있다. 학급 단위로 집단프로그램이 진행되어 해당 학년 전체가 프로그램 참여자가 되거나, 개발된 프로그램을 일정 기간 동안 다수의 집단프로그램이 운영되는 등의 경우에 해당된다고 할 수 있으며, 공공 영역에서 개발되어 다수의 참가자를 대상으로 실행된 프로그램의 효과성 평가에서 특히 빈번하게 활용되는 편이다.

일반적으로 유효 사례 수가 30 이상[2]이면 정규성 검정 없이 모수적 통계분석

2) 유효 사례 수는 각 범주에 해당되는 사례 수를 기준으로 하며, 각 범주의 사례 수가 30 이상일 때는 정규성 검정 없이 모수적 통계분석방법이 적용 가능함. 이와 관련하여 보다 상세한 이해가 필요한 경우 SPSS를 이용한 조사방법 및 통계분석의 이해와 적용(이종환, 2009)을 참고 바람.

방법을 적용할 수 있으며, 유효사례 수가 30 미만인 경우에도 정규성 검정을 만족시킨다면 비모수적 통계분석방법을 적용하지 않아도 된다. 통계분석을 위한 기초개념 및 통계분석방법은 사회복지자료분석론 교과목을 통하여 보다 심층적으로 배울 필요가 있으며, 이 장에서는 정규분석 집단의 프로그램 효과성 평가에 있어 가장 많이 활용되는 독립표본 T검정과 대응표본 T검정 분석을 다음과 같이 적용해 보고자 한다.

(1) 집단의 동질성 검증, 집단 간 변화량 비교: 독립표본 T검정 적용

사회복지 · 상담 프로그램에서의 프로그램 효과성 평가는 일반적으로 실험실에서 진행되지 않으며, 최대한 실험집단과 유사한 비교집단을 구성하여 유사실험설계로 진행하게 된다. 앞서 살펴봤던 [그림 11-9]와 같이 유사실험설계의 비동일 비교집단설계를 활용하여 프로그램 효과성 평가를 실행하게 된다.

정규분포 집단의 프로그램 효과성 평가 예시로 청소년용 정신화증진프로그램(Mentalization Improvement Program for Adolescent-Community Model)[3] 효과성 평가 논문(오소영 외, 2012)을 활용하고자 하며, 구체적으로 살펴보면 다음과 같다. 청소년용 정신화증진 프로그램(오소영 외, 2012)은 학생정신건강시범사업 경험이 있는 중학교의 4개 학급 133명을 대상으로 실행되었으며, 각각 두 학급을 실험집단과 대조집단으로 무작위로 선정되었다.

프로그램에 참여하는 실험집단과 비교집단의 동질성을 가정하고 프로그램 실행에 따른 변화를 비교한다는 점에서 정규집단에서도 실험집단과 비교집단의 동질성 검사는 우선 요구된다. 이에, 청소년용 정신화증진 프로그램(오소영 외, 2012)은 프로그램 실행 전 사전 동질성 확인을 위하여 각 변수에 대한 두 집단

3) 정신화(mentalization)의 개념은 '자신과 타인의 감정 상태에 대한 정신적 표상을 형성하고 사용할 수 있는 능력'(Fonagy et al., 2004)으로, 국내에서 실행된 프로그램(오소영 외, 2012)은 영국에서 정신화에 기반을 두어 개발된 '평화로운 학교 환경 조성 프로그램인 Creating a Peaceful School Learning Environment(CAPS-LE)를 한국형으로 축약한 단기 프로그램임.

간 차이를 독립표본 T검정을 활용하여 분석하였을 때 결과는 다음 〈표 11-6〉과 같이 나타났다. 불성실한 응답자 및 결석자 등을 제외하고 117명을 대상으로 최종 분석된 결과, 청소년용 정신화증진 프로그램 실험집단과 대조집단의 학교생활적응 수준은 유의한 차이가 있는 것으로 나타났으며($t = 2.882$, $df = 110$, $p = .005$), 실험집단이 비교집단에 비하여 학교 생활 적응에서의 문제가 더 큰 것으로 나타났다.[4]

표 11-6 실험 · 비교집단의 주요 변수 동질성 비교

(N = 117)

항목	실험집단	통제집단	t값	유의확률
청소년정신건강	46.16(12.50)	43.25(8.29)	−1.438	.153
공감적 이해	110.90(10.63)	112.82(8.83)	1.023	.309
또래공격성	17.47(5.33)	16.89(5.86)	−.547	.586
또래괴롭힘	13.26(5.29)	12.50(5.04)	−.790	.431
학교생활적응	70.73(16.73)	80.64(19.56)	2.882	.005
시험불안	41.00(13.31)	42.14(12.98)	0.467	.641

출처: 오소영 외 (2012). p.121의 〈표 2〉 중 주요 변수 분석 결과 발췌.

4) 실험집단과 비교집단의 동질성을 가정하고 실행되는 프로그램 효과성 평가이나 실제 임상 실천현장에서는 실험집단과 비교집단의 동질성 검사 결과, 의도치 않게 동질성이 확보되지 않는 경우도 발생함. 실험집단 및 비교집단의 동질성 가정이 어려운 경우, 프로그램 효과성 평가 결과를 해석하며 제한점을 명확히 기술함과 동시에 실험집단과 비교집단의 동질성 비교에 영향을 끼칠 수 있는 요인에 대한 합리적 추론이 함께 제시되어야 함. 양적평가에 있어 집단 간의 동질성을 확보하고 통계적인 유의미함을 분석하는 것은 중요하나, 기대하는 결과가 나오지 않았더라도 결과를 어떻게 해석할 수 있느냐에 따라 프로그램 효과성 평가의 의미는 달라질 수 있음. 그러한 예로 보호관찰 청소년을 위한 금연 프로그램 효과성 평가 논문(전종설 · 송인선, 2010)을 추천하고자 함.

통계분석 측면에서 정규분포 집단에서 실험집단과 비교집단의 동질성을 확인하기 위하여 독립표본 T검정을 실행한다면 다음과 같다. 직무교육 참여에 따른 사회복지사의 의사소통 역량 변화를 살펴보고자 통계분석을 적용한다면, 우선 SPSS 20.0 상단의 분석(A)-평균비교(M)-독립표본 T검정(T)을 실행한다. 이후 [그림 11-9]와 같이 대화상자가 뜨면 직무교육을 클릭하여 검정변수(T)로 옮기면 되며, 이때 필요 시 옵션을 통하여 신뢰구간(C)을 설정할 수 있다.

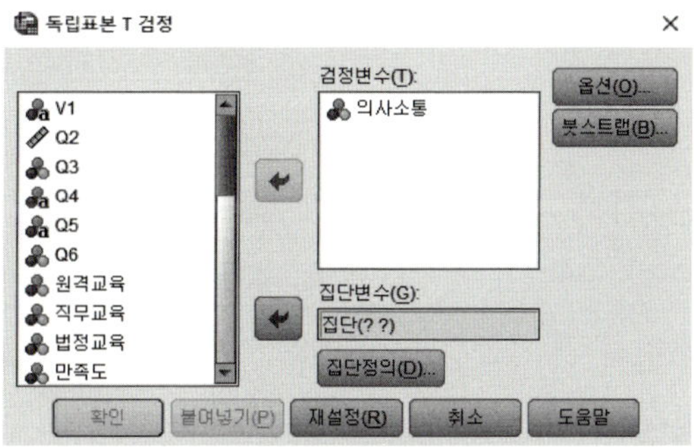

그림 11-9 **분석(A)-평균비교(M)-독립표본 T검정(T) 클릭시 대화상자**

이후 [그림 11-10]과 같이 집단정의(D)를 클릭하여 집단 1과 집단 2에 대하여 각각 0과 1로 집단정의를 부여한다. 집단정의는 각자 설정한 수치를 입력하면 되기에 0과 1, 1과 2 등 연구자가 설정한 수치를 각각 기입하면 되며, 이후 계속을 클릭한다.

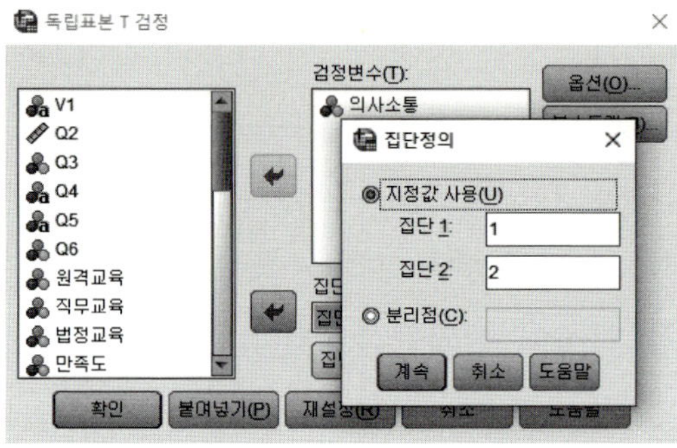

그림 11-10 분석(A)-평균비교(M)-독립표본 T검정(T)-집단정의(D) 클릭시 대화상자

독립표본 T검정은 기본 가정의 만족 여부를 기본적으로 정규성의 만족 여부만을 전제로 하고 있다. 독립표본 T검정의 결과를 불러내면, [그림 11-11]과 같이 등분산성에 대한 검정과 유의확률을 확인할 수 있다. Levene의 등분산검정에서 F=0.026이며 유의확률(p)은 0.873으로 유의수준 0.05에서 귀무가설이 채택되는 것으로 나타났다. 이에, 실험집단과 비교집단의 의사소통 수준은 차이가 없다는 귀무가설을 채택할 수 있다.

독립표본 검정

		Levene의 등분산 검정		평균의 동일성에 대한 t-검정						
						유의확률		차이의	차이의 95% 신뢰구간	
		F	유의확률	t	자유도	(양쪽)	평균차	표준오차	하한	상한
의사소통	등분산이 가정됨	.026	.873	-.216	53	.829	-.050	.230	-.510	.411
	등분산이 가정되지 않음			-.210	26.214	.835	-.050	.237	-.536	.437

그림 11-11 독립표본 T검정 결과

실험집단이 프로그램에 참여한 이후, 집단 간 변화량을 비교하는 경우에도 [그림 11-10], [그림 11-11]과 같이 적용할 수 있다. 실험집단과 비교집단의 사후검사 점수와 사전검사 점수의 변화량을 새로운 변수로 구성한 다음, 독립표본 T검정을 활용하여 두 집단 간 차이를 구할 수 있고, 이를 통하여 두 집단이 통계적으로 유의미한 차이를 나타내는지 확인할 수 있다.

(2) 집단 내 변화: 대응표본 T검정 적용

실험집단의 프로그램 사전 · 사후변화를 살펴본 예시로써 청소년용 정신화증진 프로그램(오소영 외, 2012)의 분석결과를 살펴보면 〈표 11-7〉과 같다. 또래공격성이 유의하게 감소한 것으로 나타났으며(t=2.103, df=57, p=.040), 시험불안이 유의미하게 감소한 것으로 나타났다(t=2.266, df=57, p=.027).

표 11-7 실험집단의 집단 내 변화 분석

(N = 59)

항목	사전	사후	t값	유의확률
청소년정신건강	46.08 (12.56)	45.66 (12.65)	.280	.781*
공감적 이해	111.09 (10.74)	109.57 (10.48)	1.247	.219*
또래공격성	17.47 (5.33)	15.81 (5.81)	2.103	.040*
또래괴롭힘	13.26 (5.29)	13.09 (5.67)	.242	0.810*
학교생활적응	70.69 (16.88)	66.78 (20.78)	1.829	.073*
시험불안	41.00 (13.31)	37.69 (11.89)	2.266	.027*

*: $p < .05$

출처: 오소영 외 (2012). p.121의 〈표 3〉

실험집단의 프로그램 참여에 따른 집단 내 변화를 살펴보기 위하여 대응표본 T검정을 실행한다면 그 절차는 다음과 같다. 직무교육 참여에 따른 실험집단의 의사소통 수준 변화를 살펴보고자 통계분석을 적용한다면, 우선 SPSS 20.0 상단의 분석(A)-평균비교(M)-대응표본 T검정(T)을 실행한다. 이후 [그림 11-12]와 같이 대화상자가 뜨면 '교육전'을 클릭하여 대응변수(V) 변수1로 '교육전'을 이동시키고, '교육후'를 클릭하여 대응변수(V) 변수2로 '교육후'를 이동시킨다. 이때 필요시 옵션을 통하여 신뢰구간(C)을 설정할 수 있으며, 95%가 기본 설정되어 있다.

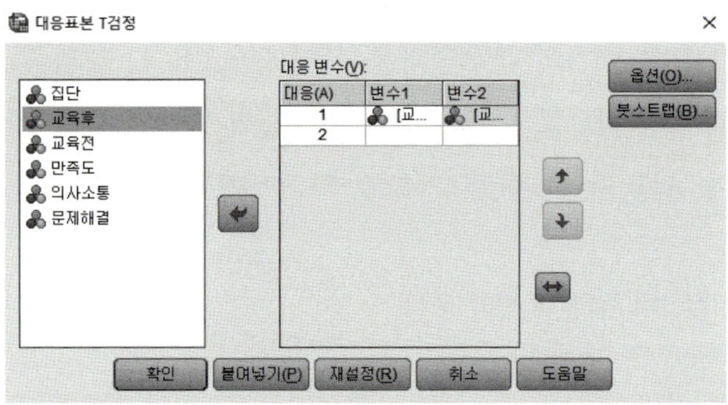

그림 11-12 분석(A)-평균비교(M)-독립표본 T검정(T) 클릭 시 대화상자

[그림 11-13]은 대응표본 T검정의 결과이다. 실험집단의 교육 전과 교육 후 평균 등과 같은 기술통계량, 교육 전과 교육 후 간의 상관계수가 제시되며, 대응표본 검정을 살펴보면, t값이 -1.530이며, 이에 대한 유의확률(p)가 0.132로 귀무가설을 기각할 수 있다. 즉, 실험집단의 집단 내 변화는 교육 전 평균에 비하여 교육 후 평균이 향상되었으나, 통계적으로 유의미한 차이는 아닌 것으로 나타났다.

대응표본 통계량

		평균	N	표준편차	평균의 표준오차
대응 1	교육전	3.75	56	.858	.115
	교육후	3.89	56	.846	.113

대응표본 상관계수

		N	상관계수	유의확률
대응 1	교육전 & 교육후	56	.664	.000

대응표본 검정

		대응차					t	자유도	유의확률 (양쪽)
		평균	표준편차	평균의 표준오차	차이의 95% 신뢰구간 하한	차이의 95% 신뢰구간 상한			
대응 1	교육전 - 교육후	-.143	.699	.093	-.330	.044	-1.530	55	.132

그림 11–13 대응표본 T검정 결과

02 | 질적평가의 종류와 평가의 적용

질적평가는 프로그램에 참여한 대상자의 주관적 경험을 중심으로 평가하는 것이다. 수량화하기 어려운 부분을 평가하거나, 프로그램 참여자들이 느끼는 깊이 있고 세부적인 내용을 평가하기 위해 활용하는 방법이다. 질적평가는 프로그램 내용을 깊이 있기 평가한다는 장점이 있으나, 통계분석 등을 활용한 과학적 평가방법을 활용하지 않음에 따라 너무 편향적이거나 주관적일 수 있다는 단점이 있다. 이를 보완하기 위해 최근에는 많은 질적평가의 방법론들이 개발되고 있다.

1) 개인별 변화 반복측정

변화하고자 했던 지표에 대해 회기마다 반복적으로 측정하여 개인별 변화를 측정하는 방법이다. 예를 들어, ADHD 성향 아동을 대상으로 하는 프로그램에서 착석 태도와 같은 지표에 대하여 진행자 또는 관찰자가 측정하는 것이다.

2) 자가평가

프로그램을 통해 대상자가 변화하고자 했던 지표에 대해 스스로를 평가하는 자가평가의 방법이다. 예를 들어, 0점에서 10점 사이에 표시를 하여 스스로 점수를 매기게 하는 방법도 있고, 매 회기가 끝나고 나면, 스스로 어떻게 변화했다고 느꼈는지를 상세하게 기술하는 방법도 있다. 다음 [그림 11-4]에서 자가평가와 관련된 평가양식을 제시하였다.

방법	자기평가 점수 표기
척도질문	0 1 2 3 4 5 6 7 8 9 10
스스로의 질적평가	

그림 11-14 자가평가 양식

3) 경험보고서

프로그램에 참여한 구성원들이 스스로 변화하고자 한 내용에 대한 경험을 나누도록 한 후, 이를 정리하여 보고서 형태로 만들어 프로그램 효과에 대한 질적 평가를 하도록 한다. 다음 〈표 11-8〉은 박태경(2019)의 연구에서 제시한 경험보고서의 예시 중 일부이다.

표 11-8 경험보고서의 예시

주제	변화 및 소감
자신에게 일어난 변화	• 아집에서 조금씩 벗어나서 하나씩 놓고 있는 내 모습을 보았어요. • 생활하다 문득 문득 나의 말이나 행동을 생각해 보게 된다. • 표현하는 것에 대한 불편함이 있었는데 표현을 하고 있는 저를 발견했어요. • 내가 하는 말이나 행동을 한 번 더 생각하고 하게 되었다. • 우울했던 생각에서 벗어나 웃는 나를 경험하게 됐다. • 나를 많은 사람들 앞에서 이야기한다는 것 자체가 변화다. • 남의 눈으로 살았는데 이제 내가 나를 바라보는 눈으로 지내려고 노력하고 있다. • 해보자.
자기실현을 위한 시도내용	• 거절하는 것 • 매일의 나를 글로 쓰기를 시도함. • 결정을 하기 전에 내 마음은 어떤 것을 원하는 걸까? 하는 생각을 먼저 하려고 한다. • 남편의 반응을 부정적으로 생각해서 소통을 차단했었는데 먼저 소통해 보려는 시도를 해보고자 한다. • 객관적 기준이 아니라 주관적 기준을 생각하고 정립하고 나를 이해하고 싶다. • 나 자신에게 편지 보내기를 자주 시도해 보고 싶다. • 새로운 도전에 두려움을 갖고 있었는데 새로운 도전이 기대되는 마음으로 변화되었고 작지만 혼자서 할 수 있는 일에 도전해보려고 수강을 신청했다. • 나에게 배려하기.

프로그램 참여 소감	• 나의 모습을 좀 더 깊이 들여다 볼 수 있었고 실현이라는 관점에서 나를 볼 수 있는 기회가 되어서 감사하고 고마웠다. • 다양한 삶속에서 각자의 선택으로 살아가는 모습에서 나만 힘들고 나만 혼자라는 생각에서 벗어나 다 같은 모습으로 살고 있구나 하는 위로를 받음. • 좋은 사람들 속에서 나도 좋은 사람이 된 것 같고 다른 사람들의 말을 공감할 수 있는 경험을 할 수 있어 좋았다. • 나를 알아간다는 것이 얼마나 힘든지 어려운지 그러나 나를 아는 것에서 남을 이해하게 되고 이를 통해 자기실현이라는 밑거름이 된다는 것을 느끼고 어렵고 힘들지만 포기하지 않고 계속 시도해 볼 것이다. • 한 번도 생각해 보지 않고 살아온 자기에 대한 생각을 하게 되면서 진짜 나에 대해 알고 싶다는 생각이 들었다. • 내가 갖고 있던 심각한 문제들이 좀 더 약해졌다는 그래서 마음이 가벼워진 느낌이다. • 내 삶에 책임감이 생겼다.

출처: 박태경 (2019).

학술논문에서 질적평가가 이루어지는 경우에는 프로그램 구성원이 인식한 변화 경험을 분석하기 위하여 일반적으로 프로그램 일지, 회의록, 연구참여자가 작성한 과제수행일지, 평가지 등을 질적분석자료로 활용한다. 양적평가방법과 함께 질적평가방법을 병행하는 혼합방법론을 활용하는 경우, 프로그램에 참여한 연구참여자들의 객관적 변화 수준과 주관적 변화 경험을 함께 파악하기에 용이하다는 장점이 있다. 다음 〈표 11-9〉는 아동 대상 실천역량 향상 프로그램을 통한 지역아동센터 종사자의 주관적 경험을 분석한 것으로 종사자의 실천역량 향상, 아동의 변화에 대한 인식, 프로그램에 대한 강점 및 보완점 인식 등의 3가지 범주가 도출되었다.[5]

5) 지역아동센터 종사자의 아동 대상 실천역량 강화 프로그램(배은경, 2015)에서 질적평가 분석된 내용의 일부로, 12장에서 보다 상세한 질적평가분석 내용이 수록됨.

표 11-9 아동 대상 실천역량 향상 프로그램에 참여한 지역아동센터 종사자의 주관적 변화 경험

범주	개념	의미 단위
종사자의 실천 역량 향상	아동과 집단역동에 대한 이해 향상	ADHD 아동에 대한 이해가 늘어남. 아동들 간의 역동에 대한 인식이 커짐
	아동 대상 실천기술 향상	가장 단순하지만 가장 큰 효과. 감정 조절에 있어 아동과 교사 모두에게 도움이 됨. 자기중심적 사고에서 상황을 조망, 해결하도록 하는 기술을 사용하게 됨. 갈등상황을 정리함에 유용하고, 아이들의 참여를 이끌어냄.
	아동을 대하는 태도와 관계의 변화	아이들이 처음에는 어색해하였으나 변화된 분위기에 익숙해짐. 기대보다 잘 하는 아이를 바라보며 마음가짐을 돌아봄. 아동과 유대관계의 신뢰성이 조금 더 생김. 아이들에게 일어나는 일에 대해 알게 되고 (아이들의) 마음 그대로를 인정하는 대화를 했으면 얼마나 좋았을까 성찰하게 됨. 아이들을 보다 긍정적인 메시지로 대하려고 함
아동의 변화에 대한 인식	아동의 행동 변화	수업시간 태도가 좋아짐. 인정하고 잘 받아들이고, 배운 정정당당 규칙을 다른 곳에서도 써먹음. 더 이상 화장을 하고 다니지 않음
	감정조절 및 표현 증가	칼날 같던 마음이 눈 녹듯 평안. 과잉된 감정표현이 변화됨. 자신의 감정을 언어적으로 표현하는 모습이 증가함. 갈등상황에 대한 적절한 대처를 표현함
	아동끼리 서로 지원	갈등 상황인 상대 아이의 마음을 읽어줌. 다른 아이를 쉽게 도와주는 등 주변 아이들에게도 파급력이 있음
	아동 스스로 해결책을 찾음	구체적인 규칙과 순서를 아이들이 직접 만들어냄. 갈등 중재가 필요한 상황에 대한 대처를 아이들이 제안함. 화장이나 핸드폰 같은 민감한 생활규칙을 스스로 결정하게 됨
프로그램의 강점 및 보완점 인식	프로그램의 강점 인식	실제 상황의 어려움을 나누면서 컨설팅처럼 진행. 각 센터별 특수하고 보편적인 상황을 나누어 해결에 도움이 됨. 반복해서 들으니 연습이 됨. 프로그램을 통해 아이들에게 더 집중하고 나의 일상에도 적용해볼 수 있어 좋았음. 받은 교육 중 가장 효과적
	프로그램의 보완점 인식	ADHD에 관해 더 깊이 있는 수업이 필요함. 기법에 대한 숙지가 없을 때 의미 없는 프로그램형으로 진행될 수 있음. 종사자 역량과 시간상의 제약을 가지게 됨. 공간적 제약. 주기적 운영 필요성

출처: 배은경 (2015).

4) 프로그램 전체에 대한 서비스 대상자(client)의 만족도 평가

프로그램에 대해 대상자들이 전체적으로 만족했는지에 대한 만족도를 평가한다. 프로그램 진행에 대한 만족도 평가와 프로그램 전체에 대한 만족도 평가로 구분하여 평가해볼 수 있다.

(1) 프로그램 진행에 대한 평가지

프로그램 진행에 대한 평가는 지도자와 물리적 환경, 진행회기, 진행시간 등을 포함할 수 있다. 프로그램 내용 및 진행자에 대한 만족도를 평가하는 양식, 프로그램의 물리적 환경까지 포함하여 진행에 대한 만족도를 평가하는 양식의 예는 다음 〈표 11-10〉, 〈표 11-11〉과 같다.

표 11-10 프로그램 진행 평가지(진행자 평가 포함)

Program Feedback

프로그램 주제: ______________________________

* 전체적인 이해: 나는 프로그램 내용의 ______%를 이해하였습니다.

※ 프로그램 내용을 1-5척도로 평가하세요.

5: 매우 훌륭하다.
4: 훌륭하다.
3: 잘한 편이다.
2: 보통이다.
1: 좀 더 노력이 필요하다.

* 프로그램 진행자의 전달 _____ 적절한 볼륨
_____ 적절한 속도
_____ 대상자들의 이해에 대한 체크
_____ 눈맞춤
_____ 적절한 시간 분배

* 시각적 효과 _____

* 질문(진행자는 얼마나 질문을 잘 다루었는가?) _____

* Comments:

표 11-11 프로그램 진행 평가지(물리적 환경 포함)

"특별한 우정 클럽"을 마치며

이름: ___________

◆ 아래의 질문들은 프로그램을 마치면서 만족도를 평가하기 위한 것입니다. 잘 읽어 보고 자신에게 가장 해당되는 곳에 체크해 주십시오.

1. 이 프로그램에 참여하면서 전체적으로 어느 정도 만족했나요?

매우 불만족 — 그저 그렇다 — 매우 만족스럽다

1 — 2 — 3 — 4 — 5 — 6 — 7

2. 이 프로그램에 참여하는 동안 가장 좋았던 점은?

□① 장소(좌석, 온도 등 전반적으로) □② 프로그램 내용 □③ 강사진
□④ 시작시간 □⑤ 진행시간
□⑥ 부모님 프로그램이 함께 진행된다는 점
□⑦ 선생님 프로그램이 함께 진행된다는 점
□⑧ 부모님과 선생님 프로그램이 함께 진행된다는 점

3. 이 프로그램에 참여하는 동안 가장 불편했던 점은?

□① 장소(좌석, 온도 등 전반적으로) □② 프로그램 내용 □③ 강사진
□④ 시작시간 □⑤ 진행시간
□⑥ 부모님 프로그램이 함께 진행된다는 점
□⑦ 선생님 프로그램이 함께 진행된다는 점
□⑧ 부모님과 선생님 프로그램이 함께 진행된다는 점

4. 프로그램 시간은 그 날의 주제를 다루기에 적당했나요?

매우 짧았다 — 적당했다 — 매우 길었다

1 — 2 — 3 — 4 — 5 — 6 — 7

5. 전체 횟수는 어떠했나요?

매우 짧았다			적당했다			매우 길었다
1	2	3	4	5	6	7

6. 프로그램을 실시하는 선생님은 어떠했나요?

매우 불만족			그저 그렇다			매우 만족스럽다
1	2	3	4	5	6	7

(2) 프로그램 만족도 평가지

프로그램의 전반적인 만족도를 평가함으로써 대상자들의 경험과 도움이 되는 점, 개선할 점에 대해 파악한다. 다음 〈표 11-12〉는 ○○시 청소년상담복지센터에서 시행하고 있는 '자기성장 프로그램'의 만족도 평가에 대한 예시이며, 〈표 11-13〉은 ADHD 성향 아동의 담임교사 대상 프로그램인 '특별한 교사 클럽'의 만족도 평가에 대한 예시이다. 프로그램 전반에 대한 만족도의 세부 평가사항은 참여자의 연령 및 특성 등을 고려하여 결정할 수 있다.

표 11-12 ○○시 청소년상담복지센터 '자기성장 프로그램'의 만족도 평가

프로그램 만족도 평가지

○○시 청소년상담복지센터 "자기성장 프로그램"의 만족도 평가

________반　　이름: ________

1. "자기성장 프로그램"에 대한 느낌은 어떤가요?
① 매우 좋았다.　② 좋았다.　③ 보통이다.
④ 나빴다.　⑤ 매우 나빴다.

2. "자기성장 프로그램"의 내용이 어느 정도 도움이 되었나요?

회기 및 주제	매우 도움이 되었다	도움이 되었다	보통이다	별로 도움이 되지 않았다	전혀 도움이 되지 않았다
1회기: 프로그램 방향 제시 및 자기소개					
2회기: 나는 누구인가?					
3회기: 신뢰감 형성					
4회기: 나무위의 친구					
5회기: 가치관 명료화					
6회기: 감정명료화					
7회기: 내 마음의 창문은?					
8회기: 나의 미래 꼴라주					
9회기: 나의 보석찾기, 사랑의 꽃바구니					

3. 가장 기억에 남는 프로그램 활동은 무엇인가요?

____

4. 그 이유는 무엇인가요?

5. 다음 기회에 "자기성장 프로그램"과 같은 프로그램이 있다면 다시 참여하고 싶나요?
① 참여하고 싶다.　② 참여하고 싶지 않다.

6. 그동안 프로그램에 참여하면서 느낀 소감을 솔직하게 적어 보세요.

____

☺ 수고하셨습니다. ☺

표 11-13 ADHD 성향 아동의 담임교사 대상 '특별한 교사 클럽' 프로그램의 만족도 평가

프로그램 만족도 평가지

성명: ________

1. 각 회기별 프로그램의 내용이 어느 정도 도움이 되었는지 골라 체크해 주시고, 관련하여 의견을 작성해 주십시오.

	매우 유용하지 않음			보통			매우 유용
교사 및 아동·부모 프로그램 소개	①	②	③	④	⑤	⑥	⑦
의견:							
ADHD와 ADHD 성향 아동에 대한 이해 및 지도	①	②	③	④	⑤	⑥	⑦
의견:							
거북이숨쉬기 미션	①	②	③	④	⑤	⑥	⑦
의견:							
학급역동과 대화패턴 분석과 "반영적 경청"	①	②	③	④	⑤	⑥	⑦
의견:							
갈등중재대화법	①	②	③	④	⑤	⑥	⑦
의견:							
문제해결 4단계	①	②	③	④	⑤	⑥	⑦
의견:							
멋진 우정을 위한 행동비법	①	②	③	④	⑤	⑥	⑦
의견:							
타임아웃	①	②	③	④	⑤	⑥	⑦
의견:							
정정당당규칙을 적용한 풍선배구게임	①	②	③	④	⑤	⑥	⑦
의견:							
"최악의 이야기, 최상의 이야기"	①	②	③	④	⑤	⑥	⑦
의견:							
문제해결 4단계	①	②	③	④	⑤	⑥	⑦
의견:							
상황과 생각, 감정 나누기 "행동기록"	①	②	③	④	⑤	⑥	⑦
의견:							

2. 구체적인 소감이나 의견

12

CHAPTER

프로그램 평가의 실제 사례

CHAPTER 12

프로그램 평가의 실제 사례

다양한 목적과 형태로 프로그램 평가가 활용되나, 프로그램 평가의 결과물이 대외적으로 발표되는 경우는 일반적으로 학술논문과 현장사업보고서의 형태를 띤다. 학술적 성과를 발표하는 학술논문은 프로그램 개발과 평가에 있어 이론적 근거와 연구설계에 대한 기술과 실행이 보다 엄격하게 이루어지며, 현장사업보고서는 현장에서 실행된 사업의 결과를 보고하고 우수사례를 공유하는 것에 초점이 맞춰지기 때문에 프로그램 실행 과정을 상세히 기술하며 평가가 이루어지는 경우가 많다.

프로그램을 기획, 실행하여 평가까지 이루어진 다음의 예시를 통하여 학술논문과 현장사업보고서의 차이를 살펴보도록 하자. 프로그램 평가 결과를 발표하는 목적성이 학술적 검증 및 성과 발표에 초점을 둔 학술논문과 우수한 현장사업 실행 내용 및 결과 공유에 초점을 둔 현장사업보고서는 프로그램 평가의 목적성뿐 아니라 프로그램 대상, 실행 및 평가방법 등에서 강조하여 기술되는 것에 차이가 있다. 현장사업보고서에서는 프로그램의 필요성에 있어 지역사회 현황 및 요구, 현장에서의 실행가능성이나 예산 등의 효율성도 큰 비중을 차지하나, 학술논문의 경우에서는 프로그램 개발을 뒷받침하는 근거와 논리성, 프로그램 평가의 결과가 근거기반실천의 경험적 근거로 학술적 의의를 가지고 있는지 등이 상대적으로 더 중요하게 다뤄진다.

01 | 프로그램 개발과 평가 학술논문[1)]

1) 이론적 배경

사회복지사 및 상담사의 역량 향상 프로그램은 현장에서 근무하는 종사자의 직무 능력뿐 아니라 직무만족도를 향상시키고, 궁극적으로 서비스의 질과 이용자의 만족도를 향상시킬 수 있다는 점에서 중요하다.

'실천현장에서 효과적인 수행을 위해 요구되는 필수적인 기술, 지식, 태도' (Rylatt and Lohan, 1995: 47)로 정의되는 역량(competency)은 White(1959)가 인간 행동의 동기 측면에서 관심을 가진 이후, McClelland(1973)가 효과적인 직무 수행 및 평가 측면에서 접근하면서 주목을 받게 되었다. 미국사회사업교육협의회(CSWE)는 역량을 '사회사업의 지식과 가치, 기술들로 구성된 측정 가능한 실천행위'라고 정의하였으며(Singer et al., 2012), 사회복지영역에서는 최근까지 의료(Tebes et al., 2011; Zebrack et al., 2008), 정신보건(Rubin et al., 2012), 노인(Gordon et al., 2007), 성적소수자(Van Den Bergh and Crisp, 2004), 아동보호(Leung and Cheung, 1998; Turcotte et al., 2009) 등 특정 대상 및 영역에서 역량기반교육 및 훈련 프로그램이 활발하게 개발 · 평가되어 왔다. 국내에서 최근 사회복지사의 역량에 관한 연구가 늘고는 있으나, 주로 탐색적 연구에 초점이 맞춰져 있어 실천적 측면에서 사회복지사의 역량을 강화할 수 있는 프로그램의 개발과 평가 연구를 찾기는 쉽지 않다. 이에, 근거에 기반한 종사자 역량향상 프로그램 개발과 평가의 실제로 '지역아동센터 종사자의 아동 대상 실천역량 향상 프로그램'을 살펴보고자 한다.

---

1) 본 프로그램은 2014년 국립서울병원의 재원으로 수행되었으며, 한국사회복지학 제67권 제4호에 게재된 "지역아동센터 종사자의 아동 대상 실천역량 향상 프로그램 평가 연구"(배은경, 2015) 중 일부를 수정, 요약함.

2) 프로그램의 목적과 목표, 개발배경

(1) 프로그램의 목적과 목표

본 프로그램의 목적은 지역아동센터 종사자의 아동 대상 실천역량 향상에 있으며, 아동 대상 실천역량은 지역아동센터 종사자가 아동을 대상으로 실천하면서 요구되는 지식, 기술, 태도로 조작적으로 정의하고자 한다. 이에, 본 프로그램의 목표는 ① 지역아동센터 종사자의 아동 관련 지식(ADHD 지식) 향상, ② 지역아동센터 종사자의 아동 대상 실천기술숙련도(지지 및 치료기술) 향상, ③ 지역아동센터 종사자의 아동에 대한 태도(클라이언트 관계변화 임파워먼트) 향상으로 설정하였다.

(2) 프로그램의 개발 배경

프로그램의 목적 및 목표는 프로그램 개발 과정에서 분석된 선행연구 및 지역아동센터 종사자의 욕구조사 결과를 반영한 것으로, 다음과 같은 지역아동센터 종사자의 욕구 및 아동의 특성을 고려하여 프로그램에 반영하고자 하였다.

첫째, 지역아동센터 종사자는 자신의 전문성 인식에서 개입 지식과 기술이 가장 낮은 것으로 인식하고 있었고(김운정 · 최유석, 2014), 실제 아동지도상담의 고충이 종사자의 소진과 관련한 모든 영역 요인에 영향을 끼치고 있다는 점을 고려하여(공계순, 2010) 아동 대상 실천역량에 초점을 두고 지원하고자 하였다. 특히 지역아동센터를 이용하는 아동 중 우선보호아동의 비율이 86%가 넘으며(보건복지부 · 지역아동센터중앙지원단, 2015), 우선보호아동의 특성을 고려할 때 아동 대상 실천역량에 있어 지식적 측면에서 아동정신건강에 관한 지식, 기술적 측면에서 아동의 문제행동에 적절히 대처하는 치료기술을 향상시킬 필요가 있다고 보았다.

둘째, 지역아동센터는 아동이 장시간 '일상'을 보내는 곳이며, 지역아동센터 종사자는 다양한 욕구를 지닌 아동 '집단'과 대부분의 시간을 함께 한다는 점에 주목하였다. 지역아동센터 아동을 정서적으로 지원하며 기존에는 아동의 특정문제를 변화 또는 예방시키기 위하여 대개 외부인력이 일정기간 진행하는 프로그램에 참여하는 것을 우선 고려하는 경우가 많았다. 그러나 낙인화가 우려된다는 점 외에도 아동의 변화를 유지하고 일반화시킴에 있어 지역아동센터 종사자가 관장하는 지역아동센터의 일상과 규칙이 미치는 영향은 크다고 할 수 있으며, 이는 특정문제행동을 보이는 아동뿐 아니라 지역아동센터를 이용하는 모든 아동의 발달 및 정신건강 증진에도 영향을 끼칠 수 있다. 반면, 다양한 역할을 수행해야 하는 지역아동센터 종사자는 아동을 대상으로 실천할 때 개별 아동의 다양한 욕구와 아동 '집단'으로 드러나는 거센 요구를 함께 맞닥뜨리게 되며, 이를 일상적으로 수행하는 과정에서 아동들을 일관되게 지지하고 좋은 관계를 유지한다는 것은 쉽지 않다. 이는 지역아동센터 아동의 종사자에 대한 인식, 관계의 중요성을 살펴본 선행연구(정선욱 · 김진숙, 2014; 최은희 외, 2008; 한준상 · 김경령, 2011)를 통하여 뒷받침된다. 이에 지역아동센터 종사자의 아동 대상 실천역량에 있어 기술적 측면에서 지지기술, 태도적 측면에서 클라이언트 관계변화 임파워먼트를 향상시킬 필요가 있다고 보았다.

셋째, 서비스 이용자의 관점에서 아동이 경험하는 지역아동센터 내 또래관계의 중요성을 고려하여, 아동 대상 실천역량을 향상시킴에 있어 지역아동센터 종사자가 아동 간의 갈등을 안전하게 해결하고 친사회적 행동을 강화하는 기술을 익히는 데 초점을 두었다. 지역아동센터 이용 아동 및 이용 중단 아동의 질적 경험을 살펴본 정선욱과 김진숙(2014: 131)의 연구에서 지역아동센터는 아동에게 '친구를 만나고 공부에 도움을 받으며 안전함을 제공받을 수 있는 공간'이나, 관계가 기대와 다르거나 괴로움의 원인이 될 때 아동은 지역아동센터 이용을 자발적으로 중단하는 것으로 나타났다. 지역아동센터 내에서 아동이 경험하는 관계 및 갈등에 관한 경험이 학교로 확장될 수 있다는 점, 지역아동센터가 아동의 정신건강 증진 및 건강한 발달의 장이 될 수 있음을 고려할 때 지역아동센터 종사자가 아동 간 갈등 중재 및 친사회적 행동 강화를 위한 치료기술을 배우는 것은 중요하다고 할 수 있다.

3) 프로그램의 구조와 내용

(1) 프로그램의 구조

지역아동센터 종사자의 아동 대상 실천역량 향상 프로그램은 종사자 10명을 대상으로 주 1회, 120분씩 총 5회기를 운영하였다. 지역아동센터 종사자 10명은 4개 기관에서 근무하는 종사자로 구성되었으며, 이는 종사자의 실천역량 향상이 궁극적으로 지역아동센터 이용 아동에게 반영될 수 있기를 기대할 경우 종사자 개인의 프로그램 참여보다 기관 종사자 전체의 참여가 의미 있을 수 있다는 전문가자문을 반영한 것이다. 프로그램 간격 및 시간, 회기 역시 프로그램의 진행에 있어 6~10명을 대상으로, 120분간 주 1회, 총 5회 미만으로 직접적인 교사역할 훈련을 원한 욕구조사(배은경, 2015)를 바탕으로 구성하였다.

매 회기의 구성은 일주일 이야기(아동 및 센터 내 상황 및 변화, 어려움 나누기) → 과제 점검(성취와 어려움 논의) → 주제활동(설명, 시연, 과제 제시) → 평가 · 질문 및 마무리로 구조화되어 진행되었으며, 매주 지역아동센터 종사자가 프로그램 내용을 적용하며 경험한 성취와 어려움을 논의, 반영함으로써 프로그램에서 익힌 실천역량이 현장에서 일반화될 수 있도록 지원하고자 하였다.

(2) 프로그램의 내용

프로그램의 내용은 선행연구 및 지역아동센터 종사자의 욕구조사에서 나타난 주제를 고려하여 1회기에서 배운 산만한 아동에 대한 지식 및 지지기술을 바탕으로, 2~4회기에 걸쳐 아동의 문제행동 대처, 갈등중재, 친사회적 행동 향상을 중점적으로 다루는 치료기술 및 클라이언트 관계변화 임파워먼트를 반복적인 실연을 통하여 익힌 뒤, 5회기에서 회기별 내용을 정리하고 피드백을 나눈 뒤 종결할 수 있도록 구성되었다. 회기별 내용은 다음 〈표 12-1〉과 같다.

1회기는 "오리엔테이션/ADHD 성향 아동에 대한 이해 및 지도, 마음 읽기"라는 제목으로 ADHD 지식, 지지기술을 중점적으로 다룬다. 오리엔테이션을 통하여 프로그램 소개 및 지역아동센터 종사자의 욕구를 나눈 뒤, ADHD 지식과 개별 아동 및 집단에서 유용한 지도방법을 배운다. 감정조절에 유용한 '거북이숨쉬기 미션' 및 반영적 경청(Gordon, 2000)을 활용한 마음읽기 대화 등을 실연하여 익히는 내용으로 구성되어 있다.

2회기는 "문제행동 대처/갈등중재 I"라는 제목으로 지지기술, 치료기술, 클라이언트 관계변화 임파워먼트를 다룬다. 아동의 문제행동에 대한 'Time-Out' 기법, Camp와 Bash(1985)의 Think Aloud를 아동집단에 맞게 수정한 '문제해결 4단계' 기법, 아동 간 갈등상황 중재대본(배은경, 2009)을 지역아동센터 상황에 맞춰 수정, 실연하면서 보다 쉽게 일반화할 수 있도록 구성되어 있다.

3회기는 "갈등중재 II"라는 제목으로 치료기술, 클라이언트 관계변화 임파워먼트를 다루는 과정이다. '최악의 이야기, 최상의 이야기'(배은경, 2009)라는 아동 간 갈등중재를 목적으로 하는 치료기술을 실연하는 과정에 초점이 맞춰져 구성되어 있다. 지역아동센터 종사자는 시각적 도구인 도미노를 활용하여 '최악의 이야기, 최상의 이야기'를 실행함으로써 아동들의 집중 및 자발적인 참여를 이끌어낼 수 있고 아동은 최상의 이야기를 만들어가는 과정을 통하여 스스로 갈등해결을 위한 방법을 찾아가게 된다는 점에서 치료기술과 클라이언트 관계 변화 임파워먼트 향상을 꾀할 수 있다.

4회기는 "아동의 친사회적 행동 증가시키기"라는 제목으로 지지기술, 치료기술을 다루는 과정이다. 지역아동센터 종사자가 아동을 대상으로 풍선배구 팀경기를 진행하며 아이들이 정정당당하게 규칙을 익히고 스스로 평가할 수 있도록 지원하는 '정정당당규칙이 적용되는 풍선배구게임'을 실연하고 익히도록 구성되어 있다. 또래와 좋은 놀이 경험을 충분히 해보지 못한 아동들에게 감정을 조절하고 결과를 받아들이는 과정, 정당하게 적절히 주장하는 경험의 기회를 제공할 수 있으며, 지역아동센터 종사자가 정정당당 규칙을 일상의 다양한 상황에서 활용할 수 있다는 점에서 아동 대상 실천역량의 치료기술 측면에서 유용하다. 지역아동센터 종사자가 게임을 진행하며 아동들을 반복적으로 격려하고, 아동이 스스로를 평가하는 과정을 주관할 때도 구체적으로 지지하도록 구성되어 있어 실천역량의 지지기술 측면에서도 유용하다고 할 수 있다.

종결회기인 5회기는 "회기별 정리 및 종결"이라는 제목으로 모든 과정을 되돌아보면서 각 회기별 내용을 실행하며 나왔던 이슈들을 정리, 점검하는 과정이다. 그동안 지식, 기술, 태도적 측면에서 다뤄진 지역아동센터 종사자의 아동 대상 실천역량 프로그램에 대한 전반적인 피드백을 나누도록 구성되어 있다.

표 12-1 지역아동센터 종사자의 아동 대상 실천역량 향상 프로그램 개입 프로토콜

회기	제목	내용	지원역량
1	오리엔테이션/ ADHD 성향 아동에 대한 이해 및 지도, 마음 읽기	1) 지역아동센터 종사자 아동 대상 실천역량 강화 프로그램 "특별한 티처 클럽" 소개 2) 참가자 자기소개 및 프로그램에 대한 기대 및 어려운 점 나누기 3) ADHD 이해 및 ADHD 성향 아동에 대한 개별, 집단 지도 팁 나누기 4) 마음조절 비법-거북이숨쉬기 미션 나누기 5) 마음읽기 대화 익히기	ADHD 지식 지지기술
2	문제행동 대처/ 갈등중재 I	1) 아동 및 센터 내 상황 및 변화, 어려움 나누기 2) 센터 내 아동 갈등중재 대본 나누기 3) 문제행동에 대한 대처 및 역동 이해: 타임아웃 4) 갈등중재하기: 문제해결 4단계 활용하기	지지기술 치료기술 클라이언트 관계변화 임파워먼트

3	갈등중재 II	1) 아동 및 센터 내 상황 및 변화, 어려움 나누기 2) 아동의 갈등상황 표현 및 상황조망 능력 향상시키기: 시간의 순서, 원인과 결과, 행동과 감정, 반응을 조망하는 “최악의 상황, 최상의 상황” 기법 활용하기	치료기술 클라이언트 관계변화 임파워먼트
4	아동의 친사회적 행동 증가시키기	1) 아동 및 센터 내 상황 및 변화, 어려움 나누기 2) 센터 전체의 친사회적 행동 증가시키기: 풍선배구 진행을 통한 정정당당규칙 적용(지역아동센터를 방문한 진행지원도 가능)	지지기술 치료기술
5	회기별 정리 및 종결	1) 아동 및 센터 내 상황 및 변화, 어려움 나누기 2) 회기별 내용정리 및 점검하기 3) 프로그램 전반에 대한 질문 및 피드백, 평가하기	

4) 프로그램의 평가방법(양적 · 질적평가)

본 연구의 목적은 지역아동센터 종사자의 아동 대상 실천역량 향상 프로그램의 영향을 평가하려는 것이다. 이러한 목적을 달성하기 위하여, 본 연구에서는 양적평가방법과 질적평가방법을 병행하는 혼합방법론을 활용하였다. 이는 프로그램 대상자이자 연구참여자들의 객관적 변화 수준과 주관적 변화 경험을 모두 파악하기 위한 것으로, 이를 통하여 프로그램이 연구참여자들에게 어떠한 영향을 미쳤는지 다양한 차원에서 분석하고자 하였다. 지역아동센터 종사자를 대상으로 아동 대상 실천역량 향상에 초점을 둔 프로그램 개발 및 효과성 관련 선행연구가 거의 없다는 점에서 연구참여자들이 프로그램에 참여하면서 나타난 변화의 양상, 프로그램 내용과 관련하여 드러난 이슈를 세밀하게 살펴보고자 하였기 때문에, 주관적 경험에 초점을 둔 질적평가연구와 객관적 변화 수준을 측정하기 위한 양적평가연구를 병행하였다. 양적평가에서 프로그램의 효과성을 검증하기 위하여 유사실험설계 중 비동일 비교집단설계를 활용하였다. 실험집단에는 5회기로 구성된 지역아동센터 종사자의 아동 대상 실천역량 향상 프로그램을 실행하였고, 비교집단은 별도의 프로그램이 진행되지 않았다.

(1) 양적평가

① 인구학적 변인의 특성에 대한 동질성 검증

본 연구에서 프로그램의 효과성을 좀 더 객관적으로 검증하기 위하여 실험집단과 비교집단의 동질성 검사를 실시하였으며, 연구참여자들의 인구사회학적 특성은 〈표 12-2〉와 같이 나타났다. 먼저 연구참여자의 성별은 실험집단이 여성 10명, 비교집단은 여성 8명, 남성 2명로 분포되어 있었으나 집단 간 차이는 유의미하지 않은 것으로 나타났다. 연령대의 경우 실험집단은 20대 1명, 30대 2명, 40대 6명, 50대 1명으로 구성되었고, 비교집단은 20대 2명, 30대 1명, 40대 5명, 50대 2명으로 구성되었으나 집단 간 차이는 유의미하지 않은 것으로 나타났다. 지역아동센터 경력과 관련 교육경험의 경우 실험집단과 비교집단이 동일하게 분포되어 있었다. 따라서 위의 인구사회학적 특성들은 집단에 따라 통계적으로 유의미한 차이가 존재하지 않는 것으로 나타났다.

표 12-2 실험집단과 비교집단의 인구사회학적 동질성 비교

(N = 20)

항목	구분	빈도(비율)		t/x^2
		실험집단	비교집단	
연령대	20대	1	2	1.09
	30대	2	1	
	40대	6	5	
	50대	1	2	
지역아동센터 경력	5년 미만	2	2	.00
	5~10년 미만	5	5	
	10~15년 미만	3	3	

성별	여성	10	8	2.22
	남성	-	2	
관련교육경험	유	8	8	0.00
	무	2	2	

② 실험 · 비교집단의 ADHD 지식, 사회복지실천기술 숙련도, 클라이언트 관계변화 임파워먼트 동질성 비교

프로그램 실시 전 ADHD 지식, 사회복지실천기술 숙련도, 클라이언트 관계변화 임파워먼트에 있어 실험집단과 비교집단 간 사전 동질성을 살펴보았으며, 그 결과는 다음 〈표 12-3〉과 같이 나타났다. ADHD 지식 평균은 실험집단 52.82점, 비교집단 49.95점이었으며, 통계적으로 유의미한 차이는 나타나지 않았다. 사회복지실천기술 숙련도는 지지기술과 치료기술로 나누어 살펴보았으며, 지지기술의 평균은 실험집단 3.90점, 비교집단 3.74점, 치료기술의 평균은 실험집단 3.10점, 비교집단 3.02점이었으며, 모두 통계적으로 유의미한 차이는 나타나지 않았다. 클라이언트 관계변화 임파워먼트 평균은 실험집단 3.51점, 비교집단 3.38점이었으며, 통계적으로 유의미한 차이는 나타나지 않았다. 이상의 동질성 검사 결과를 요약해 보면, ADHD 지식, 사회복지실천기술 숙련도의 지지기술과 치료기술, 클라이언트 관계변화 임파워먼트에 있어 두 집단 간 점수의 차이는 통계적으로 유의미하지 않은 것으로 나타났다.

표 12-3 실험 · 비교집단의 ADHD 지식, 사회복지실천기술 숙련도, 클라이언트 관계변화 임파워먼트 동질성 비교

N=20

항목		집단구분	평균	표준편차	평균순위	U값	Z값
ADHD 지식		실험	52.82	6.15	11.75	37.50	−.95
		비교	49.95	5.05	9.25		
사회복지 실천기술	지지기술	실험	3.90	.31	11.65	38.50	−.88
		비교	3.74	.34	9.35		
	치료기술	실험	3.10	.40	11.00	45.00	−.38
		비교	3.02	.36	10.00		
클라이언트 관계변화 임파워먼트		실험	3.51	.34	11.75	37.50	−.98
		비교	3.38	.31	9.25		

③ 실험 · 비교집단의 ADHD 지식, 사회복지실천기술 숙련도, 클라이언트 관계변화 임파워먼트 사전 · 사후 변화 비교

본 프로그램의 효과성을 평가하기 위하여 지역아동센터 종사자의 ADHD 지식, 사회복지실천기술 숙련도, 클라이언트 관계변화 임파워먼트 척도로 사전 · 사후를 비교하였다. 실험집단은 사회복지실천기술 숙련도의 지지기술($p<0.01$)과 치료기술($p<0.001$)에서 유의미하게 향상된 것으로 나타났고, 클라이언트 관계변화 임파워먼트에서도 유의미하게 향상되는 것으로 나타났다($p<0.01$). 그러나 ADHD 지식은 실험집단과 비교집단 모두에서 소폭 향상된 것으로 나타나 통계적으로 유의미한 변화는 없는 것으로 나타났다. 그 결과는 〈표 12-4〉와 같다.

표 12-4 실험 · 비교집단의 ADHD 지식, 사회복지실천기술 숙련도, 클라이언트 관계변화 임파워먼트의 사전, 사후 변화비교

(N = 20)

항목		집단구분	평균(표준편차)		평균순위	순위종합	Z값
			사전	사후			
ADHD 지식		실험	52.82(6.15)	56.58(4.46)	10.60	106.00	−.07
		비교	49.95(5.05)	52.50(2.99)	10.40	104.00	
사회복지 실천기술	지지 기술	실험	3.90(.31)	4.38(.34)	14.65	146.50	−3.24**
		비교	3.74(.34)	3.73(.33)	6.35	63.50	
	치료 기술	실험	3.10(.40)	3.34(.42)	15.50	155.00	−3.83***
		비교	3.02(.36)	2.96(.36)	5.50	55.00	
클라이언트 관계변화 임파워먼트		실험	3.51(.34)	3.78(.41)	14.65	146.50	−3.24**
		비교	3.38(.31)	3.33(.36)	6.35	63.50	

$p^{**} < .01$, $p^{***} < .001$

(2) 질적평가

아동 대상 실천역량 향상 프로그램을 통한 지역아동센터 종사자의 주관적 경험을 파악하기 위해 프로그램을 진행하는 과정에서 작성된 프로그램 일지, 회의록, 연구참여자가 작성한 과제수행일지, 평가지 등을 분석하였다. 그 결과로 종사자의 실천역량 향상, 아동의 변화에 대한 인식, 프로그램에 대한 강점 및 보완점 인식 등 3가지 범주를 도출할 수 있었다. 범주와 개념을 중심으로 구체적으로 기술하면 다음 〈표 12-5〉와 같다.

표 12-5 지역아동센터 종사자의 주관적 경험

범주	개념	의미 단위
종사자의 실천 역량 향상	아동과 집단 역동에 대한 이해 향상	ADHD 아동에 대한 이해가 늘어남. 아동들 간의 역동에 대한 인식이 커짐
	아동 대상 실천기술 향상	가장 단순하지만 가장 큰 효과. 감정조절에서 아동과 교사 모두에게 도움이 됨. 자기중심적 사고에서 상황을 조망, 해결하도록 하는 기술을 사용하게 됨. 갈등상황을 정리함에 유용하고, 아이들의 참여를 이끌어냄
	아동을 대하는 태도와 관계의 변화	아이들이 처음에는 어색해하였으나 변화된 분위기에 익숙해짐. 기대보다 잘 하는 아이를 바라보며 마음가짐을 돌아봄. 아동과 유대관계의 신뢰성이 조금 더 생김. 아이들에게 일어나는 일에 대해 알게 되고 (아이들의) 마음 그대로를 인정하는 대화를 했으면 얼마나 좋았을까 성찰하게 됨. 아이들을 보다 긍정적인 메시지로 대하려고 함
아동의 변화에 대한 인식	아동의 행동 변화	수업시간 태도가 좋아짐. 인정하고 잘 받아들이고, 배운 정정당당 규칙을 다른 곳에서도 써먹음. 더 이상 화장을 하고 다니지 않음
	감정조절 및 표현 증가	칼날 같던 마음이 눈 녹듯 평안. 과잉된 감정 표현이 변화됨. 자신의 감정을 언어적으로 표현하는 모습이 증가함. 갈등상황에 대한 적절한 대처를 표현함
	아동끼리 서로 지원	갈등 상황인 상대 아이의 마음을 읽어줌. 다른 아이를 쉽게 도와주는 등 주변 아이들에게도 파급력이 있음
	아동 스스로 해결책을 찾음	구체적인 규칙과 순서를 아이들이 직접 만들어냄. 갈등중재가 필요한 상황에 대한 대처를 아이들이 제안함. 화장이나 핸드폰 같은 민감한 생활규칙을 스스로 결정하게 됨
프로그램의 강점 및 보완점 인식	프로그램의 강점 인식	실제 상황의 어려움을 나누면서 컨설팅처럼 진행. 각 센터별 특수하고 보편적인 상황을 나누어 해결에 도움이 됨. 반복해서 들으니 연습이 됨. 프로그램을 통해 아이들에게 더 집중하고 나의 일상에도 적용해 볼 수 있어 좋았음. 받은 교육 중 가장 효과적
	프로그램의 보완점 인식	ADHD에 관해 더 깊이 있는 수업이 필요함. 기법에 대한 숙지가 없을 때 의미 없는 프로그램형으로 진행될 수 있음. 종사자 역량과 시간상의 제약을 가지게 됨. 공간적 제약. 주기적 운영 필요성

① 종사자의 실천역량 향상

가. 아동과 아동집단 역동에 대한 이해와 인식 변화

- 의미 단위: ADHD 아동에 대한 이해가 늘어남. 아동들 간의 역동에 대한 인식이 커짐. 아동에 대한 신뢰가 늘어나게 됨.
- 의미 있는 자료(관찰 및 프로그램 일지, 과제수행일지, 평가지 분석)

"센터 내 아이들 중 주의력이 부족한 아이들에 대한 이해가 없으면 그 아이를 비난하거나 야단을 치게 되는데 이런 교육을 통해 그 아이들이 이해받고 보호받을 수 있게 됐다.", "ADHD 아이가 노래방에서 노래를 부르는데 못 찾겠다 꾀꼬리를 부르는 중에 '애들아~' 하고 부르는 대목에서 친구들이 아무런 반응이 없었던 아이가 (문득) 생각나서 이 아이를 대할 때 다른 아이들이 어떻게 대해야 하는지 이 프로그램으로 교육해 볼 수 있을 것 같다."

나. 아동 대상 실천기술 향상

- 의미 단위: 가장 단순한 듯하면서 가장 큰 효과. 감정 조절에 있어 아동과 교사 모두에게 도움이 됨. 자기중심적 사고에서 상황을 조망, 해결하도록 하는 기술을 사용하게 됨. 갈등상황을 정리함에 유용하고, 아이들의 참여를 이끌어냄.
- 의미 있는 자료(관찰 및 프로그램 일지, 과제수행일지, 평가지 분석)

"마음읽기 대화. 가장 단순한 듯한 기법에도 불구하고 가장 큰 효과를 가져온 놀라운 기법", "감정을 조절하는 거북이숨쉬기는 아동과 교사 모두에게 필요한 미션이었다.", "친구를 넘어뜨린 상황에서 선생님께 야단을 맞았는데 선생님이 이전 이야기까지 꺼내 혼을 내게 되면서 2~3일 동안 아이가 비분(悲憤)이 쳐서 있었던 아이에게 대화를 시도했고, 아직도 아이가 마음이 풀리지 않았는지 그 상황에서도 자기 말만 하고 있었다. 그래서 다시 상황을 처음부터 이야기해 보기로 하고 아이가 좋지 않은 상황이라고 하길래 더 좋은 상황을 만들어 보자고 했고, 아이가 생각이 나지 않는다고 하자 대화로 풀어서 이야기를 했더니 질서를 잘 지키면 된다는 최상의 상황을 아이가 스스로 이야기하였고, 이후 아이의 마음이 풀어진 것을 느낄 수 있었다.", "아이 둘이 싸우는 상황에서 사과를 시켜줘야 했는데 바빠서 시간이 지나가 버렸다. 다음날 한가한 시간에 아이와 어제의 상황에 대해 이야기를 나누었고 젠가를 하면서 이야기를 나누었더니 주변 아이들도 재밌겠다며 흥미를 보였고, 상황을 차근차근 이야기했더니 아이가 이야기를 잘하였다. 아무래도 도구를 사용하면서 이야기하는 것이 아이에게 좋았던 것 같았다."

다. 아동과의 관계 변화

- 의미 단위: 아이들이 처음에는 어색해하였으나 변화된 분위기에 익숙해짐. 기대보다 잘 하는 아이를 바라보며 마음가짐을 돌아봄. 아동과 유대관계에 좀 더 신뢰가 쌓임. 아이들에게 일어나는 일에 대해 알게 되고 (아이들의) 마음 그대로를 인정하는 대화를 했으면 얼마나 좋았을까 성찰하게 됨. 아이들을 보다 긍정적인 메시지로 대하려고 함.
- 의미 있는 자료(관찰 및 프로그램 일지, 과제수행일지, 평가지 분석)
  "처음에는 선생님이 놀리는 것 같다, 선생님이 오늘 이상하다 하며 (선생님이 이야기를 들어주며 부드럽게 대하는 것에) 어색해하더니 (아이들과의 관계변화에) 도움이 되었어요.", "고학년이고 늘 문제의 중심이었던 **이를 보며 (풍선배구) 시작 전 설명하는 시간이 길어질수록 옆에서 보기에 불안했으나 막상 게임을 하니 잘 참여하였다. 이런 걱정들이 내가 적응이 되지 않아서 그렇지 아이들은 의외로 잘하는 모습을 볼 수 있었다. (아이들이) 규칙을 지키는 것에 대한 아쉬움이 있었는데 이러한 것들은 아이들의 문제가 아니라 선생님들의 마음가짐이 중요한 것 같다.", "아동과 유대관계가 좀 더 신뢰롭게 만들어진 것 같다.", "우리 아이들에게 일어날 수 있는 일에 대해 알 수 있어서 좋았다. 키우던 화분을 누가 새순을 따버려 속상해 하던 아이에게 괜찮다고 위로만 했는데 마음을 그대로 인정하는 마음읽기 대화를 했으면 얼마나 좋았을까 하는 반성적인 생각이 들어서 내가 이 프로그램에 참여하길 잘했다는 생각이 들었다.", "최선(최상)의 이야기가 좋다고 항상 생각하고 살았지만, (아이들에게) 최악의 이야기만을 하며 살았던 것 같다. 앞으로는 최선(최상)의 이야기로 바꿔서 아이들을 대해야겠다."

② 아동의 변화에 대한 인식

가. 아동의 행동 변화

- 의미 단위: 수업시간 태도가 좋아짐. 인정하고 잘 받아들이고, 배운 정정당당규칙을 다른 곳에서도 써먹음. 더 이상 화장을 하고 다니지 않음.
- 의미 있는 자료(관찰 및 프로그램 일지, 과제수행일지, 평가지 분석)

  "거북이 숨쉬기 성공 여부에 대해 아이들에게 설명해 주면서 했더니 수업시간의 태도가 아주 좋아졌어요.", "한 아이가 중간에 브레이크를 걸었을 때 교수님께서 이렇게 하는 상황이 정당한지 질문을 하셨는데 원래 잘 받아들이지 못하는 아이가 인정을 하고 잘 받아들이는 모습을 보고 놀라웠다. 아이들이 더 하고 싶어 했었고, 그 후 다른 게임을 할 때에도 '정정당당'이라는 단어를 사용하는 모습을 보고 뿌듯했고, 지속적으로 사용한다면 아이들이 자연스럽게 습득될 것 같다.", "멋을 심하게 많이 내는 여자아이에게 화장하는 행동에 대해 마음읽기 대화로 인정해 주고 대신 클렌징을 깨끗하게 하는 법을 알려주었어요. 그 아이의 다른 부분도 칭찬해 줬고요. 아이가 칭찬 받은 부분은 강화되었고 최근에는 화장도 하지 않는 변화가 일어났어요."

나. 감정 조절 및 표현 증가

- 의미 단위: 칼날 같던 마음이 눈 녹듯 평안. 과잉된 감정 표현이 변화됨. 자신의 감정을 언어적으로 표현하는 모습이 증가함. 갈등상황에 대한 적절한 대처를 표현함.
- 의미 있는 자료(관찰 및 프로그램 일지, 과제수행일지, 평가지 분석)
"칼날 같던 마음을 눈 녹듯 하듯 평안으로 인도함.", "감정이 과잉되게 드러나는 지역아동센터 아동들이 변화한 것 같아요.", "갈등상황은 아니었지만 친구가 전화를 빌려달라고 해서 빌려주기 싫은데 빌려주고 화가 나 있는 아이에게 '전화를 빌려주기 싫은데 빌려주게 되어서 짜증이 났구나'라고 했더니 그제야 자신의 감정을 표현하더라고요.", "아이들이 싸우면서 연필로 찌르는 상황에서 도미노를 놓고 해 보았는데 우리 다시 한 번 최상의 상황을 만들어 보자라고 했더니 '말로 다시 한 번 이야기를 하자'는 최상의 상황을 이야기를 해보았고 앞으로 계속해서 해 보려고 젠가를 구입해 두었다."

다. 아동끼리 서로 지원

- 의미 단위: 갈등 상황인 상대 아이의 마음을 읽어줌. 다른 아이를 쉽게 도와주는 등 주변 아이들에게도 파급력이 있음.
- 의미 있는 자료(관찰 및 프로그램 일지, 과제수행일지, 평가지 분석)
"센터에서 갈등 상황에 놓인 두 아이 중에 한 아이의 마음을 읽어 주었더니 아이가 상대방 아이의 감정을 읽어주는 모습을 보았다.", "공동체 놀이를 하는데, 유일하게 끼여 있던 유치원생이 가위바위보에서 지고는 울었어요. '(가위바위보로) 편을 가를 줄 몰랐는데 편을 가르게 되어 많이 속상

했구나'라고 했더니 (유치원생이) 진정하기도 하고 주변 아이들도 평소와 달리 쉽게 그 아이를 도와줘서 마음읽기 대화가 지켜보는 주변 아이들에게도 파급력이 있음을 알게 되었어요."

라. 아동 스스로 해결책을 찾음

- 의미 단위: 구체적인 규칙과 순서를 아이들이 직접 만들어냄. 갈등 중재가 필요한 상황에 대한 대처를 아이들이 제안함. 화장이나 핸드폰 같은 민감한 생활규칙을 스스로 결정하게 됨.
- 의미 있는 자료(관찰 및 프로그램 일지, 과제수행일지, 평가지 분석)

"실제 상황에 적용해 보았는데 토끼 먹이를 주는 것에 대한 구체적인 규칙과 순서를 세우는 것으로 아이들이 최상의 이야기를 만들어서 뿌듯했다.", "갈등을 해결해야 할 상황에서 아이들과 함께 자치회를 열었어요. 갈등중재가 필요한 상황에서 무엇을 할지 함께 의논해 보니 아이들이 거북이 숨쉬기 이외에 여러 가지 의견들을 제시해 주었어요. 한 아이는 1부터 10까지 세고 나서 천천히 이야기하는 방법을 이용하자는 아이도 있었고.", "화장을 심하게 하는 아이들에게 화장품 사용에 대한 이야기를 하게 하고 아이들을 모아놓고 자치회를 열어(최악, 최상의 이야기 기법을 적용해) 너도 좋고 나도 좋은 것, 안전한 것인가, 정당한 것인가를 스스로 결정할 수 있는 과정을 함께 해 합의점을 찾아보았고, 휴대폰 사용에 대한 의견도 자치회를 통해 휴대폰 보관함을 만들어 센터에 오면 바로 함에 넣는 것으로 아이들 스스로 자치회의를 통해 결정하기로 하였고, 결정된 내용들을 벽에 붙여 지키도록 하였더니 효과가 아주 좋았다."

③ 프로그램의 강점 및 보완점 인식

가. 프로그램의 강점 인식

- 의미 단위: 실제 상황의 어려움을 나누면서 컨설팅처럼 진행. 각 센터별 특수하고 보편적인 상황을 나누어 해결에 도움이 됨. 반복해서 들으니 연습이 됨. 프로그램을 통해 아이들에게 더 집중하고 나의 일상에도 적용해 볼 수 있어 좋았음. 받은 교육 중 가장 효과적.
- 의미 있는 자료(관찰 및 프로그램 일지, 과제수행일지, 평가지 분석)
  "특별한 티처클럽이 매우 유용한 점은, 각 센터의 실제 상황의 어려움을 나누면서 컨설팅 또는 멘토처럼 진행되어 아이들 지도에 아주 많은 도움이 되었고, 끝나니 아쉬워요.", "각 센터별 특수한 혹은 보편적 상황에 대해 나누고 해결책을 들으면서 정보가 공유되고, 구체적인 사안과 해결책에 대해들을 수 있어서 좋았어요.", "계속해서 반복해서 들으니 연습이 되는 듯하다.", "프로그램을 배우면서 아이들을 더 집중해서 볼 수 있는 것 같고 나의 일상에도 적용해 볼 수 있는 점이 좋았다.", "(지역아동센터에서 일한) 7년간 지금까지 (받은) 교육 중에서 가장 효과적으로 마음에 와 닿았다. 우리 아이들에게 정말 필요한 내용이었다. 시간적 여유만 있으면 더 많은 걸 배우고 싶다."

나. 프로그램의 보완점 인식

- 의미 단위: ADHD에 관해 더 깊이 있는 수업이 필요함. 기법에 대한 숙지가 없을 때 의미 없는 프로그램형으로 진행될 수 있음. 종사자 역량과 시간상의 제약을 가지게 됨. 공간적 제약. 주기적인 운영 필요성.
- 의미 있는 자료(관찰 및 프로그램 일지, 과제수행일지, 평가지 분석)
  "ADHD, 주의력결핍행동에 대한 주제로 더 깊이 있는 수업을 했으면 한다.", "(문제해결4단계) 이런 기법들은 기법을 사용하는 교사가 기법에 대해 정확한 숙지가 있어야만 사용해야겠다고 느꼈고, 모르는 선생님이 하면 그냥 의미 없는 프로그램형으로 진행될 수 있다고 생각돼요.", "제시된 예시와 같은 갈등중재 대화법이 실제 센터에서는 종사자 역량과 시간상의 제약을 가지게 된다.", "타임아웃은 어느 정도 (진행할 공간) 위치가 필요하다.", "주기적으로 이러한 멘토링 프로그램이 있으면 센터의 서비스 질이 올라갈 것 같다."

02 | 프로그램 개발과 평가 현장지원사업

경계선 지적 기능 청소년의 사회 기능 향상 및 자립 역량 강화를 위해 주민 참여형 취미 활동을 기반으로 한 지역사회 연계 통합 사업 "한울타리 II"[2)]

1) 프로그램 실시 배경

한 학급당 3명, 전 인구의 약 12%로 추정되는 경계선 지적 기능 청소년은 일반 학교 적응과 학습이 어려운 고위험군이지만 사회에서 철저하게 방치되어 왔다. 정신지체장애 인구 2%, 학습장애 인구 4%에 비하면 경계선 지적 기능 청소년의 수는 월등히 많지만 국가적 차원의 대책은 미흡했다. 이들은 늦되는 아이, 답답한 아이, 둔한 아이, 공부 못하는 아이, 눈치 없는 아이 등으로 취급받기 일쑤였

2) 2016년 삼성복지재단 작은나눔 큰사랑 우수자료집의 동대문종합복지관 사례로, 삼성복지재단 및 동대문종합복지관 담당자로부터 동의를 얻어 수록함

으며, 일반 학교에 다니지만 학업 성취는 물론 또래 관계, 생활 태도, 진로 준비 등에 어려움을 겪어 왔다. 특히 경계선 지적 기능 청소년에 대한 부모의 이해가 부족할 경우, 자녀를 통제하는 강압적이며 차별적인 양육 태도로 자녀 성장을 저해하고, 부모 자식 관계를 악화시킨다. 이렇듯 경계선 지적 기능 청소년들이 개인, 가족, 학교 및 사회에서 겪는 어려움에서 시작한 "한울타리" 프로그램은 올해로 2년차 사업을 마무리하는 단계에 와 있다. 1차 연도 사업 성과를 기반으로 올해 "한울타리" 사업에서는 고등학교에 진학하는 참여자들을 중심으로 졸업 후 자립에 대한 욕구를 파악하고, 취미 활동 프로그램의 심화 과정으로 진로 계획 프로그램을 진행했다. 이들은 그간 가정, 학교, 또래 관계 등 주위 환경에서 경험한 반복된 실패와 이에 따른 부적응으로 자립 의지가 결여되거나 취약한 경우가 많았다. 실패 경험 속에서 강화된 부정적 특성(쉽게 좌절하는 경향과 우울감, 공격적 성향, 충동 성향 등)이 취약한 환경과 만나 스트레스가 증폭되면 통제력을 잃고 한 가지 일을 오래 지속하지 못하는 모습을 관찰할 수 있었다.

따라서 "한울타리" 2차 연도에는 참여자들의 자립 역량 강화를 목표로 진로와 관련한 목표를 스스로 세우고, 이를 꾸준하고 성실하게 준비하여 도전하게 돕고자 한다. 이에 따라 성공과 실패라는 결과를 넘어 과정에서 만족과 성취 경험을 얻고, 이를 통해 자신감과 의지를 얻어 독립적이고 주체적인 삶의 주인이자 사회구성원으로 설 수 있도록 준비하는 활동을 지난 1년간 진행하였다.

2) 프로그램 개요

(1) 목적

1차 연도 사업성과에 기반하여, 경계선 지적 기능 청소년들을 대상으로 주민참여형 취미 활동 및 특기 적성 활동을 준비한다. 자립 준비와 관련한 참여 청소년들의 내적 역량 강화 및 사회적 관계망을 확대하며, 이들에 대한 가족 및 지역

사회의 지지적 환경을 조성함으로써 지역 내 통합을 도모한다.

(2) 목표 및 하위 목표

- 목표 1. 또래 청소년과 함께하는 취미 공동체 활동을 주민의 재능 기부를 통해 운영함으로써 경계선 지적 기능 청소년의 사회적 관계망을 형성한다.

- 하위 목표 1. 경계선 지적 기능 청소년의 욕구를 반영한 3가지 주제의 취미 활동 집단을 조직하여 주 1회(연 20회) 지역주민, 또래 친구와 함께 진행함으로써 친밀한 관계 형성을 도모한다.
- 하위 목표 2. 취미 공동체 활동 내용을 반영한 지역사회 나눔 활동을 연 1회 진행하여 성취 경험을 공유하고 유대감을 증진한다.
- 하위 목표 3. 연 1회 취미 공동체 활동 참여자가 직접 기획하는 1박 2일 여행을 진행하여 집단 결속력을 높인다.

- 목표 2. 주민 참여형 취미 공동체 활동에서 연장된 심화 활동으로, 진로 및 직업 계획과 관련한 특기적성 활동을 진행하여 경계선 지적 기능 청소년의 자립과 관련한 내적 역량을 강화한다.

- 하위 목표 1. 1차 연도의 취미 공동체 활동 중 공인 민간 자격 취득이 가능한 집단을 중심으로 이론 교육과 실습 교육을 병행하는 특기 적성 활동을 주 2회(연40회) 진행함으로써 직업 계획에 대한 인식을 증진한다.
- 하위 목표 2. 직업 체험 활동을 연 1회 진행하여 독립된 사회 구성원으로서의 긍정적 자아상을 형성한다.

• 목표 3. 가족 관계 증진 프로그램을 통해 가족 구성원 간의 지지적 관계를 형성한다.

• 하위 목표 1. 연 2회 가족 문화 활동을 통해 가족 구성원 간의 유대감을 증진한다.
• 하위 목표 2. 연 4회 보호자 간담회 및 교육을 통해 경계선 지적 기능 자녀에 대한 인식을 개선한다.
• 하위 목표 3. 연 8회 일상생활과 관련한 경계선 지적 기능 청소년 집단 교육을 진행한다.

• 목표 4. 지역 인식 개선 프로그램을 통해 경계선 지적 기능 청소년에 대한 지역 사회의 이해를 도모하고 사회적 지지망을 확대한다.

• 하위 목표 1. 학생(또래 청소년) 및 교사, 지역 기관 실무자를 대상으로 지역 교육을 진행하여 경계선 지적 기능에 대한 올바른 이해를 도모한다.
• 하위 목표 2. 월 1회 주민 등 관련 참여자와 함께하는 사례 회의를 진행하여 경계선 지적 기능 청소년과 함께 하는 활동에 대한 고민과 의견을 나누고 동료슈퍼비전을 한다.
• 하위목표 3. 연 1회 지역캠페인을 통해 경계선 지적 기능에 대한 관심을 유도한다.

(3) 프로그램 대상

<table>
<tr><td rowspan="2">대상자 범위</td><td>개념의 범위</td><td>• 14~18세 사이의 경계선 지적 기능이 의심되는 청소년</td></tr>
<tr><td>기관 이용자</td><td>• 1차 연도 "한울타리" 참여자 중 고등학교 진학과 함께 취미 공동체 활동 심화 과정인 진로 계획이 필요하다고 판정된 기존 참여자
• 특수반에 있거나 경계선 지적 기능 판정을 받은 14~18세 사이의 청소년</td></tr>
<tr><td rowspan="2">대상자 구분</td><td>핵심 참여자</td><td>• 경계선 지적 기능 청소년 16명</td></tr>
<tr><td>주변 참여자</td><td>• 경계선 지적 기능 청소년의 가족 15명(주된 참여자 1명당 가족 1명 이상 참여)
• 경계선 지적 기능 청소년과 함께하는 취미 활동에 참여한 또래 청소년 21명
• 경계선 지적 기능 청소년과 또래 청소년이 함께 하는 취미 활동에 재능 기부로 참여한 지역 주민 13명
• 경계선 지적 기능 청소년 진로 준비 자격증 취득을 위해 연계된 전문가 및 자원봉사자 22명
• 경계선 지적 기능 이해 교육 대상자(교육 요청 학교 재학생 및 일반 교사 586명)
• 기타 지역 주민 73명</td></tr>
<tr><td rowspan="3">대상자 선정 방법</td><td>홍보 전략</td><td>• 기존의 본 기관 이용자 중 경계선 지적 기능 청소년과 그 가족에 표적 홍보
• 관내 특수 학급 운영 학교 및 지역 사회 교육 전문가 배치 중학교를 대상으로 1 : 1 전화 안내 및 홍보 자료 발송, 필요 시(요청 시) 방문 홍보
• 학교, 지역 기관 실무자 대상 사업 설명회 개최
• 연초 발행되는 소식지를 통해 1차 연도 사업성과 및 다음 연도 계획 홍보
• 프로그램 홍보물 관내 게시</td></tr>
<tr><td>접수 상담</td><td>• 학교 실무자 및 지역 기관 실무자를 통한 의뢰서 접수
• 전화 신청 후, 직접 기관을 내방하여 초기 상담
• 참여 신청서 및 동의서 작성을 통한 참여 의지 확인</td></tr>
<tr><td>선정 기준</td><td>• 종합 심리 검사에서 경계선 지적 기능 판정을 받은 청소년
• 지능 지수 70~85 사이의 청소년
• 재학 학교의 특수 교사, 지역 사회 교육 전문가 등 실무자의 추천을 받은 청소년(지적 장애 3급 일부 포함)</td></tr>
</table>

(4) 논리모델에 근거한 사업 분석

<table>
<tr><th rowspan="2">투입</th><th colspan="3">활동</th><th rowspan="2">산출량</th><th rowspan="2">성과</th></tr>
<tr><th></th><th>분야</th><th>횟수/인원</th></tr>
<tr><td rowspan="15">• 인력
- 슈퍼바이저(부장, 과장) 2명
- 담당 사회복지사 1명
- 프로그램 TFT 사회복지사 5명
- 취미 활동 주민 참여자 13명
- 외부 전문 강사 10명
- 실습생 및 자원봉사자 23명

• 협력기관
- 11개 학교
- 동대문구진로직업체험지원센터
- 인테리어기술학원
- 도배학원
- 제과업체
- 삼육보건대학교 사회복지과
- 놀이공원
- 서울특별시사회복지협의회
- 동대문구정신건강증진센터
- 노원구청소년상담복지센터
- 강북아이윌센터
- 예룸예술학교
- 아동자립지원단
- 장안종합사회복지관
- 동부교육지원청

• 시설 및 장비
- 기관 내 공간 및 기자재
- 지역 내 실습장 및 교육 공간</td><td rowspan="5">주민 참여형 취미 활동 프로그램</td><td>공예</td><td>22회/202명</td><td rowspan="5">97회/741명</td><td rowspan="5">• 경계선 지적 기능 청소년의 올바른 사회적 관계망 구축 및 양적 확대
• 올바른 사회적 관계망 구축 및 양적 확대
• 지속적인 상호 작용 형성에 대한 질적 관계 향상</td></tr>
<tr><td>요리</td><td>22회/176명</td></tr>
<tr><td>밴드</td><td>28회/238명</td></tr>
<tr><td>운동</td><td>25회/108명</td></tr>
<tr><td>성장 여행</td><td>1회/17명</td></tr>
<tr><td rowspan="3">진로 계획 프로 그램</td><td>실습</td><td>32회/160명</td><td rowspan="3">244회/435명</td><td rowspan="3">• 국가자격증 준비를 통해 새로운 목표에 대한 도전 의식 도모, 자신감 향상
• 직업 체험을 통해 직업 이해</td></tr>
<tr><td>이론</td><td>206회/240명</td></tr>
<tr><td>직업 체험</td><td>6회/35명</td></tr>
<tr><td rowspan="4">가족 관계 증진 프로 그램</td><td>청소년 교육</td><td>16회/116명</td><td rowspan="4">23회/214명</td><td rowspan="4">• 가족 간의 유대 강화
• 보호자 및 경계선 지능 자녀 상호간 이해 도모, 긍정적 인식 확대</td></tr>
<tr><td>보호자 교육</td><td>3회/22명</td></tr>
<tr><td>가족 여행</td><td>2회/57명</td></tr>
<tr><td>보호자 간담회</td><td>2회/19명</td></tr>
<tr><td rowspan="3">지역 사회 인식 개선 프로 그램</td><td>학교 교육</td><td>3회/493명</td><td rowspan="3">16회/625명</td><td rowspan="3">• 지역 내 학교 실무자의 경계선 지적 기능 청소년 특성 이해 및 적절한 지도법 모색
• 일반 학생의 부정적 인식 개선 및 상호 작용 방법 습득</td></tr>
<tr><td>캠페인</td><td>2회/73명</td></tr>
<tr><td>사례 회의</td><td>11회/59명</td></tr>
</table>

3) 프로그램 진행 및 평가

(1) 세부 프로그램 진행 내용

프로그램		일	횟수/인원	세부 내용	수행방법
주민 참여형 취미 활동 프로그램	공예	5~12월	22회/13명	• 복지관 내 하늘교실에서 공예 체험 • 주된 참여자 7명, 주변 참여자 7명(또래 6명, 주민 1명) 참여 - 정기 활동(19회): 석고 방향제, 봉제 인형, 천연 화장품, 가죽 공예 등 토탈 공예 체험 - 나눔활동(3회): 독거 어르신 연말 선물 마련 바자회, 마을 축제 참여 및 공예품 판매, 선물 준비 및 방문 전달	• 1차 연도에 진행한 천연 공예를 포함한 토탈 공예 체험 - 상반기: 석고 방향제, 가죽 목걸이, 봉제 인형 등 다양한 공예품 제작 - 하반기: 기존 체험 분야 중 중 가장 자신 있는 공예품 제작, 지역 주민과 나눔 • 나눔활동 • 독거 어르신 연말 선물 마련 - 바자회와 마을 축제에서 공예품 판매 - 편지, 구입한 선물과 함께 직접 만든 로션 및 비누 꽃 전달
	요리	5~12월	22회/12명	• 복지관 내 자활근로센터에서 요리 체험 • 주된 참여자 4명, 주변 참여자 8명(또래 6명, 주민 2명) 참여 • 정기활동(18회) - 밑반찬, 국 요리 조리법 습득 - 식사 예절 학습 • 나눔활동(4회) - 6월부터 매달 마지막 주에 직접 만든 도시락 배달 및 식사 - 홀몸 어르신 칠팔순 잔치 간식 제조	• 정기활동 - 손쉽게 만드는 건강한 식사법과 간단한 밑반찬 및 국, 찌개 조리법을 지역 주민에게 배움 - 상반기: 간단하게 만들 수 있는 요리 - 하반기: 집 반찬 위주 • 나눔활동 - 6월부터 한 달 동안 만들었던 요리 중 가장 자신 있는 요리를 참여자들이 직접 선정, 도시락을 만들고 포장해 독거 어르신께 배달, 함께 식사 - 11월에는 홀몸 어르신 칠팔순 잔치에 직접 준비한 음식을 만들어 전달하고 축하 공연을 함

주민 참여형 취미 활동 프로그램	밴드	5~12월	28회/ 15명	• 복지관 내 강당 외 4곳에서 밴드 체험 • 주된 참여자 7명, 주변 참여자 8명(또래 3명, 주민 5명) 참여 • 정기활동(26회) - 각 4개 파트 악기 레슨 - 공연을 위한 합주 연습 • 나눔활동(2회) - 제기동 마을 축제 공연 - 12월 프로그램 연합 발표회 - 밴드 공연	• 정기활동 - 고려대 밴드동아리 '노래마당' 봉사자 1명 당 참여자 2명이 짝지어 악기 세팅과 연주법을 학습함 - 주된 참여자가 희망 악기 선택, 4개 세션 구성 - 10월부터 12월 공연 준비 - 밴드 전체가 함께한 모임, 각 세션별 외부 문화 활동으로 참여자와 지역주민 간 관계 형성 • 나눔활동 - 제기동 마을 축제 참여 - 지인과 주민 초청 공연 참여
	운동	5~12월	5회/ 17명	• 복지관 내 대강당에서 체육활동 • 주된 참여자 6명, 주변 참여자 11명(또래 6명, 주민 5명) 참여 • 정기활동(22회) - 배드민턴 기술 교육 - 팀별 토너먼트 경기 진행 • 나눔활동(3회) - 타 프로그램에 참여한 초등학생에게 배드민턴 기술 전수	• 정기활동 - 고려대 배드민턴 동아리 'KUBC'와 참여자 7명이 매주 함께 배드민턴 연습 - 주된 참여자 1명당 참여자 1~2명을 연계해 긴밀한 관계 형성 - 격주 팀별 토너먼트 배드민턴 대회를 진행 - 배드민턴 기술 습득으로 자신감 향상 및 체력 증진 • 나눔활동 - 매달 마지막 주, 관내 타 프로그램에 참여한 초등학생 6명에게 그간 배운 배드민턴 기술 전수

주민 참여형 취미 활동 프로그램	성장 여행	5월	1회/ 17명	• 캠핑장과 놀이공원에서 1박 2일 여행 • 주된 참여자 15명, 주변 참여자 2명(또래), 보조 인력 3명(사회복지 현장 실습생) 참여 - 참가자 중 팀장을 정해 여행 일정 계획, 준비 등 역할 분담 - 장기자랑을 위한 팀별 연습(3~ 4회) - 연계기관: 놀이공원(자유이용권 후원)	• 참여 청소년으로 팀을 구성하고 팀장을 선발, 팀장 리드하에 여행 계획부터 진행까지 도맡아 1박 2일 여행 프로그램 진행 • 팀장들이 각 팀 레크레이션을 직접 준비 • 성장 여행 전 각 팀별로 장기자랑을 3~4회 연습함 - 사회복지현장 실습생 3명이 보조 인력으로 동행, 각 팀별 안전 유지와 적극적인 참여 독려
진로 계획 프로그램	실습 교육	5~11월	32회/ 5명	• 도배 자격증과 타일 기능사 자격 준비 • 주된 참여자 5명 참여 • 내용 - 국가공인자격증 취득을 위해 지역 기술을 초배, 정배, 장판 순서대로 습득 - 도배 타일 기능사 학원에서 도배반에 배정된 참여자와도 연계하여 교육 - 전문 도배 봉사자의 도움을 받아 지역 내 어르신 가정 2곳에 도배 실습 - 실습 교육 참여자 5명 전원 도배기능사 실기 시험 응시 • 연계기관: 인테리어기술학원, 도배학원	• 도배 기능사 자격증 준비 - 실기 시험 대비를 위해 방과 후 고등반 개설, 도배 교육 - 전문 도배 공구 9가지 구입, 도배 기술을 초배, 정배, 장판 순서대로 습득 - 시험 전 이틀간 모의 시험 2회 실시 • 타일 기능사 자격증 준비 - 5~6월 인테리어기술학원에서 참여자 5명이 3회기 교육 - 학원 폐업으로 인해 타일 관련 자격증 교육 훈련 기관을 물색하였으나 여의치 않아 중단

<table>
<tr><td rowspan="2">진로
계획
프로
그램</td><td>이론
교육</td><td>5~12월</td><td>개별
상이</td><td>• 복지관 내 상담실 외 3곳, 동대문가족상담코칭센터에서 진로 교육
• 주된 참여자 7명, 자원봉사자 11명, 인지치료사 1명 참여
• 제빵 기능사 자격증 필기 시험 준비
- 개별 평균 25회
- 대학생 멘토링 봉사자와 연계, 시험 준비
- 필기 시험(12/13) 응시
• 인지 학습 치료
- 개별 평균 23회 시행
- 학습능률 향상 및 자기주도학습력 증진을 위해 복지관 부설 센터와 연계 진행
• 연계 기관: 삼육보건대학교, 동대문가족상담코칭센터</td><td>• 제빵 기능사 자격증 준비
- 1차 연도 취미 프로그램의 연장선상에서 제빵 기능사 국가 공인 자격증 준비
- 삼육보건대 사회복지학과 대학생 봉사자와 연계, 1 : 1 멘토링 학습
- 서울북부기술교육원(노원구)에서 시행된 필기 시험에 응시
• 인지 학습 치료
- 학습 능력이 부족하고 목표 달성 의지가 낮은 참여자를 위해 동대문가족상담코칭센터와 연계 치료</td></tr>
<tr><td>직업
체험</td><td>9~11월</td><td>6회/
7명</td><td>• 복지관 인근 어르신 가정 2곳과 제과업체 실습 교육장 회기점에서 직업 체험
• 주된 참여자 7명 참여
• 도배 기능사 실습 체험
- 자격증 준비 과정 중 습득한 기술을 현장 활용
- 도배가 필요한 지역 내 어르신 가정에 봉사를 겸한 체험 활동 진행
- 도배 업체 운영자가 현장 총괄 지도(총 2회)
• 제과 기능사 실습 체험
- 제과업체와 연계, 현장 체험 경험 진행(월 1회)
- 제과업체 채용 연계 실습 교육(총 4회)
• 연계기관: 도배학원, 제과업체</td><td>• 도배 기능사 실습 체험
- 국가 공인 자격증 시험이 11월에 배정되고, 학원 사정으로 프로그램이 중단되면서 시험 응시가 지연되어, 자격증 취득 참여자에 국한하려던 직업 체험을 시험 전 응시 예정자의 직업 체험 형식으로 변경
- 지역 내 도배가 필요한 어르신 가구 2곳을 방문, 배운 도배 기술 실습
• 제과 기능사 실습 체험
- 채용형 실습 교육을 진행하는 제과업체와 연계, 현장 체험 경험 제공
- 실제 현장에서 제빵사 업무를 체험하며 자격증 및 시험 준비 동기를 부여하고, 실제 교육생이 받는 교육도 경험함</td></tr>
</table>

가족관계증진프로그램	집단교육	청소년	7~12월	16회/16명	• 복지관 내 하늘교실 외 1곳, 동대문구진로직업체험센터 "와락"에서 집단 교육 • 주된 참여자 16명(중학생 8명, 고등학생 8명) 참여 • 내용 - 진로 교육(고등학생) - 사회성 교육(중학생) - 인터넷 스마트폰 중독 예방(중고생 공통) • 연계 기관: 동대문구 진로직업체험센터 와락, 노원구 청소년상담복지센터 나우, 강북 아이윌센터	• 고등학생 대상 진로 기초 교육 - 동대문구 진로직업체험센터 와락에서 진행 - 직업의 이해 및 나의 진로 계획 수립 • 중학생 사회성 향상 교육 - 노원구 청소년상담복지센터 나우에서 진행 - 건강한 대인 관계 맺기 기술 습득 • 청소년 인터넷 · 스마트폰 중독 예방 교육 - 강북 아이윌센터에서 진행 - 중고생의 인터넷 · 스마트폰 중독 예방 교육
		보호자	6, 8, 10월	3회/16명	• 복지관 2곳에서 보호자 교육 시행 • 주된 참여자 16명(보호자) 참여 • 내용 - 경계선 지적 기능 자녀 이해 및 양육 방법 교육 - 자녀의 진로 계획 및 지도법 교육(고등학생 참여자의 보호자만) - 인터넷 스마트폰의 적절한 사용 지도법 교육 • 연계 기관: 동대문구 진로직업체험센터 와락, 노원구 청소년상담복지센터 나우, 강북 아이윌센터	- 경계선 지적 기능 자녀에 대한 이해 및 부족으로 단절된 가족 관계를 지지적 관계로 변화시키고자 교육 진행 - 동대문구 진로직업체험센터 와락과 연계, 기 진행한 고등학생 참여자의 진로 교육의 학부모 피드백 및 진로 계획 교육 진행 - 인터넷, 스마트 폰 중독에 빠지기 쉬운 경계선 지적 기능 자녀에 대한 지도 방법 교육 진행
	가족캠프		9, 10월	2회/30명	• 잠실야구장, 포천에서 가족 캠프 시행 • 주된 참여자 15명, 보호자 및 가족 15명 참여 • 내용 - 간담회에서 표출된 욕구를 바탕으로 가족이 함께한 외부 문화 활동(야구 관람, 서울 근교 자연 체험) 진행	• 바쁜 일정이나 열악한 경제 상황으로 가지 못했던 가족 여행 시행 • 행복한 추억과 소통 기회를 만들어 가족의 유대 관계를 견고히 함

가족 관계 증진 프로 그램	보호자 간담회		9, 10월	2회/ 15명	• 복지관 세미나실에서 보호자 간담회 실시 • 주된 참여자 보호자 15명 참여 • 내용 - 사업 운영 평가 및 욕구 수렴, 활동 지지 - 자조 모임을 통한 고민 공유와 해결 방법 논의	• 보호자 간담회에서 참여자 가정 내 변화 및 참여자 문제와 욕구를 심층 파악하고자 시행 • 보호자가 각자 느낀 고민과 문제를 공유해 감정을 환기하고 상호 지지하는 자조 모임 성격으로 운영
지역 인식 개선 프로 그램	지 역 교 육	청 소 년	9, 11월	2회/ 461명	• 숭인중학교, 전농중학교에서 인식 개선 프로그램 시행 • 일반 학생 461명 참여 • 내용 - 지역사회 일반 학급 청소년을 대상으로 경계선 지적 기능 청소년 이해 교육 및 역할극 진행 - 전교생 대상 이해 교육(숭인중학교) - 또래상담가 활동 학생 집중교육(전농중학교)	• 숭인중학교 - 전교생 대상 이해 교육 - 교내 방송을 통한 중학생 눈높이 교육 - 최근 이슈를 반영한 차별 예방 교육(PPT, 동영상 활용) • 전농중학교 - 또래상담가 대상 사례 중심 교육 - 12명의 학생들이 짝과 함께 선택한 사례를 바탕으로 대본을 쓰고 역할극 진행
		실 무 자	10월	1회/ 32명	• 숭인중학교에서 실무자 교육 시행 • 일반교사 32명 참여 • 내용 - 경계선 지적 기능 학생 특성에 따른 지도법 중점 교육	경계선 지적 기능 학생의 개념이나 이론 내용은 축소하고, 해당 청소년 특성에 맞는 지도법과 교육 방식에 대한 자문으로 내용 재구성
	캠페인		11, 12월	2회/ 73명	• 정릉천 축제부스, 복지관 중강당에서 캠페인 시행 • 지역 주민 73명 참여 • 내용 - 취미활동 프로그램에서 제작한 물품 전시 및 판매 - 경계적 지적 기능에 대한 정보를 담은 배너 전시	• 마을 주민 축제 참여 - 취미 활동 프로그램에서 만든 방향제, 디퓨저 전시 · 판매 - 김밥 도시락 요리 · 판매 • 프로그램 연합 공연 참여 - 디퓨저 및 비누 꽃 판매 - 소책자를 제작해 경계선 지적 기능 청소년에 대한 올바른 인식 확산 도모

지역 인식 개선 프로그램	사례 회의	5~11월	11회/ 24명	• 복지관 내 세미나실, 동대문중학교 외 1곳에서 사례 회의 진행 • 취미 활동 주민 참여자 21명, 학교 실무자 5명 참여 - 진로 계획 프로그램 제빵 기능사 멘토(6회): 자원봉사 기초 교육부터 멘티별 사례 회의, 진행 일정 공유 및 계획 논의 - 취미 활동 프로그램 주민 참여자(2회): 상반기를 마무리하며 참여자별 활동 내용 공유. 하반기 계획 논의 - 학교 담임 교사 및 지역 사회 교육 전문가(3회): 프로그램 진행 상황 및 참여 현황 공유, 참여자의 학교 생활 모니터링	• 자원봉사 교육, 제빵사 전문가를 통한 시험 준비 방법 교육, 정기적인 참여자별 사례 회의 진행 - 상반기에 1 : 1로 연결된 참여자의 활동 참여 정도 및 태도 변화 여부, 그 외의 논의점에 대한 회의 진행 - 사례 관리 대상자 재학 중인 학교는 함께 통합 사례 회의 진행, 학교 내 참여자들의 학교 생활과 가정 생활에 대한 정보 공유
	연계 자원 관리	1~12월	375회/ 670명	• 내용 - 원활한 운영을 위한 학부모, 주민·봉사자, 학교 및 유관 기관, "한울타리" TF(타 팀 직원)와 실시간 소통	• 자문 교수 - 사업 진행 방향 및 평가 방식 피드백 • 복지관 인근 복지관 및 대안학교와 지속적 네트워크 형성 - 경계선 지적 기능 아동·청소년 사업을 진행 중인 유관 기관과 함께 발전 방향 및 내년 업무 분담에 대해 논의 • "한울타리" TF 조직 - 기관 내 타 팀(지역조직팀, 사례관리팀) 팀원과 프로그램 TF를 조직, 지역 사회 내의 인적, 물적 자원을 풍부하게 활용

(2) 과정 평가

<table>
<tr><th colspan="3">프로그램</th><th>수행 시기</th><th>목표량</th><th>산출량</th><th>평과 결과</th></tr>
<tr><td rowspan="4">준비단계</td><td colspan="2">모집 홍보</td><td rowspan="4">1~4월</td><td>5회</td><td>6회</td><td rowspan="4">• 1차 연도 참여자 중 2차 연도 재참여 희망자가 많아, 신규 참여자 모집 홍보는 연계 학교를 중심으로만 진행
• 계획보다 프로그램 의뢰 건수가 많았고, 선발한 참여자 인원도 증가
• 경계선 지적 기능 청소년이라는 참여자 특성상, 보호자나 당사자 동의가 없으면 초기 상담 자체가 어려웠음</td></tr>
<tr><td colspan="2">신청 및 접수</td><td>20명</td><td>21명</td></tr>
<tr><td colspan="2">초기 상담</td><td>20명</td><td>18명</td></tr>
<tr><td colspan="2">참여자 선발</td><td>15명</td><td>17명</td></tr>
<tr><td rowspan="2">진행단계</td><td rowspan="2">지역사회인식개선프로그램</td><td>캠페인</td><td rowspan="2">4~12월</td><td>1회</td><td>2회</td><td rowspan="2">- 참여자들이 직접 만든 음식과 공예품을 판매하고 밴드 공연을 하면서 자신들을 알림
- 주민들과 재능 공유
• 유관기관 실무자 및 주민 대상 보고회
- 사업 과정 및 성과, 발전 방향 및 과제를 지역 사회와 공식적으로 공유
- 다음 연도 사업 운영의 발판 마련</td></tr>
<tr><td>사례회의</td><td>80명</td><td>59명</td></tr>
<tr><td rowspan="4">종결단계</td><td rowspan="3">평가</td><td>연계자원관리</td><td rowspan="4">4~12월</td><td>240명</td><td>670명</td><td rowspan="4">• 표준화된 척도를 활용한 사전·사후 평가
- 대상: 주된 참여자(경계선 지능 청소년), 주변 참여자(주민, 또래 청소년, 가족)
- 사업을 통한 참여자 변화 정도 확인
• 질적 변화 측정
- 포토보이스와 소시오그램을 활용한 심층 면접</td></tr>
<tr><td>양적평가</td><td>60명</td><td>60명</td></tr>
<tr><td>질적평가</td><td>30명</td><td>50명</td></tr>
<tr><td colspan="2">만족도 조사</td><td>30명</td><td>34명</td></tr>
</table>

(3) 효과 평가

성과 목표 1.	성과 지표	자료 및 수집 방법	
		양적평가	질적평가
경계선 지적 기능 청소년의 사회적 관계망을 형성한다.	• 사회성 기술 검사 척도의 향상 정도 • 개별 인터뷰 • 관찰 평가 자료분석	사회성 기술 검사 척도 (주된 참여자)	• 개별 인터뷰 (주된 참여자) • 담당자 관찰 평가

평가 결과	
양적평가	• 프로그램에 참여한 경계선 지적 기능 청소년의 사회성 기술 검사 척도 변화 분석 결과, 사회성 기술 향상 정도는 통계적으로 유의미한 수준($t = -2.987$, $p < .01$)에서 긍정적으로 변화한 것으로 나타남. • 참여 청소년의 사회성 기술 검사 척도는 프로그램 실시 전 평균 24.75점(표준 편차 5.848점), 실시 후 평균 29.31점(표준 편차 4.686점)으로 4.56점 향상됨
질적평가	• 소시오그램을 활용한 개별 인터뷰로 참여자의 사회적 관계망 분석 • 사전 조사(프로그램 참여 전) - 1차 연도에 참여했던 참여자: 가족, 학교 외에 작년 "한울타리" 취미 활동에 함께 참여했던 주 참여자, 또래 청소년, 복지관 실무자 이름을 친밀도에 따라 가깝고 멀게 적음 - 2차 연도 신규 참여자: 가족, 학교 친구 1~2명 정도의 이름만 작성함 - 두 집단 모두 자신과 가까운 존재로 사람이 아닌 사물(인형, 게임기, 휴대폰)을 적음. 이는 참여자의 대인 관계가 많지 않고 관계도 얕음을 보여줌 • 사후 조사(프로그램 종료 후) - 1차 연도에 참여했던 참여자: 프로그램 참여자와의 관계를 표현하는 양이 대폭 많아졌고 친밀감의 이유도 현실적이었음 - 신규 참여자: 학교 친구, 프로그램을 함께한 지역 주민과의 관계를 표현하는 사례가 늘어남 - A(고1): 프로그램 전 인터뷰(4월)에서는 "반 애들이랑 같이 있어도 늘 나를 따돌리고 괴롭혀서 혼자 있는 것만 같은 기분이었어요"라며 어려움을 토로함. 프로그램 종료 후 인터뷰(12월)에서는 "학교에서도, 복지관에서도 항상 같이 놀고 웃고 떠들 수 있는 친구들이 있어서 재밌어요."라고 긍정적 변화를 보임 • 매주 프로그램 참여 청소년을 대상으로 관찰 평가 및 개별 인터뷰(1시간 내외) 진행 - 수동적·방어적이던 참여자의 대인 관계가 호의적·긍정적으로 변했으며, 친밀감을 표현하기 시작함

질적평가	- B(중3): 8월 프로그램 과정 기록지에는 "매년 저를 때리고 도망가거나 와서 욕하는 아이들이 꼭 있어요. 저는 그 아이들을 쫓아가느라 다리가 다칠 정도로 뛰어다녔어요. 제일 화가 나는 건 그 애들이 저를 왜 못 살게 구는지 모른다는 거예요."라고 괴로움을 토로함. 그러나 프로그램 종료 후(12월) 진행한 인터뷰에서는 "저도 제가 변한 게 느껴져요. 예전에는 애들이랑 얘기하는 걸 피했는데 지금은 복지관에서 친해진 형들이랑 같이 웃고 떠드는 게 너무 재밌어요."라며 활발해진 모습을 보임 • 프로그램을 함께하는 또래 친구는 물론 주민 참여자, 나눔활동의 대상이 된 지역주민과의 관계를 언급하는 횟수가 늘어남. 이는 상호 교감을 바탕으로 한 친밀감 증가로 볼 수 있음. 또한 친밀감을 느낀 이유도 현실적인 내용으로 바뀌어가는 것을 알 수 있음 - B(중3): 4월 프로그램 과정 기록지에는 "다리 아프고 재미없어서 안 오고 싶어요."라고 의욕 없는 모습을 보였으나, 12월 프로그램 과정 기록지에는 "오늘 제 기분이 폭발했어요! 밴드 선생님한테 난생 처음으로 생일 케이크를 받으니까 표현 못할 정도로 흥분돼요."라며 적극적으로 기쁨을 표현함

성과 목표 2.	성과 지표	자료 및 수집방법	
		양적평가	질적평가
진로 및 직업 계획과 관련한 특기 적성 활동을 진행, 경계선 지적 기능 청소년의 자립 준비와 관련한 내적 역량을 강화한다.	• 개인 내적 임파워먼트 척도의 향상 정도 • 자격증 시험 응시 횟수 및 목표 달성 정도 • 개별 인터뷰 • 관찰 평가 자료분석	• 개인 내적 임파워먼트 척도(주된 참여자) • 목표 달성 인원수	• 개별 인터뷰(주된 참여자, 보호자) • 담당자 관찰 평가

평가 결과	
양적평가	• 프로그램에 참여한 경계선 지적 기능 청소년의 개인 내적 임파워먼트 척도 변화를 프로그램 참여 전·후로 분석한 결과, 개인 내적 임파워먼트 정도는 통계적으로 유의미한 수준($t = -3.377$, $p < .01$)에서 긍정적으로 변화한 것으로 나타남. • 참여 청소년들의 개인 내적 임파워먼트 척도는 프로그램 실시 전, 평균 58.50점(표준 편차 15.187점)이었고, 프로그램 실시 후에는 평균 67.87점(표준 편차 11.129점)으로 나타나 9.37점이 향상됨.

양적평가	• 국가 공인 도배 기능사 실기 시험은 5명 대상자 중 5명 전원이 정규 교육 과정(32회)을 모두 이수한 후 시험에 응시함. 각 대상자가 정한 단계별 목표에 부합한 참여자는 5명 중 3명으로 절반 이상이 목표를 달성함. • 국가 공인 제빵 기능사 필기 시험은 1 : 1 제빵 멘토링(7개월) 이론 교육을 받은 7명 중 6명이 필기 시험에 응시함. 응시자 6명 중 3명은 목표보다 월등한 점수를 받아 목표를 달성함
질적평가	• 직업 카드, 포토보이스를 이용한 질적평가 및 개별 인터뷰, 자격증 준비 과정을 함께했던 멘토와의 SNS 소통 진행 - 진로 계획 프로그램에 참여한 청소년들이 새로운 목표에 대한 도전 정신과 자신감을 얻음 - C(고1): 변호사, 치과 의사, 경찰관, 조리사가 되고 싶다고 밝혔으나 어떤 노력을 해야 할지도 모르고 계획도 없었음. 프로그램 전(4월) 개별 인터뷰에서 "그냥 잘하는 거 아무것도 없이 생각 없이 사는 제가 싫어요"라며 자괴감을 표현함. 제빵 기능사 필기 시험을 치르고 프로그램 종료 후 진행한 개별 인터뷰(12월)에서는 "시험에서 떨어졌지만 목표 점수가 나온 게 일단 좋고 내년에는 더 잘할 수 있을 거 같아요!"라며 목표 의식과 도전 의식을 보임

성과 목표 3.	성과 지표	자료 및 수집 방법	
		양적평가	질적평가
가족관계 증진 프로그램을 통해 가족구성원 간의 지지적 관계를 형성한다.	• 부모 양육 태도 척도 • 양육 스트레스 척도 • 가족 건강성 척도(각 척도의 변화 분석) • 개별 인터뷰 • 관찰 평가 자료분석	• 부모 양육 태도 척도 (주된 참여자) • 양육 스트레스 척도 (보호자) • 가족 건강성 척도 (보호자)	• 개별 인터뷰(주된 참여자, 보호자) • 담당자 관찰 평가
평가 결과			
양적평가	• 프로그램에 참여한 경계선 지적 기능 청소년의 부모 양육 태도 척도 변화 분석 결과 - 사전 검사 평균은 41.0점(표준 편차 5.966점), 프로그램 실시 후 평균은 45.75점(표준 편차 6.718점)으로 4.75점이 향상되었으나 통계적인 유의도는 나타나지 않음 • 프로그램에 참여한 경계선 지적 기능 청소년 보호자의 가족 건강성 척도 비교 변화 분석 결과 - 가족 건강성 정도는 통계적으로 유의미한 수준($t = -2.384$, $p<.01$)에서 긍정적으로 변화한 것으로 나타남		

양적평가	- 프로그램 실시 전 참여 청소년의 가족 건강성 척도 평균은 102.0점(표준 편차 23.237점), 실시 후 평균은 117.25점(표준 편차 17.052점)으로 15.25점이 향상됨 • 프로그램에 참여한 경계선 지적 기능 청소년 보호자의 양육 스트레스 척도 비교 분석 결과 - 프로그램 전 평균은 76.63점(표준 편차 12.66점), 프로그램 실시 후 평균 87.75점(표준 편차 8.413점)으로 11.12점이 높아져 스트레스가 높아진 것을 확인함. - 고등학생 경계선 지능 자녀를 둔 보호자에게서 이러한 경향이 두드러지게 나타남. 올해 프로그램에서 진로와 직업을 주제로 구체적 목표를 설정했고 이 과정에서 보호자들의 참여가 늘면서, 자녀 진로와 취업에 대한 현실적 인식이 부족했던 보호자들이 장차 겪을 어려움을 직면하고 이를 걱정한 점이 반영된 것으로 보임
질적평가	• 포토보이스를 이용한 사전 · 사후 평가 진행 - 자신의 현 상태를 나타내는 사진을 고르고 설명하는 방식으로 참여자의 상태를 확인함 - 사전 · 사후 결과 비교를 사진으로 분석한 결과, 가정에서 소외되던 참여자가 가족의 관심과 지지를 받는 관계로 발전했음을 확인함 - B(중3): 프로그램 전(4월)에는 "엄마는 동생들만 보고 아빠는 잔소리만 해서 집에서 저는 사랑을 원하는 작은 강아지 같은 사람이었어요." 프로그램 후(12월) "엄마가 요즘은 칭찬도 많이 해주고 제 말을 들어줘서 너무 편해졌어요." • 참여자의 보호자를 대상으로 한 평가도 병행함 - D(고1)의 보호자: 4월 초기 상담 기록지 중에는 "만날 거짓말하고 놀러 다녀서 못 믿어요. 거짓말하면 혼내주세요"라고 불신을 보임. 11월 중순 전화 상담 기록지에서는 "그래도 복지관에서 열심히 하려는 게 보이니까 안심이 돼요. 이제는 아이를 좀 믿어보려고요"라며 신뢰를 표함

성과 목표 4.	성과 지표	자료 및 수집방법	
		양적평가	질적평가
경계선 지적 기능 청소년에 대한 지역 사회의 이해를 도모하고 지지망을 확대한다.	• 사회적 지지 척도 • 사회성 척도 (각 척도의 변화 분석) • 개별 인터뷰 • 관찰 평가 자료분석	• 사회적 지지 척도(주된 참여자) • 사회성 척도(또래 청소년)	• 개별 인터뷰 (주된 참여자) • 포커스 그룹 인터뷰 (또래, 주민 참여자) • 담당자 관찰 평가

평가 결과	
양적평가	• 프로그램에 참여한 경계선 지적 기능 청소년들의 사회적 지지 척도 변화 분석 - 통계적으로 유의미한 수준($t = -2.940$, $p < .01$)에서 참여 청소년들은 이전보다 주변의 지지 체계를 인식하고 지지받고 있다고 인식한 것으로 나타나 긍정적인 변화가 확인됨 - 프로그램 실시 전 참여 청소년들의 사회적 지지 척도 평균은 81.12점(표준 편차 25.984점), 실시 후 평균은 96.50점(표준 편차 20.225점)으로 15.38점 향상됨 • 프로그램에 참여한 또래 청소년의 사회성 척도 변화 분석 - 통계적으로 유의미한 수준($t = -2.987$, $p < .01$)에서 주변을 배려하고 돕는 사회성 향상이 나타남 - 프로그램 실시 전, 사회성 검사 척도 평균은 53.75점(표준 편차 3.615점), 실시 후 평균은 55.62점(표준 편차 3.662점)으로 2.07점 향상됨
질적평가	• 매주 취미 활동 프로그램에 참여한 주민 참여자의 활동 일지 분석 - 경계선 지적 기능 청소년과 함께하는 활동에 대한 인식과 참여 태도에 변화가 있었고, 참여 청소년과의 지지적인 관계가 형성된 모습을 볼 수 있었음 - 공예 동아리 주민 참여자: 5월 활동 일지에서는 "아이들이 어수선하고 어려우면 쉽게 포기하려고 함. 의존하기보다는 좀 더 적극적으로 수업에 참여했으면 함"이라고 했으나, 12월에는 "할 수 있도록 끊임없이 얘기하고 다독이고 이끌어준다면 놀라운 발전을 할 수 있다는 것을 알게 되었고 단점보다 장점이 훨씬 많은 티 없이 맑은 아이들이라 즐겁게 수업할 수 있었음"이라고 밝힘 - 밴드 동아리 주민 참여자: 5월 활동 일지에서는 "어려운 사람들을 도와주기 위해 온 만큼 최선을 다해서 봉사하겠다."며 시혜자의 시각을 드러냈으나, 11월에는 "어느새 밴드 공연 연습이 봉사가 아닌 놀러오는 것 같은 느낌이 들고, 아이들과도 동네 형, 동생 관계가 된 것 같이 편하다."며 지지적 시각을 나타냄 • 매주 취미 활동 프로그램에 참여하는 또래 참여자들의 포커스 그룹 인터뷰 분석 - 경계선 지적 기능 청소년(주된 참여자)에 대한 관점이 변화되었음을 알 수 있었음 - 공예 동아리 또래 참여자: "매주 같이 활동하고 보니, 나쁜 심성을 가진 친구는 한 명도 없고 도와주는 것도 잘하고 남에게 인정받는 것을 좋아하는 친구들이란 걸 알게 되었어요."라며 긍정적 평가를 함

4) 사업 성과

(1) 사회적 관계망의 양적 확대 및 질적 개선

본 사업에 참여한 경계선 지적 기능 청소년은 사람과 정을 나누는 것이 서툴러 소외되고 놀림을 받아왔다. 이들의 사회적 관계망은 초기, 학교의 또래 청소년(대개 같은 경계선 지적 지능 청소년)과 가족에 국한되어 있었지만 높은 친밀도를 보이는 상대와 상호 교류 수가 매우 적었다. 특히 또래 관계에서 수동적 · 방어적인 태도를 보이며 타인에게 다가가기 힘들어 했다. 하지만 취미라는 공통 관심사를 매개로 매주 서로 도우면서, 또한 나눔 활동을 매개로 응집력이 강해지면서 자연스럽게 친밀감이 높아지는 것을 확인할 수 있었다.

2차년도 사업에 재참여한 경계성 지적 기능 청소년 3명이 반장을 맡으면서 신규 합류한 주된 참여자와 주변 참여자의 단결을 도모하고, 비상 연락망을 만들어 활발히 연락하고 참여를 독려한 점은 주목할 만하다. 이들은 각 팀의 팀장을 맡아 캠프 일정을 직접 계획하고 팀원 활동을 격려하며 장기 자랑 준비를 이끌었다. 이 과정에서 참여자들의 자치력과 주체성이 강화되었으며 내재된 리더십을 끌어낼 수 있었다.

(2) 새로운 도전에 대한 자신감 향상과 현실적 진로 계획 구축

1차년도와 비교하여 2차년도 "한울타리"의 가장 큰 변화는 고등학생들을 중심으로 한 진로 계획 프로그램이 구체화되었다는 점이다. 프로그램 초기에는 진로나 직업에 대해 20분 이상 이야기하는 것조차 어려울 정도로 준비되지 않은 모습이었고, 진로 · 직업에 대해서도 매우 막연하거나 비현실적인 꿈을 말하곤 하였다. 이를 개선하고자 1차년도에 진행한 취미활동에 기반해 도배 기능사와 제빵 기능사 자격증 준비 과정을 진행하였다. 참여자들은 자격증 취득을 위한 실기와 필기시험을 준비하면서 직업을 가지려면 전문기술을 익혀야 한다는 점, 그 과정에서 성실함과 꾸준한 노력이 수반된다는 점을 깨달았다. 처음 배우는 전문 기술과 이론 앞에 겁먹고 도중에 포기할 수도 있었지만, 대부분의 참여자는 의지를 가지고 끝까지 노력했다. 이 과정에서 자신감을 획득하고 직업과 진로 현실에 대한 구체적 인식을 형성했다는 점은 매우 큰 의미가 있다. 이는 자격증 취득 여부에 상관없이 모두에게 의미 있는 경험이 되었다. 단순히 취미나 재미를 넘어 자신의 재능과 가능성을 타진하여 진로에 대해 고민하는 모습을 발견할 수 있게 되었다는 점도 의미가 있다.

(3) 지역사회 인식 개선과 가정 내 지지적 관계 형성

1차년도에 이어 2차년도 "한울타리"에서도 경계선 지적 기능 청소년들과 함께 살아가는 주변 사람들의 인식과 태도에 긍정적인 변화를 끌어내고자 했다. 경계선 지적 기능 청소년들의 변화도 중요하지만 무엇보다도 중요한 것은 그들이 살고 있는 환경과 그 주변 사람들의 변화이기 때문이다.

처음에는 경계선 지적 기능 친구들에 대해 편견으로 마음을 열지 않았던 중학교 2학년생 또래 참여자는, 함께하는 횟수가 더해질수록 이들이 평범한 학교 친구들과 다르지 않고, 착하고 잘하는 것이 많은 친구들이라며 인식을 달리하게 되었다. 취미활동 프로그램에 참여한 다른 주민 참여자들 역시 처음에는 경계선 지적 기능 청소년을 낯설고 다른 존재로 인식한 것은 마찬가지였다. 그러나 함께 취미활동을 하면서 이들이 사랑받고 싶어 하고 조금만 더 노력하면 잘할 수 있다고 여기는 등 인식 개선이 이루어졌다.

또한 보호자들을 대상으로 경계선 지능 자녀를 이해하고 가정 내에서 이들을 지도하는 교육 훈련을 진행하면서 지지적 관계 형성의 중요성을 다시금 확인하였다. 경계선 지적 기능 자녀의 잦은 거짓말로 관계가 점점 멀어졌다는 한 엄마는, 아이가 취미생활과 자격증 준비를 열심히 하는 모습을 격려하면서 모녀 관계가 호전되었다고 밝혔다. 특히 보호자가 경계선 지능 자녀의 특성을 인정하고 어떻게 지도해야 할지 맞춰가면서 가정 내의 변화를 이끌게 된 것은 더없이 긍정적인 변화이다.

5) 향후 계획

"한울타리" 프로그램은 경계선 지적 기능 청소년이 지역 사회라는 울타리 안에 속할 수 있도록 그 범위를 크고 단단하게 형성하는 것에 목표가 있다. 따라서 1차년도에는 경계선 지적 기능 청소년의 사회적 역량 강화를 통해 지역사회 구성원들과의 관계를 형성·개선하는 것이 주목적이었다. 2차년도에는 참여 청소년들의 진로와 직업에 대한 개입을 추가적으로 실시해, 이들이 독립된 지역사회 구성원으로서 설 수 있는 역량을 강화하고자 했다. 3차년도에는 2차년도의 진로 계획을 바탕으로, 참여자 개인의 역량에 맞는 직업 모색과 실천 계획을 개인 맞춤형 계획으로 사전에 구체화해보고 지원할 계획이다. 또한 프로그램에서 개발한 역량을 바탕으로 졸업 후 지역사회에서 취업할 수 있도록 마을 사업장을 발굴, 도제식 직업 체험을 통해 실무를 익히는 준비 과정을 계획 중이다. 또한 경계선 지적 기능 청소년을 편견 없이 받아들이는 포용력 있는 지역사회를 만들기 위해, 경계선 지적 기능 청소년이 하루 중 가장 많은 시간을 보내는 학교 내 환경 변화를 도모할 네트워크를 구축하고자 한다. 이 과정을 통해 사각지대에 있던 경계선 지적 기능 청소년을 보다 적극적으로 발굴할 예정이다. 12월 현재, 관할 교육청 및 유관복지관과 이를 논의 중이다.

부록

APPENDIX

1. 배분신청서 표준 양식(공통)

<table>
<tr><td>기관명</td><td colspan="3"></td><td colspan="2">고유번호 (사업자등록번호)</td><td></td></tr>
<tr><td>사업명</td><td colspan="6">〈대상 + 목적 + 방법: 부제〉</td></tr>
<tr><td rowspan="3">사업 기본 정보</td><td>연차</td><td colspan="5">___① 1년차 ___② 2년차 ___③ 3년차 ___ ④ 기타(　　)</td></tr>
<tr><td>대상 지역</td><td colspan="2"></td><td colspan="2">사업수행 인력</td><td>명</td></tr>
<tr><td>사업 기간</td><td colspan="5">년 월 일 ~ 년 월 일 (총 개월)</td></tr>
<tr><td rowspan="2">사업 참여자</td><td>참여자 구분</td><td colspan="5">___① 아동 · 청소년 ___② 노인 ___③ 장애인 ___④ 여성/다문화
___⑤ 위기가정 ___⑥ 지역사회 ___⑦ 북한/해외/기타</td></tr>
<tr><td>핵심 참여자</td><td colspan="2"></td><td colspan="2">인원수</td><td>명</td></tr>
<tr><td colspan="2">사업구분</td><td colspan="5">모금회 지속가능발전목표(C-SDGs)</td></tr>
<tr><td colspan="2">☐ 기초생계 지원</td><td colspan="5">☐ 경제적 빈곤 퇴치 ☐ 영양 및 급식지원/기아종식</td></tr>
<tr><td colspan="2">☐ 교육/자립 지원</td><td colspan="5">☐ 교육 및 자립역량 강화 ☐ 양질의 일자리 만들기 ☐ 적정기술과 정보기술격차 해소 지원</td></tr>
<tr><td colspan="2">☐ 주거/환경 개선</td><td colspan="5">☐ 모두를 위한 깨끗한 에너지 ☐ 지속가능한 지역사회 인프라 구축
☐ 지속가능한 생산과 소비 ☐ 기후변화와 대응 ☐ 해양생태계 보존 ☐ 육상생태계 보호</td></tr>
<tr><td colspan="2">☐ 보건/의료 지원</td><td colspan="5">☐ 신체 · 정서적 건강과 회복 ☐ 깨끗한 물과 위생</td></tr>
<tr><td colspan="2">☐ 심리/정서 지원</td><td colspan="5">☐ 신체 · 정서적 건강과 회복</td></tr>
<tr><td colspan="2">☐ 사회적 돌봄 강화</td><td colspan="5">☐ 사회적 배제 감소와 불평등 완화</td></tr>
<tr><td colspan="2">☐ 소통과 참여 확대</td><td colspan="5">☐ 성평등 ☐ 지속가능한 지역사회 인프라 구축 ☐ 사회적 약자의 권리증진</td></tr>
<tr><td colspan="2">☐ 문화 격차 해소</td><td colspan="5">☐ 사회적 배제 감소와 불평등 완화</td></tr>
<tr><td>성과목표</td><td colspan="6">해당 사항이 없을 경우에는 공란으로 표기</td></tr>
<tr><td rowspan="3">주요 사업 내용</td><td>세부 사업명</td><td colspan="5">주요 내용</td></tr>
<tr><td></td><td colspan="5"></td></tr>
<tr><td></td><td colspan="5"></td></tr>
<tr><td>사업비</td><td>총 사업비</td><td colspan="2">원</td><td>신청금액</td><td colspan="2">원</td></tr>
<tr><td rowspan="2">신청금액 세부내역</td><td rowspan="2">사업비</td><td>천원</td><td rowspan="2">인건비</td><td>천원</td><td rowspan="2">관리 운영비</td><td>천원</td></tr>
<tr><td>%</td><td>%</td><td>%</td></tr>
<tr><td rowspan="2">담당자</td><td>성명</td><td></td><td>직통전화</td><td></td><td>E-mail</td><td>@</td></tr>
<tr><td>직위</td><td></td><td>휴대폰</td><td></td><td>FAX</td><td></td></tr>
</table>

위와 같이 2021년도 사업을 신청합니다.

2020년 월 일

기관대표자: (인)

사회복지공동모금회장 귀하

[배분신청서 작성 예시]

1) 기관명	열매종합사회복지관		2) 고유번호(사업자등록번호)	100-82-1000
3) 사업명	저소득층 방임아동의 보호 · 학습지원을 위한 야간보호사업 "꿈나무 교실"			
4) 사업 기본 정보	연차	_V_ ① 1년차 ___② 2년차 ___③ 3년차 ___④ 기타( )		
	대상지역	서울시 중구	사업수행 인력	2명
	사업기간	20××년 1월 1일 ~ 20××년 12월 31일 (총 12개월)		
5) 사업 참여자	참여자 구분	_V_ ① 아동 · 청소년 ___② 노인 ___③ 장애인 ___④ 여성/다문화 ___⑤ 위기가정 ___⑥ 지역사회 ___⑦ 북한/해외/기타		
	핵심 참여자	저녁 10시까지 보호자가 없는 초등학생	인원수	20명

사업구분	모금회 지속가능발전목표(C-SDGs)
☐ 기초생계 지원	☐ 경제적 빈곤 퇴치 ☐ 영양 및 급식지원/기아종식
☐ 교육/자립 지원	☐ 교육 및 자립역량 강화 ☐ 양질의 일자리 만들기 ☐ 적정기술과 정보기술격차 해소 지원
☐ 주거/환경 개선	☐ 모두를 위한 깨끗한 에너지 ☐ 지속가능한 지역사회 인프라 구축 ☐ 지속가능한 생산과 소비 ☐ 기후변화와 대응 ☐ 해양생태계 보존 ☐ 육상생태계 보호
☐ 보건/의료 지원	☐ 신체 · 정서적 건강과 회복 ☐ 깨끗한 물과 위생
☐ 심리/정서 지원	☐ 신체 · 정서적 건강과 회복
☑ 사회적 돌봄 강화	☑ 사회적 배제 감소와 불평등 완화
☐ 소통과 참여 확대	☐ 성평등 ☐ 지속가능한 지역사회 인프라 구축 ☐ 사회적 약자의 권리증진
☐ 문화 격차 해소	☐ 사회적 배제 감소와 불평등 완화

7) 성과목표	① 보호 아동의 야간 안전사고율 감소 ② 기초 학습 능력 향상 ③ 보호 아동의 가족 유대감 증대

8) 주요 사업 내용	세부 사업명	주요 내용
	야간아동 보호	복지관 방과후교실 운영, 아동보호자 귀가 시간 따라 귀가일정 조정, 보호자가 동행귀가를 하지 못하는 경우 복지관 차량을 통한 귀가 서비스 제공
	기초학습 지도	자체 자원봉사대학생을 활용한 기초학습(국어, 영어, 수학) 지도, 자체 자원봉사대학생을 활용한 숙제지도, 매일 숙제 알림장 점검
	가족관계 개선 프로그램	가족관계개선프로그램시행 (가족음식 만들기, 가족나들이, 가족체육대회, 영화보기 등)

9) 사업비	총 사업비	16,000,000원		신청금액	13,100,000원	
10) 신청금액 세부내역	사업비	7,400천원	인건비	4,800천원	관리 운영비	900천원
		56.5%		36.6%		6.9%
11) 담당자	성명	김열매	직통전화	02-123-4567	E-mail	fruit03@fruit.or.kr
	직위	대리	휴대폰	010-1234-5678	FAX	02-123-4568

위와 같이 2021년도 사업을 신청합니다.

2020년 7월 30일

기관대표자: 이 사 랑 (인)

사회복지공동모금회장 귀하

[배분신청서 작성 방법]

1) 기관명: 신청기관의 공식 명칭을 기재
2) 고유번호(사업자등록번호): 기관의 고유번호, 사업자등록번호 기재
3) 사업명: 대상, 목적, 사업 내용을 포함할 수 있도록 작성하며, 부제 사용 가능
4) 사업 기본 정보
 ○ 연차: 모금회 지원으로 해당 사업을 수행하는 연차를 기재
  - 신규로 신청하는 사업일 경우에는 ① 1년차 사업에 해당, 전년도에 모금회의 지원을 받은 사업으로 사업 수행자, 핵심 참여자, 사업내용이 동일한 경우에는 사업연차에 따라 ② 2년차, ③ 3년차, ④ 기타를 선택
   예 2017년에 지원을 받아 사업수행 중에 있으며, 2018년에도 동일사업을 수행하기 위해 사업신청을 하는 경우 '② 2년차'에 ∨표시
   예 2015년부터 3년 간 지원 받아 사업을 수행 하고 2018년에 동일한 사업을 신청하는 경우 '④ 기타'에 ∨ 표시 후 (4년차) 기입
 ○ 대상 지역: 본 사업이 수행되는 주요 대상 지역을 시 · 군 · 구 단위까지 기입
   예 경상남도 마산시 / 충청남도 당진군 / 서울시 양천구
 ○ 사업수행 인력: 본 사업을 실질적으로 수행하는 실무자의 수 기입(기관장, 슈퍼바이저는 제외)
 ○ 사업 기간: 사업 수행 기간을 기입
  - 사업 신청 안내 시 별도의 사업기간이 공지되므로 해당 사업기간 확인 후 작성
5) 사업 참여자
 ○ 참여자 구분: 사업 주요 참여자(대상자)를 '1'개만 선택(16p 별첨 1. "배분 분류 체계 안내" 참고하여 선택)
 ○ 핵심 참여자: 본 사업의 성과를 측정하게 되거나 서비스를 직접적으로 제공받는 주요 참여자(대상자)
 ○ 인원수: 핵심 참여자의 실제 인원수, 중복되지 않은 순수 인원을 의미
  - 무료 급식, 행사 등과 같이 대상자가 불규칙하거나 불특정 다수인 경우 1일 평균 이용자를 기재
  - 참여자가 매달 중복될 경우 '1'인으로 기재
   예 핵심참여자 'A'씨가 매달 주 1회씩 3개월 프로그램에 12회 참석 시, 인원수는 12명이 아닌 '1'명으로 기재
6) 사업구분: 주요 사업 내용을 '1'개만 선택(16p 별첨 1. "배분 분류 체계 안내" 참고하여 선택)
7) 성과목표: 사업의 결과로 나타나는 효과 또는 변화를 기입(해당 사항이 없을 경우 미기입)
  - 성과목표는 3개 이하로 기입
  - 성과목표가 4개 이상일 경우 중요한 순서로 3개만 기입
8) 주요 사업 내용
 ○ 세부 사업명: 주요 세부 사업명을 3개 이하로 기입
 ○ 주요 내용: 세부 사업별 수행 방법, 추진 내용을 간략하게 기재
9) 사업비
 ○ 총 사업비: 사업 수행에 필요한 모든 비용을 합산한 금액(신청금액+기관 부담액)
 ○ 신청금액: 총 사업비 중 모금회에 신청하는 금액
10) 신청금액 세부 내역: 신청금액 중 사업비, 인건비, 관리운영비에 해당하는 금액과 비율을 기입
11) 담당자: 본 사업을 직접 수행할 담당자 정보를 기입
 ○ 성명: 담당자 성명 기재(담당자 미정 시 작성자명 기입)
 ○ 직위: 담당자의 직위를 기입 (예 사원, 대리, 과장 등)
 ○ 직통전화 · 휴대폰 · E-mail · FAX: 사업 심사 또는 수행 과정 중에 연락 가능한 정보를 기재

[별첨1]

배분 분류 체계 안내

I	사업 참여자

사업 참여자는 ① 아동/청소년, ② 노인, ③ 장애인, ④ 여성/다문화, ⑤ 위기가정, ⑥ 지역사회, ⑦ 북한/해외/기타의 7개 영역으로 구분되며, 기준은 아래와 같습니다.

〈사업 참여자 구분 기준〉

배분대상	기준
아동·청소년	• 19세 미만의 자(민법 상의 연령 적용)
노인	• 65세 이상의 자
장애인	• 장애인복지법에 의해 장애 등록이 된 자
여성/다문화	• 청장년 여성(19세~64세 이하)
	• 재한외국인, 결혼이민자(자녀포함)
위기가정	• 가족단위 대상, 청장년 남성(19세~64세 이하)
지역사회	• 지역주민이나 지역공동이익에 초점을 맞춘 사업 (지역사회 네트워크 및 마을 공동체와 관련된 사업) • 지역주민 및 사회복지관련 종사자를 대상으로 하는 사업
북한/해외/기타	• 북한지원사업 • 해외지원사업 • 기타사업

〈사업 참여자 중복사항에 대한 우선 기준〉

구분		① 아동·청소년	② 노인	③ 장애인	④ 여성	④ 다문화	⑤ 위기가정	⑥ 지역사회	⑦ 북한해외기타
㉮	아동·청소년			장애인	아동/청소년	다문화	아동/청소년	아동/청소년	북한해외기타
㉯	노인			장애인	노인	다문화	노인	노인	북한해외기타
㉰	장애인	장애인	장애인		장애인	장애인	장애인	장애인	북한해외기타
㉱	여성	아동/청소년	노인	장애인		다문화	여성	여성	북한해외기타
㉲	다문화	다문화	다문화	장애인	다문화		다문화	다문화	북한해외기타
㉳	위기가정	아동/청소년	노인	장애인	여성	다문화		위기가정	북한해외기타
㉴	지역사회	아동/청소년	노인	장애인	여성	다문화	위기가정		북한해외기타
㉵	북한해외기타	북한해외기타	북한해외기타	북한해외기타	북한해외기타	북한해외기타	북한해외기타	북한해외기타	

※ 표 보는 기준 예시: ㉮-③ → 장애인 우선 적용, ㉰-② → 장애인 우선 적용

예 13세 여자 어린이가 참여자인 경우 "① 아동/청소년"으로 입력

예 2급 장애등록의 67세 어르신이 참여자인 경우 "③ 장애인"으로 입력

예 북한이탈주민 아동지원사업인 경우 "⑦ 북한해외기타"로 입력

예 1급 지체장애인인 결혼이주여성이 참여자인 경우 "③ 장애인"으로 입력

예 다문화가정과 지역주민을 주 대상으로 하는 사업의 경우 "④ 여성/다문화"로 입력

예 여성가장이 참여자인 경우 "④ 여성/다문화"으로 입력

예 해외동포 아동을 대상하는 사업인 경우 "⑦ 북한/해외/기타"로 입력

예 지역아동센터 교사를 대상으로 하는 사업인 경우 "⑥ 지역사회"로 입력

예 30대 남성 실직가장이 참여자인 경우 "⑤ 위기가정"으로 입력

II 사업 구분

사업구분은 ① 기초생계 지원, ② 교육/자립 지원, ③ 주거/환경 개선, ④보건/의료 지원, ⑤ 심리/정서지원, ⑥ 사회적 돌봄 강화, ⑦ 소통과 참여 확대 ⑧ 문화 격차 해소의 8개 분야 및 해당 분야별 모금회 지속가능발전목표(C-SDGs)로 구분됩니다. 항목별 내용은 아래와 같습니다.

〈사업 구분 세부 내용〉

사업 구분	지원 목적	모금회 지속가능발전목표 (C-SDGs)	사업 예시
기초생계 지원	• 인간의 기본적 욕구 충족, 절대적 빈곤 위험 완화와 예방	(목표1) 경제적 빈곤 퇴치	[현금 · 현물 기초생계지원] • 저소득 시민 지원, 따뜻한 겨울나기 지원 • 개인 지정기탁 결연사업 • 장제비, 전기요금, 피복비, 건강보험료 지원 • 냉난방기기 설치 및 비용(연료) • 이재민 긴급구호 • 생필품 등 현물, 명절물품
		(목표2) 영양 및 급식지원/기아 종식	[결식예방 및 지원] • 조식지원 등 [주 · 부식 및 특수식 지원] • 식사(급식, 반찬, 도시락 등) 관련 지원 • 건강식 및 특수식(고령식, 환자식 등) 지원사업
교육 · 자립 지원	• 취약계층의 자립 역량 강화 지원과 빈곤의 대물림 방지	(목표4) 교육 및 자립역량 강화	[학습 지원] • 장학금 및 교육비 지원사업, 기초학습 등 지원 [직업 및 창업 교육] • 직업훈련 교육 및 전문자격 취득지원 • 취업 및 진로 컨설팅 지원, 진로교육 [평생교육 및 재능교육 지원] • 부모교육, 인문학 교육, 독서 교육 • 방과후 등 문화/예술/체육 & 특기적성 활동 • 동아리 활동(공연 등) 지원, 악기/체육장비/도서 등 구입 지원

		(목표8) 양질의 일자리 만들기	[고용 및 창업 관련 지원] • 사회적경제 조직 직간접 지원, 자활사업 등 • 장애인, 한부모 가정 등 취약계층 고용 지원 사업
		(목표9) 적정기술과 정보 기술격차 해소 지원	[적정기술과 정보기술격차 지원] • 복지 관련 기술지원 • IT 관련 교육기자재 및 장비 지원
주거 · 환경 개선	• 안전한 주거환경 조성 • 환경보호, 지역 사회환경개선	(목표7) 모두를 위한 깨끗한 에너지	[재생 및 청정에너지 지원] • 태양광 및 대안기술을 통한 에너지 확보 등
		(목표11) 지속 가능한 지역사회 인프라 구축	[지역사회 및 복지시설 환경개선] • 집수리, 지역사회 환경개선 사업(안심가로등, 공원 등의 공공인프라 개선과 기타 환경 개선) • 재난피해지역 복구 • 기관(이용시설, 생활시설 포함) 기능보강 지원
		(목표12) 지속가능한 생산과 소비	• 쓰레기 감소, 리사이클링/업사이클링 관련 사업 • 13/14/15에 포함되지 않는 기타 자연환경 보호 · 개선 등 사업
		(목표13) 기후변화와 대응	• 기후변화 관련 각종 대응활동
		(목표14) 해양생태계 보존	• 해양생태계 보호 관련 사업
		(목표15) 육상생태계 보호	• 육상생태계 보호 관련 사업
보건 · 의료 지원	• 신체적으로 건강한 삶 위협하는 요인의 완화 및 사전예방 • 의료서비스 기회제공 및 과부담 의료비 경감	(목표3) 신체 · 정서적 건강과 회복	[의료비 지원] • 검사(진단)비, 수술 및 치료비, 간병비 [의료서비스 지원] • 의료장비 및 기자재 구입, 보조공학 재활기구 지원 • 병의원 및 무료진료소 건립/기능보강, 보건인력 양성 [건강관리 지원] • 중독치료(약물, 음주, 흡연), 건강교육(만성질환 관리 등), 재활 및 운동 프로그램
		(목표6) 깨끗한 물과 위생	[식수 위생 관련 지원] • 우물 개발, 상하수도 개선 등 지원

심리 · 정서 지원	• 건강한 삶을 위한 정신적, 심리적지지 및 회복	(목표3) 신체 · 정서적 건강과 회복	[심리정서 지원] • 상담치료, 심리검사(진단), 언어치료, 미술 · 음악 등 표현예술 치료관련 지원(공간세팅, 기자재구입, 시설개보수 등 포함) • 관계회복 프로그램 • 중독치료(도박, 게임, 인터넷), 우울증 및 스트레스(불안) 개선활동 • 멘토링, 나들이
사회적 돌봄 강화	• 보호가 필요한 취약계층의 안전한 삶 지원	(목표10) 사회적 배제 감소와 불평등 완화	[핵심참여자 서비스 및 프로그램] • 방과후 및 주/야간 보호 지원사업 • 가정위탁 및 입양대상 아동지원 • 한부모 및 조손가정 아동의 보호지원 • 재가노인 및 장애인 돌봄(사례관리 등) 관련 [지역사회 통합지원] • 장애인, 이주노동자 등 취약계층 학대피해지원, 각종 폭력 피해지원 • 장애인, 이주노동자 등 취약계층 주변 지지체계 형성 및 차별 해소를 위한 인식개선 활동(캠페인 등)
소통과 참여 확대	• 민간전달체계 강화를 통한 양질의 복지서비스 제공 및 주민참여를 통한 민간 복지자원 확대	(목표5) 성평등	[여성 관련 지원] • 여성폭력 및 학대 예방, 해소 등 • 여성의 정치적 사회적 지위향상 • 성적자기결정권지지 강화
		(목표11) 지속가능한 지역사회 인프라 구축	[지역사회 협력 인프라 구축] • 사회복지기관 종사자 및 지역주민교육 지원 • 재능기부 및 지역사회 자원연계 활동 • 주민조직화 및 지역네트워크 활성화 사업
		(목표16) 사회적 약자의 권리 증진	• 연대와 협력, 인권 옹호 등 지원
문화격차 해소	• 여가 · 문화 · 예술의 다양한 경험 및 활동에 대한 기회 확대로 삶의 질 개선과 역량강화	(목표10) 사회적 배제 감소와 불평등 완화	[문화여가 불평등 완화 지원_단발적 활동] • 여가목적 나들이 및 외부 문화/예술/체육 행사 참여 • 여행 및 캠프, 특별체험활동, 역사/전통 문화체험 및 예절교육

2. 신청기관 현황 표준 양식(공통) 신청기관 현황

<table>
<tr><td colspan="2">기관명</td><td colspan="3"></td><td>대표자</td><td colspan="2"></td></tr>
<tr><td colspan="2">고유번호
(사업자등록번호)</td><td colspan="3"></td><td>전화번호</td><td colspan="2"></td></tr>
<tr><td colspan="2">E-mail</td><td colspan="3"></td><td>FAX</td><td colspan="2"></td></tr>
<tr><td colspan="2">홈페이지</td><td colspan="3"></td><td>설립연월일</td><td colspan="2">년 월 일</td></tr>
<tr><td colspan="2">주소</td><td colspan="6">□□□□□</td></tr>
<tr><td colspan="2" rowspan="2">직원 현황</td><td rowspan="2">총 명
(①+②)</td><td colspan="3">상근 (①)</td><td colspan="2">비상근 (②)</td></tr>
<tr><td colspan="3">명</td><td colspan="2">명</td></tr>
<tr><td rowspan="2">기관 주요 사업</td><td>구분</td><td colspan="6">___① 노인복지 ___② 영유아/아동복지 ___③ 장애인복지 ___④ 노숙인복지
___⑤ 지역복지 ___⑥ 정신보건 ___⑦ 여성복지 ___⑧ 가족복지
___⑨ 청소년복지 ___⑩ 다문화지원 ___⑪ 북한/해외지원 ___⑫ 기타( )</td></tr>
<tr><td>내용</td><td colspan="6"></td></tr>
<tr><td rowspan="4">결산</td><td rowspan="2">세입</td><td>총계</td><td>보조금수입</td><td>전입금</td><td>후원금수입</td><td>사업수입</td><td>기타수입</td></tr>
<tr><td>천원</td><td>천원</td><td>천원</td><td>천원</td><td>천원</td><td>천원</td></tr>
<tr><td rowspan="2">세출</td><td>총계</td><td>인건비</td><td>관리운영비</td><td>사업비</td><td>재산조성비</td><td>기타지출</td></tr>
<tr><td>천원</td><td>천원</td><td>천원</td><td>천원</td><td>천원</td><td>천원</td></tr>
<tr><td rowspan="4">예산</td><td rowspan="2">세입</td><td>총계</td><td>보조금수입</td><td>전입금</td><td>후원금수입</td><td>사업수입</td><td>기타수입</td></tr>
<tr><td>천원</td><td>천원</td><td>천원</td><td>천원</td><td>천원</td><td>천원</td></tr>
<tr><td rowspan="2">세출</td><td>총계</td><td>인건비</td><td>관리운영비</td><td>사업비</td><td>재산조성비</td><td>기타지출</td></tr>
<tr><td>천원</td><td>천원</td><td>천원</td><td>천원</td><td>천원</td><td>천원</td></tr>
<tr><td rowspan="5">운영 법인 또는 단체</td><td>운영주체 성격</td><td colspan="6">___① 사회복지법인 ___② 사단법인 ___③ 종교법인 ___④ 학교법인
___⑤ 재단법인 ___⑥ 국가지방자치단체 ___⑦ 임의단체 ___⑧ 개인(신고)
___⑨ 법인(기타) ___⑩ 단체(기타)( ) ___⑪ 개인(기타) ( )</td></tr>
<tr><td>법인
(단체)명</td><td colspan="3"></td><td>대표명</td><td colspan="2"></td></tr>
<tr><td>고유번호
(사업자
번호)</td><td colspan="3"></td><td>전화번호</td><td colspan="2"></td></tr>
<tr><td>홈페이지</td><td colspan="3"></td><td>설립연월일</td><td colspan="2">년 월 일</td></tr>
<tr><td>주소</td><td colspan="6">□□□□□</td></tr>
</table>

※ 신청기관 조직도, 운영위원회 및 운영법인 이사회 명단은 별첨자료로 첨부 요망

[신청기관 현황 작성 예시]

<table>
<tr><td colspan="2">1) 기관명</td><td colspan="3">열매종합사회복지관</td><td>2) 대표자</td><td colspan="2">이 사 랑</td></tr>
<tr><td colspan="2">3) 고유번호
(사업자등록번호)</td><td colspan="3">100-82-1000</td><td>4) 전화번호</td><td colspan="2">02-6262-3000</td></tr>
<tr><td colspan="2">5) E-mail</td><td colspan="3">fruit@fruit.or.kr</td><td>6) FAX</td><td colspan="2">02-6262-3100</td></tr>
<tr><td colspan="2">7) 홈페이지</td><td colspan="3">www.fruit.or.kr</td><td>8) 설립연월일</td><td colspan="2">2002년 10월 24일</td></tr>
<tr><td colspan="2">9) 주소</td><td colspan="6">04519
서울시 중구 ○○대로 24길 사랑의열매회관 1층</td></tr>
<tr><td colspan="2" rowspan="2">10) 직원 현황</td><td rowspan="2">총 12 명
(①+②)</td><td colspan="3">상근 (①)</td><td colspan="2">비상근 (②)</td></tr>
<tr><td colspan="3">10 명</td><td colspan="2">2 명</td></tr>
<tr><td rowspan="2">11) 기관 주요 사업</td><td>구분</td><td colspan="6">___① 노인복지 ___② 영유아/아동복지 ___③ 장애인복지 ___④ 노숙인복지
_V_⑤ 지역복지 ___⑥ 정신보건 ___⑦ 여성복지 ___⑧ 가족복지
___⑨ 청소년복지 ___⑩ 다문화지원 ___⑪ 북한/해외지원 ___⑫ 기타(　　　)</td></tr>
<tr><td>내용</td><td colspan="6">○ 통합사례관리: 사례발굴, 사례개입, 서비스연계
○ 서비스제공: 가족기능강화, 지역사회보호, 아동청소년 교육 및 문화 지원
○ 지역조직화: 주민조직화, 복지네트워크 구축, 자원개발 및 관리
○ 자활자립지원: 노인일자리사업, 자활공동체 창업지원</td></tr>
<tr><td rowspan="4">12) 결산</td><td rowspan="2">세입</td><td>총계</td><td>보조금수입</td><td>전입금</td><td>후원금수입</td><td>사업수입</td><td>기타수입</td></tr>
<tr><td>658,001천원</td><td>100,628천원</td><td>162,000천원</td><td>238,235천원</td><td>103,948천원</td><td>53,190천원</td></tr>
<tr><td rowspan="2">세출</td><td>총계</td><td>인건비</td><td>관리운영비</td><td>사업비</td><td>재산조성비</td><td>기타지출</td></tr>
<tr><td>658,001천원</td><td>375,617천원</td><td>93,905천원</td><td>102,934천원</td><td>7,573천원</td><td>77,972천원</td></tr>
<tr><td rowspan="4">12) 예산</td><td rowspan="2">세입</td><td>총계</td><td>보조금수입</td><td>전입금</td><td>후원금수입</td><td>사업수입</td><td>기타수입</td></tr>
<tr><td>804,592천원</td><td>236,709천원</td><td>241,000천원</td><td>113,600천원</td><td>97,760천원</td><td>115,523천원</td></tr>
<tr><td rowspan="2">세출</td><td>총계</td><td>인건비</td><td>관리운영비</td><td>사업비</td><td>재산조성비</td><td>기타지출</td></tr>
<tr><td>804,592천원</td><td>434,556천원</td><td>121,390천원</td><td>225,174천원</td><td>15,480천원</td><td>7,992천원</td></tr>
<tr><td rowspan="5">13) 운영 법인 또는 단체</td><td>운영주체 성격</td><td colspan="6">_V_① 사회복지법인 ___② 사단법인 ___③ 종교법인 ___④ 학교법인
___⑤ 재단법인 ___⑥ 국가지방자치단체 ___⑦ 임의단체 ___⑧ 개인(신고)
___⑨ 법인(기타) ___⑩ 단체(기타)(　　　) ___⑪ 개인(기타) (　　　)</td></tr>
<tr><td>법인(단체)명</td><td colspan="3">사랑의열매</td><td>대표명</td><td colspan="2">박모금</td></tr>
<tr><td>고유번호
(사업자번호)</td><td colspan="3">100-82-1007</td><td>전화번호</td><td colspan="2">02-626-3100</td></tr>
<tr><td>홈페이지</td><td colspan="3">www.chest.or.kr</td><td>설립연월일</td><td colspan="2">2000년 11월 13일</td></tr>
<tr><td>주소</td><td colspan="6">04519
서울시 중구 ○○대로 24길 사랑의열매회관 5층</td></tr>
</table>

3. 신청기관 현황

3-1. 프로그램: 성과중심형 사업계획서 표준 양식

1. 사업명: 대상, 목적, 방법

• 대상, 목적, 방법과 관련된 정보를 담은 사업명을 적어 주십시오.(슬로건은 부제(副題)로 병기해 주세요)

2. 사업 내용 및 추진 전략

1) 사업 참여자 모집 전략

(1) 참여 대상 및 인원

핵심 참여자	
주변 참여자	

• 누가 이 사업에 참여합니까?
- (핵심 참여자) 성과를 측정하게 되는 대상은 누구이며, 인원은 몇 명입니까? (이 사업에 참여하게 함으로써 누구의 변화를 이끌어내려고 하는 것입니까?)
- (주변 참여자) 성과측정 대상은 아니지만 핵심 참여자의 변화를 이끌어내는 데 중요한 역할을 하는 사람은 누구이며, 인원은 몇 명입니까?

(2) 참여자 선정 기준

• 어떤 기준을 세워서 참여자를 모집하게 됩니까?

(3) 참여자 모집 방안

• 기준에 적합한 참여자를 어떻게 모집할 예정입니까?

2) 사업 내용 및 사업 집행 전략

• 아래 내용을 모두 포괄하되, 자유롭게 (질문순서에 상관없이) 표현해 주시기 바랍니다.
- 전체 사업을 몇 개의 세부 사업으로 분류한다면 어떻게 구성될 수 있습니까?
- 사업을 어떻게 추진할 것인지에 대하여 세부 사업별 시행방법, 시행 시기 및 횟수, 사업 진행 일정 등 구체적인 정보를 담아서 기술해 주시기 바랍니다.

3) 기관 연계협력 전략

• 위의 사업 집행 전략과 관련하여, 지역사회 내(또는 그 범위를 넘어서) 어떤 기관들과 유기적인 협조관계를 가질 것인지에 대하여 아래 내용을 포함하여 기술해 주시기 바랍니다.
- 협력 기관이 세부 사업에서 어떤 역할을 담당하게 되는지, 그때 신청기관의 역할은 무엇인지, 이러한 협력체계는 어떤 절차를 통해 진행되는지 등

3. 예산 편성

(단위: 원)

	세목	세세목	계	산출근거	예산조달 계획				
					신청금액	비율 (%)	자부담	비율 (%)	자부담 재원
총계									
인건비									
	소계								
사업비									
	소계								
관리운영비									
	소계								

• 사업에 직접 투입되는 비용을 인건비, 사업비, 관리운영비로 구분하여 작성해주시기 바랍니다.
- (인건비) 해당사업을 직접적으로 수행하는 인력에게 투입되는 비용
- (사업비) 프로그램 수행에 필요한 직접비용
- (관리운영비) 프로그램의 수행에 필요한 간접비용(사업관리에 필요한 비용)
- 예산 수립 시 74p 별첨3. 예산편성기준표를 참고하여 주시기 바랍니다.

• 세목은 세부 사업별로 구분하고 단위가 큰 경우 세세목으로 구분하여 작성하시기 바랍니다.
• 산출근거는 실제 단가, 수량, 인원수, 건수, 횟수 등을 구체적으로 기록해 주시기 바랍니다.

4. 문제 의식(사업 필요성)

1) 사업 계획 배경

• 왜 이 사업을 기획하게 되었습니까?
- 귀 기관이 관심을 가지기 전에는 어떤 상태에 있었는지, 인근 다른 지역에도 유사한 상황이 있다면 어떻게 대응하고 있는지에 대해서도 서술해 주시기 바랍니다.

2) 기존 유사사업과의 차별성 사업계획

• 기존의 시각이나 접근방식과 다른 점은 무엇입니까?

3) 신청기관의 강점

• 이 사업을 신청기관에서 수행해야 하는 이유에 대해 사전조사 내용, 관련 분야 수행 경험 등을 포함하여 기재해 주시기 바랍니다.

5. 목표 및 평가

1) 산출목표

세부 사업명	산출목표	모니터링 방법

• 성과목표를 달성하기 위해 이끌어내야 하고 모니터링 해야 하는 산출목표는 무엇입니까?

2) 성과목표 및 평가방법

성과목표	평가 도구 및 방법	측정 시기

- (성과목표) 성과목표와 관련하여 아래 내용들에 대해 작성해 주시기 바랍니다.
  - 핵심 참여자의 어떤 부분을 어느 수준까지 변화시키는 것입니까?
  - 작성하고자 하는 성과목표가 이후에 기술되는 평가방법을 통해 달성 여부를 알 수 있게 됩니까?
  - (성과라고 강조하고 싶은데) 양적으로 드러내기(수치화하기) 어려운 성과목표가 있다면 무엇입니까?
  - 앞서 기술하신 사업내용과 성과목표를 논리적으로 연결하여 작성해 주십시오.
- (평가 도구 및 방법/측정 시기) 성과목표 달성 여부와 정도를 어떻게 평가하실 건가요?
  - 성과목표 달성 여부와 정도를 판단하기 위해 어떤 성과지표를 설정하실 건가요?
  - 제시된 성과목표에 대한 평가계획(자료수집방법, 측정시기 등)은 어떠한가요?
  - 수치화하기 어려운 성과목표가 있다면 어떤 평가방법을 통해 변화의 수준과 의미를 드러내실 건가요?

6. 사업종료 후 지향점

1) 사업 수행으로 인한 기대 효과

- 이 사업이 성공적으로 수행된다면 기대되는 효과는 무엇입니까?

2) 사업 결과의 활용 계획

- 사업의 효과로 나타난 결과를 어떻게 활용할 계획입니까?

- 사업 결과를 통해 유사기관이나 지역사회에 꼭 알리고 싶은 이야기가 있다면 무엇입니까?

[프로그램: 성과중심형 사업계획서 작성 예시]

※ 배분신청서, 기관현황을 포함하여 총 20매 이내로 작성하여 주십시오.

〈성과중심형〉 사업계획서

1. 사업명: 아동 학대 고위험 가정의 재학대 예방을 위한 심리정서지원 프로그램[1)]

2. 사업 내용 및 추진전략

1) 사업 참여자 모집전략

(1) 참여 대상 및 인원

핵심 참여자	• ○○구, △△구, ××구 내 아동 학대 고위험 가정 피해 아동 20명 • ○○구, △△구, ××구 내 아동 학대 고위험 학대 행위자 20명
주변 참여자	• ○○구 내 핵심 참여자 가족 구성원 60명

(2) 참여자 선정 기준

- 1순위: 본 기관에 접수된 아동학대 사례 중 아동학대 위험도 평가 척도 측정 결과 재학대 고위험 가정으로 판단된 가정의 아동 및 학대 행위자
- 2순위: 본 기관에 접수된 아동학대 사례 중 실무진 회의를 통해 재학대 가능성이 높다고 판단된 가정의 아동 및 학대 행위자

(3) 참여자 모집 방안

- 최근 3년간 접수된 아동학대 사례 분석 및 위험도 평가 척도 측정을 통한 참여자 선정
- 선정된 참여자에게는 사업 소개 후 참여 여부에 대한 참여 동의서 작성

1) 본 예시는 2017년 복권기금 아동학대예방사업(중앙아동보호전문기관) 일부를 발췌하여 작성되었음.

2) 사업내용(사업수행일정 포함) 및 사업집행전략

○ 사업 내용

세부 사업명	활동(수행방법)
맞춤형 서비스 지원	• 상담/심리치료: 담당자의 가정 방문을 통한 문제 파악 및 해결방안 모색/가정별 5회 전문 심리검사/가정별 1회, 심리치료/가정별 6회 • 일상생활 지원: 주거환경 개선, 긴급생계지원, 학습지원 등 서비스 연계/가정별 1회 • 사례 회의: 참여자 및 사업 담당자 대상 사례별 진행상황 점검 및 상호 피드백 실시/1회 • 정신 건강 지원: 정신의학 전문가 진단에 따라 치료 정신과 진료 지원/10가정 선정, 가정별 1회
양육교육 프로그램	• 담당자 상담을 통해 양육교육이 필요한 10가정 선정 • 전문기관 연계를 통한 양육기술 상담 교육 - 행위자 초기 상담, 종합심리평가, 양육태도검사 각 1회 실시 - 양육태도 및 감정코칭 등 전문가를 통한 교육 2회 실시

○ 사업 진행 일정

주요 내용 \ 기간		1월	2월	3월	4월	5월	6월	7월	8월	9월	10월	11월	12월
참여자 선정		■	■	■									
맞춤형 서비스 지원	상담/심리치료			■	■	■	■	■	■	■	■	■	
	일상/정신건강 지원			■	■	■	■	■	■	■	■	■	■
	사례회의					■		■		■		■	
양육교육 프로그램	초기상담/검사					■	■						
	교육 진행							■	■	■	■	■	

3) 기관 연계협력 전략

협력 기관명	세부 사업명	협력 계획	비고
△△복지관	맞춤형 서비스 지원	• 일상생활 지원(긴급생계지원) 연계	협약 체결 예정
○○대학병원	맞춤형 서비스 지원	• 정신의학 자문 제공, 의료서비스 연계	협약 체결(20××)

3. 예산 편성

(단위: 원)

목	세목	세세목	계	산출근거	예산조달 계획				
					신청금액	비율(%)	자부담	비율(%)	자부담 재원
총계			52,150,000		48,900,000	100	3,250,000	100	
인건비	전담 인력	급여	16,000,000	1,600,000원 × 10월 × 1명	16,000,000				
		사회보험	1,750,000	175,000원 × 10월 × 1명			1,750,000		자체 예산
	소계		17,750,000		16,000,000	32.7	1,750,000	53.8	
사업비	맞춤형 서비스 지원	상담/심리	17,500,000	가정 방문 다과 10,000원 × 20가정 × 5회			1,000,000		자체 예산
				심리 검사 200,000원 × 20가정 × 1회	4,000,000				
				심리 치료비 100,000원 × 20가정 × 6회	12,000,000				
				사례회의 자문 및 진행비 100,000원 × 5회			500,000		자체 예산
		심화 프로그램	4,000,000	전문상담 100,000원 × 10가정 × 1회	1,000,000				
				정신과 진료 지원 300,000원 × 10가정 × 1회	3,000,000				
	양육 교육 프로그램	양육기술 상담교육	12,000,000	강사비(특별강사, 2시간) 400,000원 × 20회	8,000,000				
				교재, 교구 200,000원 × 10회	2,000,000				
				교육진행비 100,000원 × 20회	2,000,000				
	소계		33,500,000		32,000,000	65.4	1,500,000	46.2	
관리운영비	관리 운영비	교통비	600,000	50,000원 × 12월 × 1명	600,000				
		사무 용품비	300,000	100,000원 × 3회	300,000				
	소계		900,000		900,000	1.9			

4. 문제의식(사업 필요성)

1) 사업 계획 배경

아동학대 사례가 발생하여 피해아동에 대한 상담 및 치료가 성공적으로 진행되더라도 학대행위자 및 가정환경에 대한 근본적인 개입이 이루어지지 않으면 재학대로 이어질 확률이 높다. 20××년 전국아동학대현황보고서에 따르면 아동학대 사례 1만 7천여 건 중 가해자가 부모인 사건은 80%이며, 전체 피해 아동의 76%는 가정으로 돌아갔다. 또한 전체 피해 아동 10명 중 1명은 재학대 경험이 있으며, 재학대 장소의 93%가 가정이라는 점은 부모에 의한 재학대 발생의 심각성을 뒷받침한다. 최근 5년간 재학대 사례를 살펴보면 20△△년 563건에서 20××년 1,240건으로 약 220% 증가한 것으로 나타나고 있으나 이에 대한 대책은 전무한 실정이므로 적극적인 사회적 지원이 필요하다.

2) 기존 유사사업과의 차별성

본 기관의 기존 사업은 아동학대 예방을 위한 의심 사례와 아동학대 피해 사례 개입 중심으로 진행된다. 아동학대 의심 사례 개입의 경우 예방적 차원에서 접근되기는 하나 아동학대 피해 사례 개입의 경우 예방적 차원보다는 문제해결을 위한 접근을 우선으로 한다. 더욱이 피해아동과 학대행위자 중심으로 진행되어, 가족구성원 등과 같은 주변 요소에 대해서는 간과되는 경우가 많고 결국 학대 발생 위험 환경에 동일하게 노출되는 경우가 발생하고 있다.

따라서 본 프로그램을 통해 기존에 간과되었던 주변 환경에 대한 개입과 예방차원의 접근을 통해 재학대 발생 위험요인을 제거하고 재학대를 예방을 도모하고자 한다.

3) 신청기관의 강점

본 기관은 아동복지법에 의해 설치된 전문기관으로 아동학대 개입 및 아동 권익 증진 관련 사업을 진행하고 있다. 또한 피해아동 및 가정 지원을 위해 법조계, 의료계 등 전문가 조직 네트워크를 구축하고 있으며, 아동학대 사례 가정의 지역 사회 내 정착을 위해 자원봉사동아리를 구축하여 운영하는 노력을 펼치고 있다. 20××년부터는 재학대율을 낮추고자 전문가 자문을 통해 가족단위 심리정서 프로그램을 진행하였으며, 이를 통해 재학대 발생 위험을 감소시킨 경험을 가지고 있다. 본 프로그램을 통해 보다 체계적인 개입을 실시하여 재학대 예방을 성공적으로 진행할 수 있을 것으로 기대된다.

5. 목표 및 평가

1) 산출목표

세부 사업명	산출목표	모니터링 방법
맞춤형 서비스 지원	• 20가정 일반상담 5회, 총 100회 실시	• 방문 일자별 상담기록 작성
	• 20가정 심리치료 1회, 총 120회 실시	• 검사결과/치료 일지 확인
	• 서비스 통합 사례 회의 5회 실시	• 사례회의록 작성
	• 일상생활 지원 가정별 1회, 총 20회 실시	• 자원연계 내역 기록
양육교육 프로그램	• 전문가 상담 및 교육 가정별 2회, 총 20회 진행	• 교육 일지 및 상담기록 작성

2) 성과목표 및 평가방법

성과목표	평가도구 및 방법	측정 시기
아동학대 행위자의 학대 위험요인 감소	• 성과지표: 학대위험 20% 감소 • 평가도구: 학대위험도 평가척도 • 평가방법: 학대행위자 20가정 대상 사전 사후 설문조사	사전(2월), 사후(12월)
아동학대 행위자의 부모양육태도 향상	• 성과지표: 부모 양육 태도 20% 향상 • 평가도구: 부모양육태도검사(PAT) 척도 • 평가방법: 부모, 가족구성원 사전 사후 설문조사	사전(4월), 사후(12월)
아동학대 피해가정 가족 기능 강화	• 평가주체: 본 기관 담당자 • 평가방법: 참여자 20가정 대상으로 구조화된 질문지를 통해 인터뷰 실시	사업종료 후 (12월)

6. 사업종료 후 지향점

1) 사업 수행으로 인한 기대 효과

아동학대 피해 사례 발생 이후 근본적인 학대 발생 위험요인이 충분히 제거되지 않은 채 재학대의 위험에 노출되어 있던 아동과 가족에 대한 체계적인 접근을 통해 가족의 기능을 강화시키고, 아동의 안전을 도모함으로써 건강한 성장에 기여할 수 있을 것으로 기대된다.

2) 사업 결과의 활용 계획

본 사업으로 구축된 지역사회 내 자원들과의 지속적인 협력체계를 확보하여, 사업 종료 후에도 지속적인 모니터링을 통해 한시적인 사례관리가 아닌 재학대 예방을 위한 사례관리를 실시할 수 있도록 아동보호예방체계를 구축하고자 한다.

3-2. 프로그램: 성과확산형 사업계획서 표준 양식

〈성과확산형〉 3개년 사업계획서

1. 사업명: 대상, 목적, 방법

• 대상, 목적, 방법과 관련된 정보를 담은 사업명을 적어 주십시오.(슬로건은 부제(副題)로 병기해 주세요)

2. 사업 내용 및 추진 전략

1) 사업 참여 대상 및 인원

구분	1차년도	2차년도	3차년도
핵심 참여자			
주변 참여자			

• 누가 이 사업에 참여합니까? 연차별 핵심 참여자와 주변 참여자를 상호 관련성 있게 작성하시기 바랍니다.

- (핵심 참여자) 성과를 측정하게 되는 대상은 누구이며, 인원은 몇 명입니까? (이 사업에 참여하게 함으로써 누구의 변화를 이끌어내려고 하는 것입니까?)
- (주변 참여자) 성과측정 대상은 아니지만 핵심 참여자의 변화를 이끌어내는 데 중요한 역할을 하는 사람은 누구이며, 인원은 몇 명입니까?

※ 「시스템 구축」, 「지역사회 수준변화」 등과 같이 "사람"의 변화에 일차적인 초점이 있지 않은 경우가 있을 수 있습니다. 이런 때에는 사업 참여자에 대한 기술 내용 및 방식이 달라질 수 있을 것이므로 사업 내용에 따라 적절하게 기술해 주시기 바랍니다.

2) 연차별 사업 내용

1차년도	
특징	
핵심 내용	
2차년도	
특징	
핵심 내용	
3차년도	
특징	
핵심 내용	

- (특징) 각 연차별 인과 관계 등을 포함하여 연차별 특징(주요 초점)에 대해 제시하여 주십시오.
- (핵심내용) 연차별 주요 사업 등 핵심내용을 작성하여 주십시오.

3) 기관 연계협력 전략

- 위의 사업 내용과 관련하여, 지역사회 내(또는 그 범위를 넘어서) 어떤 기관들과 유기적인 협조관계를 가질 것인지에 대하여 아래 내용을 포함하여 기술해 주시기 바랍니다.
  - 협력 기관이 세부 사업에서 어떤 역할을 담당하게 되는지, 그때 신청기관의 역할은 무엇인지, 이러한 협력체계는 어떤 절차를 통해 진행되는지 등
- 연차별 네트워크의 확대 혹은 축소가 있는 경우 변화에 대한 확인이 가능하도록 기재

3. 예산 편성

(단위: 천원)

구분	1차년도			2차년도			3차년도		
목	세목	신청금액	자부담	세목	신청금액	자부담	세목	신청금액	자부담
총계				총계			총계		
인건비									
	소계			소계			소계		
사업비									
	소계			소계			소계		
관리운영비									
	소계			소계			소계		

- 사업에 직접 투입되는 예산 내 주요 세목(세부 사업별)의 금액과 비중이 사업 연차별로 어느 정도 차지하는지에 대해 작성해 주시기 바랍니다.

4. 문제 의식(사업 필요성)

1) 사업 계획 배경

• 왜 이 사업을 기획하게 되었습니까?
- 귀 기관이 관심을 가지기 전에는 어떤 상태에 있었는지, 인근 다른 지역에도 유사한 상황이 있다면 어떻게 대응하고 있는지에 대해서도 서술해 주시기 바랍니다.

2) 기존 유사사업과의 차별성

• 기존의 시각이나 접근방식과 다른 점은 무엇입니까?

3) 신청기관의 강점

• 이 사업을 신청기관에서 수행해야 하는 이유에 대해 사전조사 내용, 관련 분야 수행 경험 등을 포함하여 기재해 주시기 바랍니다.

5. 목표 및 평가

1) 성과평가

성과목표	평가 도구 및 방법	측정 시기

• **(성과목표)** 3년 뒤 핵심참여자의 어떤 부분을 어느 수준까지 변화시킬 목표를 가지고 있습니까?
- 성과목표가 "사람"이 아닌 경우에는 그와 관련되는 성과목표를 제시하여 주십시오.
- (성과라고 강조하고 싶은데) 양적으로 드러내기(수치화하기) 어려운 성과목표가 있다면 무엇입니까?
- 앞서 기술하신 사업내용과 성과목표를 논리적으로 연결하여 작성해 주십시오.

• **(평가 도구 및 방법/측정 시기)** 성과목표 달성 여부와 정도를 어떻게 평가하실 건가요?
- 성과목표 달성 여부와 정도를 판단하기 위해 어떤 성과지표를 설정하실 건가요?
- 제시된 성과목표에 대한 평가계획(자료수집방법 등을 포함)은 어떠한가요?
- 달성된 성과가 사업참여자에게 (나아가서는 지역사회에) 주는 의미를 어떻게 드러내실 계획입니까?

2) 과정평가(선택)

평가대상 내용	평가방법	측정 시기

• '어떤 과정을 통해 성과를 거두게 되었는지'에 대한 내용을 어떻게 보여주시겠습니까?

6. 사업종료 후 지향점

1) 사업 수행으로 인한 기대 효과

• 이 사업이 성공적으로 수행된다면 기대되는 효과는 무엇입니까?

2) 사업 결과의 활용 계획

• 사업의 효과로 나타난 결과를 어떻게 활용할 계획입니까?
• 사업 결과를 통해 유사기관이나 지역사회에 꼭 알리고 싶은 이야기가 있다면 무엇입니까?

3) 사업 지속 유지 전략

• 모금회로부터 이 사업 소요예산에 대한 지원이 종료된 후 후속적인 사업추진을 위한 재원 마련 등의 전략은 무엇입니까?
• 후속 사업 추진을 구현하기 위한 노력을 각 연도별로 어떻게 반영하였습니까?

〈성과확산형〉 연차별(1차년도) 사업계획서

1. 사업명: 대상, 목적, 방법

• 3개년 사업계획서와 동일한 사업명을 적어 주십시오.

2. 사업 내용 및 추진 전략

1) 사업 참여자 모집 전략

(1) 참여 대상 및 인원

핵심 참여자	
주변 참여자	

• 1차년도에는 누가 이 사업에 참여합니까?
- (핵심 참여자) 성과를 측정하게 되는 대상은 누구이며, 인원은 몇 명입니까? (이 사업에 참여하게 함으로써 누구의 변화를 이끌어내려고 하는 것입니까?)
- (주변 참여자) 성과측정 대상은 아니지만 핵심 참여자의 변화를 이끌어내는데 중요한 역할을 하는 사람은 누구이며, 인원은 몇 명입니까?

(2) 참여자 선정 기준

• 어떤 기준을 세워서 참여자를 모집하게 됩니까?

(3) 참여자 모집 방안

• 기준에 적합한 참여자를 어떻게 모집할 예정입니까? 그 방법이 적합하다고 생각하는 이유가 무엇입니까?

2) 사업 내용 및 사업 집행 전략

• 아래 내용을 모두 포괄하되, 자유롭게 (질문순서에 상관없이) 표현해 주시기 바랍니다.
- 1차년도 사업을 몇 개의 세부 사업으로 분류한다면 어떻게 구성될 수 있습니까?
- 3개년 사업계획서에 기반하여 1차년도 사업을 어떻게 추진할 것인지에 대하여 세부 사업별 시행 방법, 시행 시기 및 횟수, 사업 진행 일정 등 구체적인 정보를 담아서 기술해 주시기 바랍니다.

3) 기관 연계협력 전략

- 위의 사업 집행 전략과 관련하여, 지역사회 내(또는 그 범위를 넘어서) 어떤 기관들과 유기적인 협조관계를 가질 것인지에 대해 아래 내용을 포함하여 기술해 주시기 바랍니다.
  - 협력기관이 세부 사업에서 어떤 역할을 담당하게 되는지, 그때 신청기관의 역할은 무엇인지, 이러한 협력체계는 어떤 절차를 통해 진행되는지 등

3. 예산 편성

(단위: 원)

<table>
<tr><th rowspan="2">목</th><th rowspan="2">세목</th><th rowspan="2">세세목</th><th rowspan="2">계</th><th rowspan="2">산출근거</th><th colspan="5">예산조달 계획</th></tr>
<tr><th>신청금액</th><th>비율(%)</th><th>자부담</th><th>비율(%)</th><th>자부담 재원</th></tr>
<tr><td colspan="3">총계</td><td></td><td></td><td></td><td></td><td></td><td></td><td></td></tr>
<tr><td rowspan="3">인건비</td><td rowspan="2"></td><td></td><td></td><td></td><td></td><td></td><td></td><td></td><td></td></tr>
<tr><td></td><td></td><td></td><td></td><td></td><td></td><td></td><td></td></tr>
<tr><td colspan="2">소계</td><td></td><td></td><td></td><td></td><td></td><td></td><td></td></tr>
<tr><td rowspan="7">사업비</td><td rowspan="2"></td><td></td><td></td><td></td><td></td><td></td><td></td><td></td><td></td></tr>
<tr><td></td><td></td><td></td><td></td><td></td><td></td><td></td><td></td></tr>
<tr><td rowspan="2"></td><td></td><td></td><td></td><td></td><td></td><td></td><td></td><td></td></tr>
<tr><td></td><td></td><td></td><td></td><td></td><td></td><td></td><td></td></tr>
<tr><td rowspan="2"></td><td></td><td></td><td></td><td></td><td></td><td></td><td></td><td></td></tr>
<tr><td></td><td></td><td></td><td></td><td></td><td></td><td></td><td></td></tr>
<tr><td colspan="2">소계</td><td></td><td></td><td></td><td></td><td></td><td></td><td></td></tr>
<tr><td rowspan="3">관리운영비</td><td rowspan="2"></td><td></td><td></td><td></td><td></td><td></td><td></td><td></td><td></td></tr>
<tr><td></td><td></td><td></td><td></td><td></td><td></td><td></td><td></td></tr>
<tr><td colspan="2">소계</td><td></td><td></td><td></td><td></td><td></td><td></td><td></td></tr>
</table>

- 1차년도 사업에 직접 투입되는 비용을 인건비, 사업비, 관리운영비로 구분하여 작성해 주시기 바랍니다.
  - (인건비) 해당 사업을 직접적으로 수행하는 인력에게 투입되는 비용
  - (사업비) 프로그램 수행에 필요한 직접비용
  - (관리운영비) 프로그램의 수행에 필요한 간접비용(사업관리에 필요한 비용)
  - 예산 수립 시 74p 별첨3. 예산편성기준표를 참고하여 주시기 바랍니다.
- 세목은 세부 사업별로 구분하고 단위가 큰 경우 세세목으로 구분하여 작성하시기 바랍니다.
- 산출근거는 실제 단가, 수량, 인원수, 건수, 횟수 등을 구체적으로 기록해 주시기 바랍니다.

4. 목표 및 평가

1) 산출목표

세부 사업명	산출목표	모니터링 방법

• 성과목표를 달성하기 위해 이끌어내야 하고 모니터링해야 하는 산출목표는 무엇입니까?

2) 성과목표 및 평가방법

성과목표	평가도구 및 방법	측정 시기

• (성과목표) (3차년도에 달성할 성과목표가 아니라) 1차년도 사업을 추진함으로써 달성하려고 하는 중간목표 성격의 성과목표는 무엇입니까?
- 앞서 기술하신 1차년도 사업 내용과 성과목표를 논리적으로 연결하여 작성해 주십시오
- (성과라고 강조하고 싶은데) 양적으로 드러내기(수치화하기) 어려운 성과목표도 포함하여 작성해 주시기 바랍니다.

• (평가 도구 및 방법/측정 시기) 성과목표 달성 여부와 정도를 어떻게 평가하실 건가요?
- 성과목표 달성 여부와 정도를 판단하기 위해 어떤 성과지표를 설정하실 건가요?
- 제시된 성과목표에 대한 평가계획(자료수집방법 등을 포함)은 어떠한가요?
- 수치화하기 어려운 성과목표가 있다면 어떤 평가방법을 통해 변화의 수준과 의미를 드러내실 건가요?

3) 과정평가(선택)

평가대상 내용	평가방법	측정 시기

• 1차년도 사업에서 '어떤 과정을 통해 성과를 거두게 되었는지'에 대한 내용을 어떻게 보여주시겠습니까?

[프로그램: 성과확산형 사업계획서 작성 예시]

※ 배분신청서, 기관현황을 포함하여 총 30매 이내로 작성하여 주십시오.

〈성과확산형〉 3개년 사업계획서

1. 사업명: 폭력피해여성의 자립 지원을 위한 지역 연계형 인턴십 사업[2)]

2. 사업 내용 및 추진전략

1) 사업 참여 대상 및 인원

구분	1차년도	2차년도	3차년도
핵심 참여자	○○시 내 폭력피해여성 20명	○○시 내 폭력피해여성 20명	○○시 내 폭력피해여성 30명
주변 참여자	인턴십 참여 기업(기관)	인턴십 센터 자문위원회 인턴십 참여 기업(기관)	인턴십 센터 자문위원회 인턴십 참여 기업(기관)

2) 연차별 사업 내용

1차년도	
특징	• 통합자립지원을 통해 참여자의 기초 역량 강화 • 인턴십 센터 설립 및 지역 자원 구축을 위한 기반 마련
핵심 내용	• 심리 · 정서 지원: 고용복지 사례관리, 자기성찰 및 상담 • 직업 역량 강화: 진로 상담 및 분야별(바리스타/뷰티/공예) 기초 · 심화 기술 교육 • 인턴십 센터 설립 기반 마련: 사업 아이템 기획 및 운영전략 수립/지역사회 연계 협력 기관 발굴 및 자문위원회 구성

2) 본 예시는 2014년 기획 취약계층 여성의 경제적 자립 역량강화를 위한 인턴십 지원사업(마포구고용복지지원센터) 일부를 발췌하여 작성되었음.

2차년도	
특징	• 1차년도 사업 참여자 중심의 인턴십 센터 설립 및 운영 • 인턴십 센터 운영 활성화 및 취업처 발굴을 위한 지역 자원 연계 확대
핵심 내용	• 심리 · 정서 역량강화: 고용복지 사례관리, 스트레스 관리, 관계 및 소통 능력 향상 교육 • 직업 역량 강화 - 분야별(바리스타/뷰티/공예) 직무 능력 평가 및 보수교육 - 인턴십 센터 실무 인턴(3개월)/인턴십 연계 기업(기관)을 통한 인턴십 참여(6개월) • 인턴십 센터 운영: 인턴십 매장 세팅 및 오픈/지역사회 연계 협력 기관 지속 발굴
3차년도	
특징	• 인턴십 센터 운영 안정화를 통해 지속가능한 자립지원시스템 구축 • 취 · 창업 성공 사례 도출 및 지역연계형 인턴십 사업 모델화
핵심 내용	• 심리 · 정서 역량강화: 고용복지 사례관리, 재정관리, 협동화 교육 • 직업 역량 강화 - 분야별(바리스타/뷰티/공예) 전문가 과정 - 인턴십 센터 매니저, 강사 과정(3개월) / 인턴십 연계 기업(기관)을 통한 인턴십 참여(6개월) - 유관분야 취업 연계 알선 및 창업 지원 • 인턴십 센터 운영 - 수익 창출을 위한 마케팅 전략 개발 지속, 매장아이템 업그레이드 - 사회적 협동조합 등록 준비

3) 기관 연계협력 전략

협력 기관명	세부 사업명	협력 계획	비고
○○시 사회적 경제 허브센터	직업 역량 강화	• 인턴십 참여 기업 연계	협약 체결(20××)
○○공사	인턴십 센터 운영	• 인턴십 센터 운영을 위한 유휴 공간 지원	협약 체결 예정
△△커피	직업 역량 강화	• 바리스타 교육, 현장체험, 인턴십 연계	협약 체결(20××)

3. 예산 편성

(단위: 천원)

구분	1차년도			2차년도			3차년도		
목	세목	신청금액	자부담	세목	신청금액	자부담	세목	신청금액	자부담
	총계	90,668	20,000	총계	171,953	10,000	총계	141,690	20,000
인건비	담당자급여	23,000		담당자급여	25,000		담당자급여	20,000	5,000
	소계	23,000		소계	25,000		소계	20,000	5,000
사업비	심리정서 지원	8,820		심리정서 지원	6,780		심리정서 지원	7,530	
	직업 역량강화	52,128		직업 역량강화	56,438		직업 역량강화	60,350	
	인턴십 센터 운영	2,100	20,000	인턴십 센터 운영	80,815	10,000	인턴십 센터 운영	50,890	15,000
	소계	63,048	20,000	소계	144,033	10,000	소계	118,770	15,000
관리운영비	사무용품	1,900		사무용품	1,900		사무용품	1,900	
	출장비	720		출장비	1,020		출장비	1,020	
	집기비품	2,000		-	-		-	-	
	소계	4,620		소계	2,920		소계	2,920	

4. 문제의식(사업 필요성)

1) 사업 계획 배경

성매매, 가정폭력, 성폭력 등 폭력피해여성들은 폭력과 위기사건을 통해 극도의 불안, 스트레스를 경험하고 다양한 영역에서 복합적인 문제와 다차원적인 불리함을 안고 있는 대표적 취약계층에 속한다. 폭력피해여성은 심리적 위축과 학력 및 경력단절, 기술부족, 사회적응력 및 자기관리 능력 부족 등 관계적, 기능적 장애로 인한 부적응과 단절의 상황 속에 놓이게 되기 쉽고 결국 일상생활과 취업영역에 있어서의 정상적인 사회인으로 자립이 어려워질 수 있다. 결국 취약여성들의 어려움과 욕구는 개별서비스나 단발적인 지원이 아닌 보다 장기적으로 포괄적 관점에서의 지원과 함께 해결되어야 하며, 단절된 시설이 아닌 지역사회 안에서 상담과 훈련과 경험을 통해 단계적이고 통합적으로 지원되어야 한다.

2) 기존 유사사업과의 차별성

현재 성매매피해여성의 지원은 전국의 권역별 자활지원센터에서 진행되고 있으나 수요에 비해 공급이 절대적으로 부족한 상황이며 또한 가정폭력, 성폭력피해자의 경우에는 취업·기술교육 등을 지원하는 전달체계가 부재한 상황이다.

경제적 자활을 위한 교육과 취업지원 인프라의 경우, 정부지원으로 직업훈련, 학원 등의 참여 기회가 제공되고 지역 내 유관기관들도 다수 존재하지만, 개별서비스가 파편적으로 제공되고 있어 효과성 달성에 어려움이 있다. 본 사업은 개별적 자립서비스제공에서 벗어나 폭력피해여성들의 심리적, 사회적, 직업적 자립과 자활을 통합적으로 지원할 수 있는 전문지원시스템의 운영이라는 점에서 기존의 접근방식과 차별성이 있다.

3) 신청기관의 강점

본 센터는 성매매피해여성들의 자활역량강화를 위한 재능나눔사업을 20××년에서부터 20××년까지 3차년도에 걸쳐 진행하고 있다. 노인복지관, 장애인시설 등에서 발마사지 등 자신이 익힌 재능을 나누는 경험을 통해 자아존중감과 사회성을 향상할 수 있었다. 또한 재능나눔 사업 참여자의 평가를 통해, 다양한 직업 체험의 기회 속에서 자기에게 맞는 취업모델을 발견하고 자활의지를 다질 수 있었으며, 직업에 맞는 전문기술을 습득할 수 있었다.

본 센터는 20××년부터 △△커피와 연계를 통해 취약계층 여성 자립을 위한 사회진출 지원 프로그램을 진행하고 있다. 바리스타 교육, 서비스 교육을 통해 참여자들의 사회진출을 위한 교육·실습 프로그램 진행 결과 자기효능감과 자존감이 향상된 것으로 평가되었으며, 나아가 실제 취업까지 연계된 성공 사례를 도출하였다. 이러한 성공 경험과 유사사업을 수행하며 형성된 자원 및 노하우를 토대로 본 사업도 성공적으로 수행할 수 있을 것이라 기대된다.

5. 목표 및 평가

1) 성과평가

성과목표	평가도구 및 방법	측정 시기
참여자 자립 역량강화	• 성과지표: 자아존중감 30% 향상 • 평가도구: 자아존중감 척도 • 평가방법: 참여자 대상 사전, 중간, 사후 설문 조사	• 사업 시행 전 • 중간(1차년도 종료 시) • 사후(3차년도 종료 시)
	• 평가주체: 사업 담당자 • 평가방법: 참여자 인터뷰와 인턴십 참여 관찰을 통해 근로동기 향상 정도 확인	• 인터뷰(매년 12월) • 참여 관찰(인턴십 진행 과정 중 월 1회)
통합자립지원 인턴십센터 모델 구축	• 성과지표: 인턴십 센터 순이익 전년대비 20% 증가 • 평가도구: 인턴십 센터 매입·매출 장부 • 평가방법: 인턴십 센터 연간 매입·매출 현황 분석	• 2차년도 종료 시 • 3차년도 종료 시
	• 평가주체: 외부 평가 위원 • 평가방법: 사업 참여를 통한 참여자의 취업 현황 및 자립 정도 확인	• 3차년도 종료 시

2) 과정평가(선택)

평가대상 내용	평가방법	측정 시기
취업 연계 과정	• 평가주체: 외부평가위원 • 평가방법: 사업담당자 인터뷰 및 내부문서 검토	• 각 주요 단계별
직업 역량강화 프로그램 추진 과정	• 평가주체: 담당자 • 평가방법: 프로그램 진행 시 참여하여 관찰/사업담당자 및 중간관리자 인터뷰	• 참여관찰: 매회기 • 인터뷰: 프로그램 종료 후

6. 사업 종료 후 지향점

1) 사업 수행으로 인한 기대 효과

참여자의 사회적 지지 체계 및 취업환경 마련 등의 다각적이고 통합적인 지원 체계 구축을 통해 사회구성원으로 자립을 위한 필요한 심리사회적 역량강화는 물론 직업적 역량강화에 기여할 수 있을 것으로 기대된다.

2) 사업 결과의 활용 계획

본 사업의 종료 후 폭력 피해 여성을 포함한 취약계층 여성들에 대한 지역사회 내에서 직업적 훈련, 일에 대한 경험 축적 등이 체계적으로 지원될 수 있도록 네트워크를 확대하고 안정화하고자 한다. 나아가 통합적 접근의 중요성을 타 지역에 전파할 수 있도록 성과 연구 및 매뉴얼 작성을 실시하여 본 사업을 모델화할 계획이다.

3) 사업 지속 유지 전략

인턴십 센터의 수익 창출을 통해 향후 독립적인 운영을 도모하고자 한다. 이를 위해 경영진단을 실시하고 운영안정화를 위한 전문가컨설팅 및 모니터링과 평가를 추진할 계획이다. 또한 사회적 협동조합으로 전환하여 보다 안정적인 운영구조를 확립하고자 한다.

〈성과확산형〉 연차별(1차년도) 사업계획서

1. 사업명: 폭력피해여성의 자립 지원을 위한 지역 연계형 인턴십 사업

2. 사업 내용 및 추진전략

1) 사업 참여자 모집전략

(1) 참여 대상 및 인원

핵심 참여자	○○시 내 폭력피해여성 20명
주변 참여자	인턴십 참여 기업(기관)

(2) 참여자 선정 기준

- 여성 지원 시설 등의 유관 기관 추천을 통해 접수된 참여자에 대해 개별 인터뷰 실시(참여 동기 및 자립 의지, 미취업 상태 등 확인)
- 인터뷰 내용을 토대로 기관 내부 회의를 통해 최종 선발

(3) 참여자 모집 방안

- ○○시 소재 여성 지원 시설에 사업 홍보 및 참여자 추천 의뢰 공문 발송
- 네트워크 기관 및 폭력 피해 여성 지원 시설 추천을 통해 참여자 접수

2) 사업 내용 및 사업집행 전략

○ 사업 내용

세부 사업명	활동(수행방법)
심리정서지원	• 사례관리: 사업 담당자 개별 상담 및 전문 사례관리 위원회 운영/연 5회 • 자기 회복 프로그램: 셀프이미지 컨설팅, 에너지 회복 전문 강사 초빙을 통한 1박 2일 프로그램 진행/연 2회
직업역량강화	• 진로 상담: 진로상담 전문가와 상담을 통한 진로 설정/참여자별 2회 실시 • 분야별(바리스타/뷰티/공예) 기초 · 심화 기술 교육 - 커피 제조, 매장운영 등 실무 중심 아카데미 참여를 통한 기초 교육 실시 - 기초 교육은 직업 전문교육 기관에 의뢰하여 실시(3개월) - 심화 기술 교육은 지역 사회 내 매장에 연계하여 진행, 인턴십(3개월)을 포함 총 5개월
인턴십센터 설립	• 자문위원회 구성 및 운영 - 경영컨설팅, 상담 분야, 후원(모금) 교육 등 분야별 전문가 10명 내외 구성 - 사업 아이템 선정 및 실효성 강화 방안 모색/연 5회 이상 • 센터 운영기반 마련 - ○○공사 1층 유휴 공간 확보를 위한 ○○공사, ○○시 협의 지속 - 센터 운영 참여 기관 발굴

○ 사업 진행 일정

주요 내용 \ 기간		1월	2월	3월	4월	5월	6월	7월	8월	9월	10월	11월	12월
참여자 선정		■	■										
심리 정서 지원	사례위원회		■	■		■		■		■		■	
	자기회복 PG				■						■		
직업 역량 강화	진로상담			■	■								
	기초교육					■	■	■					
	심화교육								■	■	■	■	■
인턴십 센터 설립	자문위원회 운영			■	■	■		■		■		■	
	기반 마련						■	■	■	■	■	■	■

3) 기관 연계협력 전략

협력 기관명	세부 사업명	협력 계획	비고
○○공사	인턴십센터 운영	• 인턴십센터 운영을 위한 유휴 공간 지원	
△△커피	직업역량강화	• 바리스타 교육, 현장체험, 인턴십 연계	협약 체결 예정

3. 예산 편성

(단위: 원)

목	세목	세세목	계	산출근거	예산조달 계획				
					신청금액	비율(%)	자부담	비율(%)	자부담 재원
총계			110,668,000		90,668,000	100	20,000,000	100	
인건비	전담 인력	급여	21,300,000	2,130,000원 × 10월 × 1명	21,300,000				
		사회보험	1,700,000	170,000원 × 10월 × 1명	1,700,000				
	소계		23,000,000		23,000,000	25.4			
사업비	심리 정서 지원	사례 관리 위원회	8,820,000	사례회의비 및 진행비 300,000원 × 5회	1,500,000				
		자기 회복 프로 그램		강사비(2급강사, 2시간) 280,000원 × 2명 × 2회	1,120,000				
				프로그램 진행비 124,000원 × 25명 × 2회	6,200,000				
	직업 역량 강화	진로 상담	52,128,000	전문 진로상담 50,000원 × 20명 × 2회	2,000,000				
		기초 교육		분야별 아카데미 500,000원 × 20명 × 1회	10,000,000				
		심화 교육		인턴십 급여 600,000원 × 20명 × 3개월	36,000,000				
				교육 재료비 4,128,000원	4,128,000				
	인턴십 센터 설립	자문 위원회	2,100,000	자문위원회 회의비 및 진행비 420,000원 × 5회	2,100,000				
		센터 운영	20,000,000	센터 임대 보증금 20,000,000원 × 1회			20,000,000		
	소계		83,048,000		63,048,000	69.5	20,000,000	100	
관리운영비	사무 용품	-	1,900,000	190,000원 × 10월	1,900,000				
	출장비	-	720,000	60,000원 × 12월	720,000				
	집기 비품	-	2,000,000	노트북 2,000,000원 × 1식	2,000,000				
	소계		4,620,000		4,620,000	5.1			

4. 목표 및 평가

1) 산출목표

세부 사업명	산출목표	모니터링 방법
심리정서 지원	• 자기회복 프로그램 연 2회 실시	• 프로그램 계획서/결과보고 작성
직업 역량 강화	• 기초교육 탈락률 5% 미만	• 교육 일지/출석부 확인
	• 전문 진로상담 2회, 총 40회 실시	• 진로 상담 일지 확인
인턴십센터 설립	• 유휴공간 확보 1곳	• 임대차 계약서 작성

2) 성과목표 및 평가방법

성과목표	평가 도구 및 방법	측정 시기
참여자 자립 역량 강화	• 성과 지표: 자아존중감 10% 향상 • 평가 도구: 자아존중감 척도 • 평가방법: 참여자 대상 사전, 사후 설문 조사	• 사업 시행 전 • 사후(1차년도 종료 시)
	• 성과 지표: 각 분야/단계별 직업 교육 성취도 80%달성 • 평가 도구: 이론, 실습 평가(초급 자격시험 기준) • 평가방법: 교육 참여 후 성취도 측정	• 기초교육(8월) • 심화교육(12월)
	• 평가주체: 사업 담당자 • 평가방법: 참여자 인터뷰와 인턴십 참여 관찰을 통해 근로 동기 향상 정도 확인	• 인터뷰(12월) • 참여 관찰(인턴십 진행 과정 중 월 1회)

3) 과정평가(선택)

평가대상 내용	평가방법	측정 시기
직업 역량강화 프로그램 추진 과정	• 평가주체: 담당자 • 평가방법: 프로그램 진행 시 참여하여 관찰 사업담당자 및 중간관리자 인터뷰	• 참여관찰: 매회기 • 인터뷰: 프로그램 종료 후

3-3. 프로그램: 산출중심형 사업계획서 표준 양식

1. 사업명:

• 대상, 목적, 방법과 관련된 정보를 담은 사업명을 적어 주십시오.(슬로건은 부제(副題)로 병기해 주세요)

2. 사업 필요성

• 수행하려는 사업 내용과 관련하여 지금 직면해 있는 현실적인 어려움은 무엇입니까?
• 무엇을 해소 또는 완화하려는 것입니까?

3. 사업 내용 및 추진방법

1) 사업 참여자 및 인원

• 참여자는 누구이며, 몇 명입니까?
• 어떤 기준을 세워서 참여자를 결정하게 됩니까?

2) 사업 내용 및 방법

세부 사업명	활동 내용(수행방법)	산출 목표

• (세부 사업명) 전체 사업을 몇 개의 세부 사업으로 분류한다면 어떻게 구성될 수 있습니까?
• (활동 내용) 사업을 어떻게 추진할 것인지에 대하여 세부 사업별 시행방법, 시행 시기 및 횟수, 사업 진행 일정 등의 정보를 담아서 기술해 주시기 바랍니다.
• (산출 목표) 사업 시행의 결과로 발생하는 산출물은 무엇입니까?

4. 예산 편성

(단위: 원)

<table>
<tr><th rowspan="2">목</th><th rowspan="2">세목</th><th rowspan="2">계</th><th rowspan="2">산출근거</th><th colspan="5">예산조달 계획</th></tr>
<tr><th>신청금액</th><th>비율(%)</th><th>자부담</th><th>비율(%)</th><th>자부담 재원</th></tr>
<tr><td colspan="2">총계</td><td></td><td></td><td></td><td></td><td></td><td></td><td></td></tr>
<tr><td rowspan="3">인건비</td><td rowspan="2"></td><td></td><td></td><td></td><td></td><td></td><td></td><td></td></tr>
<tr><td></td><td></td><td></td><td></td><td></td><td></td><td></td></tr>
<tr><td>소계</td><td></td><td></td><td></td><td></td><td></td><td></td><td></td></tr>
<tr><td rowspan="7">사업비</td><td rowspan="2"></td><td></td><td></td><td></td><td></td><td></td><td></td><td></td></tr>
<tr><td></td><td></td><td></td><td></td><td></td><td></td><td></td></tr>
<tr><td rowspan="2"></td><td></td><td></td><td></td><td></td><td></td><td></td><td></td></tr>
<tr><td></td><td></td><td></td><td></td><td></td><td></td><td></td></tr>
<tr><td></td><td></td><td></td><td></td><td></td><td></td><td></td><td></td></tr>
<tr><td></td><td></td><td></td><td></td><td></td><td></td><td></td><td></td></tr>
<tr><td>소계</td><td></td><td></td><td></td><td></td><td></td><td></td><td></td></tr>
<tr><td rowspan="3">관리운영비</td><td rowspan="2"></td><td></td><td></td><td></td><td></td><td></td><td></td><td></td></tr>
<tr><td></td><td></td><td></td><td></td><td></td><td></td><td></td></tr>
<tr><td>소계</td><td></td><td></td><td></td><td></td><td></td><td></td><td></td></tr>
</table>

- 사업에 직접 투입되는 비용을 인건비, 사업비, 관리운영비로 구분하여 작성해 주시기 바랍니다.
  - (인건비) 해당 사업을 직접적으로 수행하는 인력에게 투입되는 비용
  - (사업비) 프로그램 수행에 필요한 직접비용
  - (관리운영비) 프로그램의 수행에 필요한 간접비용(사업관리에 필요한 비용)
  - 예산 수립 시 예산편성기준표를 참고하여 주시기 바랍니다.
- 세목은 세부 사업별로 구분하고 단위가 큰 경우 세세목으로 구분하여 작성하시기 바랍니다.
- 산출근거는 실제 단가, 수량, 인원수, 건수, 횟수 등을 구체적으로 기록해 주시기 바랍니다.

[프로그램: 산출중심형 사업계획서 작성 예시]

※ 배분신청서, 기관현황을 포함하여 총 5매 이내로 작성하여 주십시오.

〈산출중심형〉 사업계획서

1. 사업명: 독거어르신 밑반찬 배달을 통한 식생활 개선 사업 "은빛 영양지킴이"

2. 사업 필요성

○○시는 도농복합지역으로 농업에 종사하는 가구가 많으며, 농촌 저소득 독거노인은 경제 능력이 매우 취약하여 생활고와 더불어 결식 문제가 심각한 수준에 이르고 있다. 또한 식사는 하더라도 다양한 반찬을 섭취하지 못하여 영양불균형이 오는 경우도 많다. 20××년 ○○시 보건소에서 관내 65세 이상 300명을 대상으로 식습관과 음식 섭취를 분석한 결과 탄수화물, 단백질 등의 에너지원 섭취량이 필요량에 비해 약 17.5% 부족한 것으로 나타났다. 이러한 노인의 영양 불균형은 각종 질병에 노출되기 쉬운 환경으로 이어지고 있다.

위와 같은 문제를 개선하고자 ○○노인복지관에서는 20△△년부터 무료 경로급식을 제공하고 있으나, 거동이 불편하거나 외부 활동이 적은 어르신은 서비스를 제공받지 못하는 한계점을 여전히 지니고 있다. 이에 본 복지관은 영양 밑반찬 배달을 통해 독거어르신의 식생활을 개선하고 건강 유지에 기여하고자 한다.

3. 사업 내용 및 추진방법

1) 사업 참여자 및 인원

○ 사업 참여자: ○○시에 거주하는 독거어르신 30명

○ 참여자 선정기준

- ○○시 실태 조사를 통해 밑반찬을 제대로 드시지 못하는 어르신 가구 파악
- 파악된 가구 중 신체적, 경제적으로 밑반찬 조리가 어렵다고 판단되는 대상을 선정
  - 지자체 등 타 기관 지원 여부 확인 후 기관 내 회의를 통해 결정
  - 참여자 의사를 반영하여 최종 확정

2) 사업내용 및 방법

○ 사업내용

세부 사업명	활동 내용(수행방법)	산출 목표
밑반찬 제조	• 영양을 고려한 연간 식단 계획 수립(3찬 기준, 주2회) • 위생용기 및 소모품은 사업 초기 일괄 구매하고, 밑반찬 재료는 제조 시 구매 • 기존 경로 급식 봉사자 및 복지관 조리 시설을 활용하여 밑반찬 제조	주 2회 밑반찬 3종 제조
밑반찬 배달 및 식생활 모니터링	• 제조된 밑반찬 3종을 매주 월, 목요일에 참여자에게 배달 • 기존 밑반찬은 상태를 확인하도록 하며, 부패 가능성이 있는 경우 회수	주 2회 30가구 밑반찬 배달 및 모니터링

○ 추진일정

기간 / 주요 내용	1월	2월	3월	4월	5월	6월	7월	8월	9월	10월	11월	12월
참여자 선정												
식단 계획 수립/위생용기 등 구입												
밑반찬 제조/배달												

4. 예산편성

(단위: 원)

목	세목	세세목	계	산출근거	예산조달 계획				
					신청금액	비율(%)	자부담	비율(%)	자부담 재원
총계			14,146,000		11,946,000	84.4	2,200,000	15.6	
사업비	밑반찬 제조	소모품 구입	1,386,000	위생용기 150원×30명×3개×44주×2회	1,188,000	8.4			
				스티커 25원×30명×3개×44주×2회	198,000	1.4			
		식재료 구입	10,560,000	4,000원×30명×44주×2회	10,560,000	74.6			
	밑반찬 배달	주유비	2,200,000	50,000원×44주			2,200,000	15.6	자체 예산
	소계		14,146,000		11,946,000	84.4	2,200,000	15.6	

02 사회복지공동모금회 프로그램 기획 작성 예시-배분신청서[3)]

<table>
<tr><td>기관명</td><td colspan="3">○○종합사회복지관</td><td colspan="2">고유번호(사업자등록번호)</td><td>○○○-○○-○○○○○</td></tr>
<tr><td>사업명</td><td colspan="6">스마트폰 과의존 청소년의 스마트폰 의존감소를 위한 다각적 지원 프로그램
"오늘은 스마트폰 休(휴)요일!"</td></tr>
<tr><td rowspan="3">사업
기본 정보</td><td>연차</td><td colspan="5">_V_① 1년차 ___② 2년차 ___③ 3년차 ___④ 기타 (   )</td></tr>
<tr><td>대상 지역</td><td colspan="2">광주광역시 광산구</td><td colspan="2">사업수행 인력</td><td>2명</td></tr>
<tr><td>사업 기간</td><td colspan="5">20××년 1월 1일 ~ 20××년 12월 31일 (총 12개월)</td></tr>
<tr><td rowspan="2">사업
참여자</td><td>참여자 구분</td><td colspan="5">_V_① 아동 · 청소년 ___② 노인 ___③ 장애인 ___④ 여성/다문화
___⑤ 위기가정 ___⑥ 지역사회 ___⑦ 북한/해외/기타</td></tr>
<tr><td>핵심 참여자</td><td colspan="2">스마트폰 과의존 위험군 이상 청소년</td><td colspan="2">인원수</td><td>20명</td></tr>
<tr><td>사업구분</td><td colspan="6">___① 기초생계 지원 _V_② 교육/자립 지원 ___③ 주거/환경 개선 ___④ 보건/의료 지원
___⑤ 심리/정서 지원 ___⑥ 사회적 돌봄 강화 ___⑦ 소통과 참여 확대 ___⑧ 문화/격차 해소</td></tr>
<tr><td>성과목표</td><td colspan="6">① 자기효능감척도 사전 · 사후검사 평균 1.0점 이상 증진
② 가족관계척도 사전 · 사후검사 평균 1.0점 이상 개선
③ 여가만족도 사전 · 사후검사 평균 1.0점 이상 향상</td></tr>
<tr><td rowspan="7">주요
사업 내용</td><td>세부 사업명</td><td colspan="5">주요 내용</td></tr>
<tr><td>내손으로 뚝딱!</td><td colspan="5">• 자신만의 목공 작품 제작을 통한 자기효능감 향상
• 월 1회(3월~7월), 총 5회/목공 이론 교육 및 실전</td></tr>
<tr><td>다함께 茶,茶,茶</td><td colspan="5">• 행다의 과정을 통한 긍정적 자기인식 배양
• 월 1회(8월~12월), 총 5회/다도를 통한 인성교육과 실천</td></tr>
<tr><td>동상이몽</td><td colspan="5">• 부모교육을 통한 자녀와의 의사소통 증진
• 월 1회(3월~7월), 총 5회/부모 역할, 가족관계 교육</td></tr>
<tr><td>야채부락里</td><td colspan="5">• 부모 자녀 간 텃밭 공동 작업을 통한 공감대 형성
• 월 2회(4월~10월), 총 14회/채소-가족 공생일기 작성, 포트럭파티</td></tr>
<tr><td>우리 어디가?!</td><td colspan="5">• 스마트폰 외 기구를 활용한 신 여가놀이 진행
• 총 2회(4월, 10월)/청소년 문화공간 설정, 공간찾기 및 공동체 미션 수행</td></tr>
<tr><td>노는 게 제일 좋아!</td><td colspan="5">• 청소년들이 스스로 놀이를 개발, 실행
• 총 3회(9월~11월)/청소년이 놀 수 있는 마을 공간 찾기, 놀이개발</td></tr>
<tr><td>사업비</td><td>총 사업비</td><td colspan="2">9,075,000원</td><td>신청금액</td><td colspan="2">8,075,000원</td></tr>
<tr><td rowspan="2">신청금액
세부내역</td><td rowspan="2">사업비</td><td>8,075,000원</td><td rowspan="2">인건비</td><td>원</td><td rowspan="2">관리
운영비</td><td>원</td></tr>
<tr><td>89%</td><td>%</td><td>%</td></tr>
<tr><td rowspan="2">담당자</td><td>성명</td><td>○○○</td><td>직통전화</td><td></td><td>E-mail</td><td></td></tr>
<tr><td>직위</td><td>사회복지사</td><td>휴대폰</td><td></td><td>FAX</td><td></td></tr>
</table>

위와 같이 2018년도 사업을 신청합니다.

2018년 7월 16일

기관대표자: ○○○ (인)

사회복지공동모금회장 귀하

1. 사업명: 스마트폰 과의존 청소년의 스마트폰 의존감소를 위한 다각적 지원 프로그램 "오늘은 스마트폰 休(휴)요일!"

2. 사업 내용 및 추진 전략

1) 사업 참여자 모집 전략

(1) 참여 대상 및 인원

핵심 참여자	광산구 첨단 1, 2동에 거주하고 있는 스마트폰 과의존 위험군 이상 청소년 20명 참여 청소년과 함께 프로그램에 참석한 가족 구성원 및 친인척 20명
주변 참여자	핵심 참여자의 기타 가족 구성원 및 친인척

(2) 참여자 선정 기준

1순위	• 광주광역시 광산구 첨단 1, 2동에 거주하는 만 13세~만15세 미만 청소년 • 보호자의 동의를 받은 청소년 • 스마트폰 의존 정도가 과의존 이상인 청소년
2순위	• 1순위 동일 기준 부 또는 모, 친인척 1인 이상이 참여 가능한 청소년
3순위	• 신청인원 초과 시 위 기준에 적합한 청소년 중 남, 여 각각 10명 선착순 선발

(3) 참여자 모집 방안

대상	모집방안
SNS	페이스북, 트위터, 인스타그램 등의 SNS를 활용하여 모집
청소년유관단체	인근 중학교, 청소년수련관, 청소년 문화의 집 등 관련 유관단체에 사업 안내 후 공문 발송과 모집 협조 요청
지자체	지역사회 내 주민센터, 아파트 관리사무소에 프로그램 모집 협조 요청

3) 광주광역시 광산구 첨단종합사회복지관 마을풍경팀 정숙 팀장님의 실습지도 아래 정수형, 강현민, 김창경 학생이 작성한 프로그램 기획서의 예시로, 동의를 얻어 수록함.

2) 사업 내용 및 사업 집행 전략

(1) 사업 내용

성과목표	프로그램	활동 (수행방법)	시행 시기	수행 인력	참여 인원	시행 횟수 시간
자기효능감 척도 사전·사후 검사 평균 1.0점 이상 증진	결자해지	프로그램 소개 및 오리엔테이션 • 내용: 기관담당자 및 프로그램 소개, 참여자 소개, 사전조사실시	3월	복지사 1명	40명	1회
	내손으로 뚝딱!	자신만의 목공 작품 제작을 통한 자기효능감 향상 • 일시: 월 1회(3월~7월), 총 5회 실시 • 내용: 목공 이론 교육 및 실전(텃밭 푯말, 장난감 제작 등)	3~7월	복지사 1명 강사 1명	20명	월 1회/ 5개월/ 총 5회
	다함께 茶,茶,茶	행다의 과정을 통한 긍정적 자기인식 배양 • 일시: 월 1회(8월~12월), 총 5회 실시 • 내용: 다도를 통한 인성교육과 실천(녹차, 가족 차 대접 등)	8~12월	복지사 1명 강사 1명	20명	월 1회/ 5개월/ 총 5회
가족관계 척도 사전 사후·검사 평균 1.0점 이상 개선	동상이몽	부모교육을 통한 자녀와의 의사소통 증진 프로그램 • 일시: 월 1회(3월~7월), 총 5회 실시 • 내용: 부모의 역할, 가족관계 교육 • 대상자: 청소년 부 또는 모 친인척 ※ '내 손으로 뚝딱!' 프로그램 진행 시 별도의 부모교육 실시	3~7월	복지사 1명 강사 1명	20명	월 1회/ 5개월/ 총 5회
	야채부락里	부모 자녀 간 텃밭 공동 작업을 통한 공감대 형성 • 일시: 월 2회(4월~10월), 총 14회 • 내용: 씨뿌리기 및 수확, 채소-가족 공생일기 작성, 텃밭작물 포트럭 파티	4~10월	복지사 1명 자원봉사자 2명	40명	월 2회/ 7개월/ 총 14회
여가만족도 사전·사후 검사 평균 1.0점 향상	우리 어디가?!	스마트폰 외 기구를 활용한 신 여가놀이 진행 • 일시: 총 2회 실시(4월, 10월) • 대상자: 참여 청소년과 그의 친구 1명 • 내용 ① 참여인원모집, 팀 구성 ② 도구 활용법 교육 ③ 제시된 장소 찾아가기 ④ 공동체 관련된 미션 수행	4, 10월	복지사 2명	40명	총 2회

여가만족도 사전·사후 검사 평균 1.0점 향상	노는 게 제일 좋아!	청소년들이 스스로 놀이를 개발, 실행 • 일시: 총 3회 실시(9월~11월) • 내용: 청소년들이 마을에서 놀 수 있는 공간 소개, 공간에서 하고 싶은 놀이 개발	9~11월	복지사 1명	20명	월 1회/ 3개월/ 총 3회
	유종의 미	사업성과 제안점 공유를 위한 최종 평가회 • 일시: 총 1회 실시(12월) • 내용: 활동 결과물 전시, 활동성과 공유대회, 만족도, 사후검사 실시	12월	복지사 1명	40명	1회

(2) 사업 진행 일정

내용 \ 기간	1월	2월	3월	4월	5월	6월	7월	8월	9월	10월	11월	12월
참여자 선정	■	■										
결자해지			■									
내 손으로 뚝딱!			■	■	■	■	■					
다함께 茶,茶,茶								■	■	■	■	■
동상이몽			■	■	■	■	■					
야채부락里				■	■	■	■	■	■	■		
우리 어디가?!				■						■		
노는 게 제일 좋아!									■	■	■	
유종의 미												■

3) 기관 연계협력 전략

협력 기관명	세부 사업명	협력 계획	비고
첨단 1, 2동 주민센터	프로그램홍보	대상자 홍보 및 발굴	
신가 목공소	내손으로 뚝딱!	강사 연계를 통한 프로그램 지원	
광주문화재단	다함께 茶,茶,茶	강사 연계를 통한 프로그램 지원	
신흥동사회단체	야채부락里	재배방법 교육 및 농작물 관리 지원	
사회복지창작소 터	노는 게 제일 좋아!	놀이콘텐츠 개발 교육 및 지원	청청마을성장학교

3. 예산 편성

(단위: 원)

목	세목	세세목	계	산출근거	예산조달 계획				
					신청금액	비율(%)	자부담	비율(%)	자부담 재원
총계			9,075,000		8,075,000	89	1,000,000	11	
사업비	결자해지	홍보비	30,000	현수막제작 등 30,000원 × 1개 × 1회	30,000				
		진행비	35,000	물품구입(사무용품 등) 35,000원 × 1회	35,000				
		다과비	200,000	5,000원 × 40명 × 1회	200,000				
	내 손으로 뚝딱!	홍보비	30,000	현수막제작 등 30,000원 × 1개 × 1회	30,000				
		진행비	135,000	물품구입(목공세트 등) 30,000원 × 5개 × 1회 재료비 20,000원 × 20명 × 3회	135,000				
		강사비	1,800,000	180,000원(2시간) × 1명 × 5회	1,800,000				
	다함께 茶,茶,茶	홍보비	30,000	현수막제작 등 30,000원 × 1개 × 1회	30,000				
		진행비	270,000	물품구입(다도세트 등) 30,000원 × 5개 × 1회 재료비 20,000원 × 2개 × 3회	270,000				
		다과비	205,000	5.000 × 41명 × 1회	205,000				
		강사비	1,800,000	180,000원(2시간) × 1명 × 5회	1,800,000				
	동상이몽	홍보비	30,000	현수막제작 등 30,000원 × 1개 × 1회	30,000				
		강사비	1,800,000	180,000원(2시간) × 1명 × 5회	1,800,000				
	야채부락里	홍보비	30,000	현수막제작 등 30,000원 × 1개 × 1회	30,000				
		진행비	1,000,000	물품구입(농기구&모종세트 등) 40,000원 × 20개 × 1회 재료비 200,000원 × 1회			1,000,000	11	

사업비	우리 어디가?!	홍보비	30,000	현수막제작 등 30,000원 × 1개 × 1회	30,000				
		진행비	480,000	물품구입(나침판, 상품 등) 6000원 × 40명 × 2회	480,000				
	노는 게 제일 좋아	홍보비	30,000	현수막제작 등 30,000원 × 1개 × 1회	30,000				
		진행비	300,000	물품구입(놀이도구 등) 100,000원 × 3회	300,000				
		식사비	600,000	10,000원 × 20명 × 3회	600,000				
	유종의 미	홍보비	30,000	현수막제작 등 30,000원 × 1개 × 1회	30,000				
		진행비	10,000	물품구입(상장용지 등) 10,000원 × 1회	10,000				
		다과비	200,000	5,000원 × 40개 × 1회	200,000				
	소계		9,075,000		8,075,000	89	1,000,000	11	

4. 문제 의식(사업 필요성)

1) 사업 계획 배경

(1) 청소년 스마트폰 과의존 학생비율 증가 추이에 따른 개입 필요

IT강국 대한민국의 어두운 이면에는 스마트폰 중독, 특히 청소년의 스마트폰 중독이 심각하다. 부모가 맞벌이 하느라 아이 돌볼 시간이 없으니 스마트폰을 주면서 어린아이 혼자 놀게 하고, 식당에서 아이가 칭얼거리면 주변에 피해가 가니 스마트폰을 준다. 유아기적 이런 부모의 습관이 청소년 스마트폰 중독으로 이어지고 있다. 한국정보화진흥원(2015)의 조사결과에 따르면 인터넷, 스마트폰 중독 위험군 모두 청소년들이 가장 높게 나타나고 있다. 또한 우리나라의 하루 평균 스마트폰 전체 이용시간은 4.6시간으로 청소년의 경우 전체 평균치를 웃도는 4.8시간으로 조사됐다. 특히 청소년 10명 가운데 3명은 스마트폰 때문에 금단 · 내성 · 일상생활 장애 등 과의존(중독) 위험을 보이는 것으로 나타났고, 과의존 위험군 학생 비율은 13년 25.5%, 14년 29.2%, 15년 31.6%로 늘어나고 있어 이에 대한 개입이 필요하다.[4)]

(2) 청소년 스마트폰 중독에 따르는 문제점과 요인분석(개인 · 가정 · 사회)

청소년의 인터넷 중독 요인 중 자기효능감, 부모-자녀관계, 사회적 환경을 중점으로 살펴보려 한다. 먼저 자기효능감에 대한 요인으로 청소년들은 인터넷 중독 점수가 높을수록 가상공간에서의 자기효능감이 높다는 결과가 있다. 가상공간에서의 자기효능감이 높은 청소년은 현실보다 안전한

---

4) 미래창조과학부 · 한국정보화진흥원 (2015). 2015년 인터넷 과의존(중독) 실태 조사.

가상세계에서만 자아를 찾고자 하는 경향이 있다. 그러나 현실세계에서 진지한 자아탐색과 조화가 없이 가상세계에서 제공하는 순간적인 만족만을 추구하는 경우 자신의 정체성을 탐색하는 데 실패하고 인터넷 중독에 빠지게 되는 부정적 결과를 낳는다.

두 번째 부모-자녀 관계에 관한 문제로는 부모의 양육태도가 비합리적이고, 적대지향적일수록 인터넷 중독 정도가 심하다. 또한 인터넷 중독의 특성 분석 연구에서 부모와의 의사소통이 원활하지 않을수록 인터넷 중독수준이 높다는 보고 결과가 보고되었다. 이렇듯 부모-자녀간의 관계가 청소년 인터넷 중독에 지대한 영향을 끼치고 있기 때문에 이에 대한 대안이 필요한 실정이다.[5]

마지막 사회적 환경적 요인으로 여가활동을 꼽을 수 있다. 여가활동은 내적인 힘과 회복력(resilience)을 강화시켜 스트레스 극복에 도움을 주는 것으로 알려져 있는데(Iso-Ahola & Park, 1996; Iwasaki et al., 2005; Kimball & Freysinger, 2003), 청소년도 예외는 아니며, 청소년 자신도 스트레스 해소를 위해 여가활동이 필요하다고 인식하고 있는 것으로 보고하고 있다(이미순, 2007). 그러나 청소년이 여가활동의 필요성을 높이 인식하고 있는 것에 비해 청소년의 실제 여가활동 현황을 살펴보면 대부분 TV시청과 컴퓨터 게임, 스마트폰 활용으로 제한되어 있는 것으로 나타났다. 스마트폰을 청소년의 여가활동의 장으로 지나치게 활용하게 되면 스트레스 지수가 증가하며 우울 불안이 높아지는 등 정신건강에 악영향을 받을 수 있다.[6]

(3) 청소년 스마트폰 중독 현황 및 원인분석에 따른 대안 교육 및 청소년 신 여가문화 조성 제안

청소년의 스마트폰 중독에 대한 대안으로 우선 청소년은 자기효능감이 높을 수록 인터넷 중독 위험에 빠질 확률이 낮아지기 때문에 청소년 개인요인을 강화할 수 있는 프로그램이 필요하다. 두 번째로 부모의 양육 태도가 적극적일수록 인터넷 중독에 빠질 확률이 낮아짐으로 청소년 부모의 적극적 부모역할 능력을 강화시킬 수 있는 교육과 프로그램이 필요하다. 마지막 여가활동으로 스마트폰을 사용하는 청소년들에게 올바른 여가활동에 대한 인식을 심어주기 위해 스마트폰을 사용하지 않고 여가시간을 활용할 수 있는 프로그램이 제공되어야 한다.

현재 청소년 스마트폰 중독 개선을 위해 진행되고 있는 상담서비스, 시청각교육, 또래상담 같은 프로그램처럼 교육에만 치중한 것이 아니라 교육 및 놀이문화 창조 등이 가능한 타 활동을 접목시켜 다채로운 프로그램을 기획해 보려 한다.

2) 기존 유사사업과의 차별성

청소년 스마트폰 중독 예방을 위한 유사사업을 살펴보면 청소년만을 대상으로 교육을 실행하여 청소년들의 올바른 가치를 확립하고 사용습관 변화를 위한 인식 증진이 주를 이루었다. 하지만 본 사업은 중독에 대한 근본적인 원인을 해결하기 위해 개인 · 가족 · 사회라는 다각적인 면에서 프로그램을 구성하였다. 자신만의 작품을 만들어 냄으로써 성취감을 느껴 자기효능감을 향상시킬 수 있는 목공 프로그램과 가족 간 의사소통이 원활해지고, 가족 내 부모의 역할을 증대시켜 부모-자녀

---

5) 박소영 (2014). 개인 · 가족 · 학교요인이 청소년의 인터넷 중독 위험에 미치는 영향에 관한 연구. 고려대학교 석사학위논문.

6) 한국청소년 상담복지 개발원 (2013). 청소년 스마트폰 중독 예방 프로그램 개발.

간의 관계가 강화될 수 있는 가족과 함께 하는 텃밭프로그램과 부모교육 프로그램을 기획하였다.

특히 청소년들이 여가시간에 대부분을 스마트폰을 이용한다는 조사결과를 바탕으로 그들이 스마트폰을 사용하지 않고도 스스로 즐길 수 있는 여가 놀이 활동을 개발하는 프로그램이 유사사업과의 가장 큰 차별성이라고 할 수 있다. 청소년들이 살고 있는 마을 안에서 놀 수 있는 곳을 찾아보고, 놀 거리를 스스로 생각, 개발하고, 실행하여 건강한 여가활동을 즐길 수 있도록 지원하려 한다.

3) 신청기관의 강점

본 복지관은 청소년들이 겪고 있는 문제에 관한 지역조사를 매년 시행하고 있어 청소년의 문제를 즉각적으로 파악할 수 있고, 대응할 수 있다. 실례로 2015년 청소년 자녀를 둔 가정의 어려움에 관한 조사 결과 유해매체 중독(인터넷, 게임, 약물, 스마트폰 등)에 관한 어려움이 가장 많은 응답을 차지하였다. 이에 대한 결과를 바탕으로 「2015 여름방학 YOUTH'S 두드림」 프로그램을 개발하였다. 이 프로그램은 청소년들의 자발성을 발현시켜 스스로 자신들의 문제에 대해 고민해 보고 해결방안을 찾는 형식으로 진행하였고, 참여자들의 전반적인 만족도가 높았다. 또한 청소년이 스스로 봉사활동을 기획하여 진행할 수 있도록 돕는 청청마을 성장학교도 진행 중에 있다. 이와 같은 경험이 본 사업에서 중점적으로 다루고자 하는 청소년들이 스스로 여가문화를 개발하는 영역에 많은 긍정적 영향을 끼칠 것이다. 이처럼 청소년 욕구에 발 빠르게 대응하고 청소년 의지로 스스로의 문제를 해결할 수 있도록 지원한 경험과 자원을 최대한 동원해 본 사업을 진행하고자 한다.

5. 목표 및 평가

1) 산출목표

세부 사업명	산출목표	모니터링 방법
내 손으로 뚝딱!	청소년 참가자 20명 목공프로그램 월 1회, 총 5회 실시	출석부, 운영일지, 강의계획안
다함께 茶,茶,茶	청소년 참가자 20명 다도프로그램 월 1회, 총 5회 실시	출석부, 운영일지, 강의계획안
동상이몽	청소년 참가자의 보호자 20명 부모교육 프로그램/월 1회, 총 5회 실시	출석부, 운영일지
야채부락里	청소년 참가자와 보호자 40명 텃밭 가꾸기 프로그램/월 2회, 총 14회 실시	채소-가족 공생일기
우리 어디가?!	청소년 참가자와 친구 40명 스마트폰 외 기구를 활용한 신 여가놀이 프로그램/월 1회, 총 2회 실시	출석부, 운영일지
노는 게 제일 좋아!	청소년 참가자 20명 스스로 놀이 개발 및 실행 프로그램/월 1회, 총 3회 실시	출석부, 운영일지, 강의계획안

※ 만족도 조사는 프로그램 최종평가회 시 세부 프로그램 별로 실시 예정.

2) 성과목표 및 평가방법

성과목표	목표에 대한 평가방법	측정 시기
자기효능감 증진	• 성과지표: 자기효능감 척도 평균 1.0점 이상 향상 • 평가도구: 자기효능감 척도지[7)] • 평가방법: 참가자 전원 대상 사전 · 사후 척도지 조사	사전(3월), 사후(12월)
가족관계 개선	• 성과지표: 가족관계 척도 평균 1.0점 이상 향상 • 평가도구: 가족관계 척도지[8)] • 평가방법: 참가자 전원 대상 사전 · 사후 척도지 조사	사전(3월), 사후(12월)
여가만족도 향상	• 성과지표: 여가만족도 평균 1.0점 이상 향상 • 평가도구: 여가만족 관련 설문[9)] • 평가방법: 참가자 전원 대상 사전 · 사후 척도지 조사	사전(3월), 사후(12월)

6. 사업종료 후 지향점

1) 사업 수행으로 인한 기대 효과

- 목공프로그램과 다도프로그램 참여를 통해 청소년들의 자기효능감을 향상시킬 수 있다.
- 부모교육을 통해 부모와 자녀의 의사소통을 증진시키고 텃밭 프로그램을 통해 공감대를 형성해 가족관계를 향상시킬 수 있다.
- 청소년들이 스마트폰을 사용하지 않고도 충분히 여가시간을 즐길 수 있는 새로운 여가문화 조성에 기여한다.
- 청소년들이 스스로 여가활동에 즐길 수 있는 놀이를 개발하고 실행해 봄으로써 당사자 문제를 당사자가 고민하고, 풀어가는 사회적 분위기를 조성하여 건강한 여가활동을 가질 수 있다.
- 청소년 당면과제 해결을 위한 개인 · 가족 · 사회적 접근을 통한 근본적이고, 다각적인 해결방안 모색이 가능하다.

2) 사업 결과의 활용 계획

- 본 사업종료 (평가회) 시 욕구 및 결과분석을 통해 프로그램의 효과성과 지속 여부를 검토한다.
- 자조모임을 형성한 청소년 당사자들을 중심으로 청소년 스마트폰 과의존 예방을 위한 교육 · 놀이 콘텐츠를 꾸준히 개발 · 운영한다.
- 청소년 자조모임뿐만 아니라 기관, 복지관, 학교 등 청소년 유관기관과 협력하여 청소년들이 개발한 놀이 콘텐츠를 보급, 확신시킴으로써 본 사업이 마을의 청소년 신여가문화로 정착될 수 있도록 지원한다.

---

7) 서부덕 · 최연희 (2008). 청소년의 인터넷 중독, 충동성, 자기효능감. 지역사회간호학회지, 19(2), 310-316.

8) 이영선 (2009). 가족관계가 청소년 인터넷 중독에 미치는 영향. 광운대학교 석사학위논문.

9) 박세언 (2012). 여가만족과 사회적응과의 관계. 명지대학교 석사학위논문.

03 프로그램 평가 활용가능 척도 리스트

Ⅰ. 학습영역

1. 학습효율성 검사
2. MLST 학습전략 검사
3. 학습장애 진단 검사
4. 표준화 학습진단 검사

Ⅱ. 심리 · 정서영역

1-1. 자아존중감 척도(Self-Esteem Scale: SES)
1-2. 자아존중감 척도(Self-Esteem Inventory: SEI)
1-3. 자아존중감 척도(Self-Esteem Inventory: Form B)
2. K척도(한국형 인터넷 사용수준 진단검사)
3. 홀랜드 진로발달 검사
4. 청소년 자기 보고 척도(K-YSR)
5. 아동 · 청소년 행동평가 척도(K-CBCL)
6. 아동용 우울 자가 척도
7. 임상종합심리 검사
8. 아동용 정서적 안정성 검사
9. 학교생활 만족도 검사
10. 학교적응 유연성 검사
11-1. 가족관계 척도
11-2. 가족관계 척도(IFR)
12. 대인관계변화 척도

■ 척도 관련 기관

검사명	기관명	전화번호	홈페이지
• 학습효율성검사	한국심리검사연구소	02-784-0990	http://www.kpti.com
• MLST학습전략검사 • 학습장애진단검사 • 홀랜드진로발달검사	한국가이던스	02-2176-7000 032-216-4356	http://www.guidance.co.kr
• 표준화학습진단검사	중앙적성연구소	02-838-9287	http://www.cyber-test.co.kr
• K척도	한국정보화진흥원 인터넷중독예방상담센터	1599-0075	http://www.nia.or.kr/IAPC
• K-YSR • K-CBCL	(주)휴노컨설팅	02-3147-1078	http://www.cbcl.co.kr http://www.cbcl.or.kr(채점)

■ 척도 관련 문헌

검사명	참고문헌
자아존중감척도 (SES/SEI/SEI: From B)	• 사회복지척도집/나눔의 집(2002)
아동용 우울자가척도	• 조수철, 이영식(1990) 한국형 소아우울 척도의 개발, 신경 정신의학 29, 943-956
아동용 정서적 안정성 검사	• 「유아용 검사 편람 II」 황해익(2004) • 원출처-문명혜(2001)/유아 및 아동의 한국판 실버 그림 타당성 연구/동아대학교 대학원 박사학위 논문
학교생활 만족도검사	• 손숙자(1993)/초등학생의 자아개념과 적응행동과의 관계분석, 기타 다양한 논문에 수록
학교적응 유연성검사	• 실천가와 연구를 위한 사회복지척도집(나눔의 집, 박현선 1998, 빈곤청소년의 학교 적응유연성)
가족관계척도	• 양옥경(2003) 가족관계척도 활용을 위한 타당도 연구/실천가와 연구자를 위한 사회복지척도집(나눔의 집)/가족구성원들의 관계를 중점으로 측정 • Hudson(1997) 번안 사용 - 이희영(1997) 학교폭력 피해자와 가해자의 사회심리적문제에 대한 연구/사회복지척도집(나눔의 집)/가족관계상의 문제를 중점으로 측정
대인관계변화척도	• Schlein과 Guerney개발/실천가와 연구자를 위한 사회복지척도집(나눔의 집)

참고문헌

공계순, 서인해 (2006). 증거기반 사회복지실천에 대한 이해와 한국에서의 적용가능성에 관한 연구. **사회복지연구**, 31, 77-102.

권종희(2007). 여성 한부모 임파워먼트 프로그램 디자인. **한국사회복지학회 2007년도 세계학술대회(창립50주년기념) 자료집**, 435-440.

김동호 (2011). 노인복지대상에 따른 선택적 노인복지서비스공급에 관한 연구. 상명대학교 박사학위논문.

김범수 (2003). **지역사회복지의 이해**. 학지사.

김상곤, 최승희, 안정선 (2015). **사회복지 프로그램 개발과 평가**. 학지사.

김승현, 최빛내 (2013). 북한이탈주민을 위한 PTSD 프로그램 효과 검증: 탈북여성을 대상으로. **한국심리학회지: 여성**, 18(4), 533-548.

김유덕 (2016). 군병사의 관계적 공격성 감소를 위한 게슈탈트 집단상담 프로그램 개발 및 효과. 홍익대학교 박사학위논문.

김은영 (2012). 문화적 역량 증진 프로그램 개발: 다문화가족과 일하는 사회복지사를 중심으로. 이화여자대학교 대학원 박사학위논문.

김영종 (2013). **사회복지 프로그램 개발과 평가**. 학지사.

김진화 (2005). **평생교육 프로그램 개발론**. 교육과학사.

김창대, 김형수, 신을진, 이상희, 최한나 (2015). **상담 및 심리교육 프로그램 개발과 평가**. 학지사.

박세언 (2012). 여가만족과 사회적응과의 관계. 명지대학교 석사학위논문.

박소윤, 정남운 (2015). 사건중심성과 외상 후 성장의 관계 분석. **한국상담학회지: 상담학연구**, 16(5), 141-155.

박승민 (2009). 증거기반 사회복지실천을 향하여: 흡연 임상부 금연프로그램의 효과성, 지속성, 비용효과성 분석. **극동사회복지저널**, 5, 7-31.

박태경 (2019). 중년기 여성의 자기실현증진을 위한 프로그램개발 및 효과성 검증. 대구대학교 박사학위논문.

박태경, 박재연 (2019). 중년기 기혼여성의 자기실현증진프로그램 개발에 관한 연구. **여성연구, 103**(4), 61-89.

박현숙 (2012). ADHD 성향 아동을 위한 강점지향적 프로그램 개발 연구. 부산대학교 박사학위 논문.

박희숙 (2016). 청소년 트라우마 심리상담 프로그램 "외상후 성장". 대구대학교 상담학과.

배은경 (2009). 2009년 3차 아동청소년 정신보건사업담당자 Workshop 자료집. 중앙정신보건사업지원단.

배은경 (2013). ADHD 성향 아동을 위한 인지행동프로그램 개발 연구: 학교 현장을 중심으로. 이화여자대학교 사회복지전문대학원.

배은경 (2015). 지역아동센터 종사자의 아동 대상 실천역량 향상 프로그램 평가 연구. **한국사회복지학, 67**(4), 127-152.

사상구청 (2012). 사상구청 통계보도자료.

사회복지공동모금회 (2020). 2020년 사회복지공동모금회 배분사업 안내. 사회복지공동모금회.

삼성복지재단 (2012). 작은나눔 큰사랑 프로그램 기획 매뉴얼. 삼성복지재단.

삼성복지재단 (2016). 작은나눔 큰사랑 우수사례집. 삼성복지재단.

서부덕, 최연희 (2008). 청소년의 인터넷 중독, 충동성, 자기효능감. **지역사회간호학회지, 19**(2), 310-316.

오소영, 문수진, 이원혜, 홍민하, 민정원, 김봉석, 황준원, 우이혁, 반건호 (2012). 단축형 청소년용 정신화 프로그램의 학생정신건강 증진효과 평가. **소아청소년정신의학, 23**(3), 117-126.

양옥경 (2000). 한국 임상사회복지실천의 효과성 연구 경향에 관한 연구. **한국사회복지학, 42**, 225-253.

양점도, 김미자, 김장권, 박영준, 이권일, 이상주, 이상호, 이준상, 전남련 (2012). **사회복지 프로그램 개발과 평가**. 양서원.

양정하, 임광수, 김치영, 황인옥, 이종운, 박남철 (2011). **사회복지 프로그램 개발과 평가**. 정민사.

우수명 (2007). TP 사회복지 Program 개발과 평가. 인간과 복지.

유나래, 박성현 (2016). 소마중심 표현예술치료를 활용한 PTSD 치료 프로그램의 효과 기제 연구. 예술심리치료연구, 12(1), 79-105.

이경희, 이규미 (2012). 고등학생의 사회성 향상을 위한 집단상담 프로그램 개발. 상담학연구, 13(3), 1537-1561.

이봉주, 김기덕 (2014). 사회복지 프로그램 개발과 평가. 신정.

이선혜 (2003). 자활사업 알코올프로그램 개발연구: 알코올남용자를 위한 2단계 프로그램. 비판과 대안을 위한 사회복지학회 학술대회 발표논문집, 243-269.

이수연, 최웅용, 김춘경 (2004). 외상후 스트레스 장애 치료를 위한 청소년 위기상담 프로그램의 효과. 청소년행동연구, 9, 12.

이양자, 정남운 (2008). 외상후 성장에 대한 연구 개관: 적응과의 관계 및 치료적 적용을 중심으로. 한국심리학회지: 건강, 13(1), 1-23.

이영선 (2009). 가족관계가 청소년 인터넷 중독에 미치는 영향. 광운대학교 석사학위논문.

이종성 (2001). 델파이 방법. 교육과학사.

전상원, 한창수, 최준호, 백종우, 배치운, 채정호 (2015). 외상후 성장의 개념과 신경생물학. 대한정신약물학회지, 26(1), 1-9.

전종설, 송인선 (2010). 보호관찰 청소년을 위한 금연 프로그램 효과성 연구. 한국청소년연구, 21(3), 61-89.

정무성, 정진모 (2001). 사회복지 프로그램 개발과 평가. 서울: 양서원.

정무성 (2017). 사회복지 프로그램 개발과 평가. 정민사.

정순둘 (2006). 사회복지사들의 조사연구활용에 관한 연구. 한국사회복지학, 58(2), 251-271.

조수연, 양미진 (2013). 청소년상담사의 역량모형개발을 위한 델파이연구. 청소년상담연구, 21(2), 59-75.

최일섭, 최성재 (1994). 사회문제와 사회복지. 서울: 나남출판.

통계청, 여성가족부 (2016). 2016 청소년 통계.

표갑수, 이재완, 유옥현, 이화정 (2013). 사회복지 프로그램 개발과 평가. 양서원.

한인영, 권금주, 김경미, 김수정, 김지혜, 김희성, 석재은, 어윤경, 이홍직, 정익종, 조상미, 최명민, 현진희 (2012). 사회복지개론. 학지사.

홍나미, 박재연 (2014). 학교폭력 피해청소년과 가족대상 실천적 지원방안 연구: 포커스 그룹 인터뷰를 중심으로. **청소년복지연구**, 16(2), 81-107.

홍성두, 여승수 (2011). 증거기반교수의 개념과 연구적 타당성에 관한 이론적 고찰. **특수아동교육연구**, 13(1), 169-191.

황순길, 박재연, 이혜정 (2016). **청소년 자살예방 교육모형 개발 - 초, 중, 고 학교급별 중심**. 한국청소년상담복지개발원.

황성철 (2005). **사회복지 프로그램 개발과 평가**. 공동체.

Abell, P., & Wol, D. (2003). Implementing Intervention Research in Doctoral Education. *Journal of Teaching in Social Work, 23,* 3-19.

Barker, R. L. (1995). The social work dictionary. NASW.

Bradshaw, J. (1977). The concept of social need. In N. Gilbert & H. Specht(Eds.), Planning for social welafre: Issues, models, and tasks. Englewood Cliffs, NJ: Prentice-Hall.

Frechtling, J. A. (2012). **프로그램 평가와 로직모델** (지은구, 장현숙, 정효미 역). 학지사. (원전은 2007에 출판).

Goss, S., & Mearns, D. (1997). Applied pluralism in the evaluation of employee counselling. *British journal of Guidance and Counselling, 25*(3), 327-344.

Hargrave, G. E., Hiatt, D., Alexander, R., & Shaffer, I. A. (2008). EAP treatment impact on presenteeism and absenteeism: Implications for return on investment. *Journal of Workplace Behavioral Health, 23*(3), 283-293.

Heus, Michael, & Pincus, Allen. (1986). *The creative generalist: A Guide to Social Work Practice*. Wisconsin:Micamar Pub(Bameveld, Wis.).

Hill. A. (2012). Help for children after child sexual abuse: Using a qualitative approach to design and test therapeutic interventions that may include non-offending parents. *Qualitative Social Work, 11*(4), 362-378.

Jon, G. A. (2016). **트라우마의 치유** (권정혜, 김정범, 조용래, 최혜경, 최윤경, 권호인 역). 학지사. (원전은 2010에 출판).

Judith, H. (2009). **트라우마 가정폭력에서 정치적 테러까지** (최현정 역). 플래닛. (원전은 2007에 출판).

Kettner, P. M., Moroney, R. M., & Martin, L. L. (2008). *Designing and managing program: An effectiveness-based Approach*. Thousand Oaks, CA: Sage.

Macdonald, S., Wells, S., Lothian, S., & Shain, M. (2000). Absenteeism and other workplace indicators of employee assistance program clients and matched controls. *Employee Assistance Quarterly, 15*(3), 41-57.

Maslow, A. H. (1971). The farther needs assessment: Some important considerations, *Performance and Instruction Journal, 22*(8), 21-23.

Midgley, J., & Piachaud, D. (1984). *The Fields and Methods of Social Planning*. Johannesburg: Heinmann Educational Books.

Philips, S. B. (2005). Client satisfaction with university employee assistance programs. *Employee Assistance Quarterly, 19*(4), 59-70.

Rapp, C. A., & Poetner, J. (1992). Social work research and the quest for effective practice. *Social Work Research, 23*, 4-14.

Rossi, P. H., & Freeman, H. E. (1982). Eualuation: A systematic approach Beverly Hills.

Rothman, J., & Thomas, E. J. (1994). Intervention Research: Design and Development for Human Service. New York: Haworth Press.

Skidmore, R. A. (1995). Social work administration: Dynamic management and human relationships. Allyn & Bacon.

Society for Human Resources Management. (2009). 2008 employee benefits. Washingtom, DC: Auther.

Steve, H. (2016). 뇌과학으로 읽는 트라우마와 통증: 우리 몸의 생존법 (김아림 역). 푸른지식.

Taber, M., & Finnegan, D. (1980). A Theory of Accountability for Social Work Programmers, Unpublished Paper, University of Illinois School of Social Work, Urbana, Illinois.

York, R. O. (1982). *Human Service Planning: Concepts, tools and methods*. Chapel Hill, NC: The University of North Carolina Press.

찾아보기

저자 소개

박재연 교수 (문학박사, Ph.D.)

이화여자대학교 문학박사 (청소년상담 · 복지, 정신건강, 가족치료 전공)

현) 대구대학교 청소년상담복지학과/상담학과 교수
대구대학교 청소년정신건강연구소장

전) 포항공과대학교 상담센터 연구실장
여성가족부 산하 한국청소년상담복지개발원 상담연구원
국가청소년위원회 청소년복지지원법 개정 TF 연구위원

배은경 교수 (사회복지학박사, Ph.D.)

이화여자대학교 사회복지학박사 (임상사회복지 전공/정신건강사회복지사 1급, 학교사회복지사)

현) 호남대학교 사회복지학과 조교수
한국사회복지실천연구학회 교육훈련위원장

전) 인제대학교부설 상계백병원 정신보건수련사회복지사
가족사랑서울정신건강의학과 정신보건사회복지사

사회복지 프로그램 개발과 평가

사회복지실천과 상담 현장 적용을 중심으로

초판발행 2021년 2월 10일 **1판 1쇄 발행** | 2021년 9월 10일 **1판 2쇄 발행**
2023년 3월 10일 **1판 3쇄 발행** | 2024년 9월 10일 **1판 4쇄 발행**

지은이 박재연 배은경
펴낸이 최용구 | **펴낸곳** 도서출판 **신정**
주소 (04316) 서울시 용산구 원효로 89길 19 (원효로1가)
전화 02)3211-4782, 0266(영업부), 3211-4783(편집부), 3211-4784(팩스)
이메일 shinjeong72@naver.com | **홈페이지** www.sjbook.co.kr
등록 2001년 5월 11일 제13-702호
기획마케팅 최용구 장만동 최충구 송대용 | **책임편집** 석기은 황가연

ISBN 978-89-5912-535-7 93330
정가 18,000원